V&R

Harald Scholtz

Erziehung und Unterricht unterm Hakenkreuz

Neuausgabe

Vandenhoeck & Ruprecht

Bibliografische Information der Deutschen Nationalbibliothek

Die Deutsche Nationalbibliothek verzeichnet diese Publikation in der Deutschen Nationalbibliografie; detaillierte bibliografische Daten sind im Internet über http://dnb.d-nb.de abrufbar.

ISBN 978-3-525-01389-2

Umschlagabbildung:
Schulunterricht in Leipa, Böhmen, um 1940
Fotografin: Liselotte Orgel-Köhne, Inv.-Nr.: Orgel-Köhne 4428/5
© Deutsches Historisches Museum, Berlin

Druck und Bindung: ⊕ Hubert & Co, Göttingen

Inhalt

Vorwort

Viel zu selbstverständlich wird als Tatsache genommen, daß die Erziehung in einem modernen Staat, unter Hitlers Herrschaft, einen Triumph in der Bekehrung einer ganzen Jugendgeneration zum »Rechtsradikalismus« (wie wir heute sagen) gefeiert habe. Hat sich denn eine in ihren Wertorientierungen veränderte Gesellschaft durch Erziehung der jüngeren Generation reproduziert oder wandten nicht vielmehr politische Machthaber Herrschaftstechniken an, durch die die Nazi-Mentalität erfolgreicher bei den jüngsten und schwächsten Mitgliedern der Gesellschaft ausgebreitet werden konnte als bei den älteren? Wenn mehr für die zweite Annahme spricht, wie hat sich diese Machtausübung auf die Praxis der Jugenderziehung ausgewirkt? Was bedeutet dann diese Unterscheidung der Techniken zur Lenkung der modernen Massengesellschaft von Jugenderziehung für das Verständnis von Erziehung bei denen, die in einer Massengesellschaft den Erzieherberuf ausüben?

Diese Untersuchung wird weder dem Glauben an einen Triumph der Erziehung, wenn auch unter negativem Vorzeichen, noch der Resignation angesichts einer scheinbar zielstrebigen und perfekten Technik der Massenbeherrschung Nahrung geben. Sie wird vielmehr den Nachweis zu führen suchen, daß nicht eine neue Ordnung, sondern allein die Zerstörung sozialer Beziehungen in der Handhabung dieser Techniken einprogrammiert war. Gegen die Macht zur Zerstörung lohnt es sich allemal, die Kraft zur Selbstbehauptung aufzubieten. Deshalb wird zu fragen sein, ob Jugenderziehung, die um des Bestandes einer Gesellschaft willen die Tatsache des Heranwachsens junger Menschen ernst nehmen und um die Begründung verläßlicher Sozialbeziehungen bemüht sein muß, die Zielrichtung solcher Herrschaftstechniken übernehmen konnte. Sozialdarwinismus, der auf Anerkennung des ›von Natur‹ Stärksten abzielt, kann nur zu einer zynischen Beziehung zum Zivilisationsprodukt Erziehung führen. Läßt sich aber historisch nachweisen, daß die Jugenderziehung jener Zeit immer wieder vom Kurs der Steuerungstechnik abgewichen ist, ja abweichen

mußte? Das Erscheinungsbild einer zugleich von »Erziehungsfuror« (Spranger) und Erziehungsfeindlichkeit geprägten Einflußnahme auf Jugenderziehung und Unterricht wird in der Widersprüchlichkeit seiner Strukturen darzustellen sein.
Die Bedeutung der Jugend für die Veränderung von Macht- und Autoritätsverhältnissen in modernen Gesellschaften wird von der Geschichtsschreibung erst allmählich wahrgenommen. Wie leicht die Jugend dafür mobilisiert werden kann, wenn dem Machtwillen von oben eine ›soziale Bewegung‹ korrespondiert, die auf konkrete Veränderungen in der eigenen Lebenspraxis abzielt, ist am Beispiel der Naziherrschaft aufzuzeigen. Für Umgewichtungen in den Erziehungsverhältnissen ließen sich die Kosten (zunächst) gering halten, während der Nutzen für die Machtausweitung innerhalb der Gesellschaft hoch zu veranschlagen war. Welcher Preis dafür gezahlt werden mußte, kann hier nur im Hinblick auf diejenigen angedeutet werden, die sich für diese Politik einspannen ließen. Zweifellos hat der Krieg noch weit machtvoller darauf hingewirkt, den einzelnen dem Apparat verfügbar zu machen. Doch die Richtung, in der die Jugendbeeinflussung sich auswirkte, war die gleiche.
Wie der sogenannte Nationalsozialismus auf die gesellschaftlich notwendigen Funktionen von Erziehung und Ausbildung einwirkte, ist ein Thema von vorwiegend politisch-historischem Interesse. Doch ein zweites Thema, das mehr gesellschafts- und bildungshistorische Interessen anspricht, muß gleichermaßen berücksichtigt werden. Veränderungen auf dem Erziehungssektor wirken auf die Nutzer und das »Publikum« seiner Einrichtungen ein und bestimmen so deren Erwartungshorizont. Traditionen werden abgebrochen, aber die Aufmerksamkeit wird auch auf Defizite der vorausgegangenen Schul- und Jugendpolitik hingelenkt. Ansprüche an eine politische Lösung pädagogischer Probleme waren in Deutschland in besonderem Maß gerechtfertigt, weil der Staat, auf preußischer Tradition fußend, hier sein Recht auf Kontrolle bereits geltend gemacht hatte. Nun wurde er mit dem Bedürfnis der Massen nach »Daseinsvorsorge« (Jaspers) konfrontiert. Daß die Diktatur dieses Bedürfnis nutzte, darf nicht nur am Kriterium der erziehungspolitischen Zielsetzung, es muß auch an dem der Loyalitätssicherung bemessen werden. Wenn Modernitätsdefizite behoben wurden, ist dies nicht deshalb fragwürdig, weil es von seiten des NS-Regimes geschah und somit auch seinen Zielen diente. Wer so argumentiert, setzt nur dessen zerstörerische Wirkungen fort. Hier gilt

es, wie bei den oft zitierten Autobahnen, das Sachproblem zu entfalten, nach dem Wann, Wie, Wozu, Wie lange zu fragen, denn so manche im »Dritten Reich« eingeführte Neuerung hat dessen Ende nicht mehr erlebt.

Die These von der Hebelfunktion des Erziehungssektors für weitgreifende Veränderungen der »conditio humana« zugunsten der Verfügungsgewalt anonymer Apparate hat sich für den Verfasser aus der Erforschung der »NS-Ausleseschulen« (1973) ergeben. Die Entwicklung, die die vom Regime neu eingerichteten Schulen nahmen, lassen das Konkurrenzverhältnis zwischen Schule und Hitler-Jugend eher als eine Phase des Übergangs während der Vorkriegszeit, keineswegs als den für das »Tausendjährige Reich« angestrebten Endzustand erscheinen. Eine totalitäre Erziehungspolitik hat ab 1940 deutlich die Kombination der Schule mit dem »Lager« favorisiert, nicht zuletzt in den in ihrer politisch-pädagogischen Bedeutung unterschätzten Lagern der »Kinderlandverschickung«. Den Wandel der politischen Bedeutung der »Schule als ein Faktor politischer Machtsicherung« habe ich 1980 in einer knapp gehaltenen Skizze dargestellt. Aus den für die Fernuniversität Hagen entwickelten und an erziehungspolitischen Problemstellungen orientierten Studienbriefen »Nationalsozialistische Machtausübung im Erziehungsfeld und ihre Wirkungen auf die junge Generation« (1981) ist die vorliegende historische Darstellung hervorgegangen.

Diese Untersuchung soll den Verlauf eines Prozesses durchschaubar machen, der nicht nur die Traditionen gründlich in Frage stellte, aus denen die institutionalisierte Erziehung lebte, sondern auch, was meist übersehen wird, das Funktionieren des »Führerstaates«, der vorgab, eine neue Zukunft zu eröffnen. Das Chaos des Kriegsendes hat nur das Chaos, das im Innern, sowohl der Menschen wie ihrer Verhältnisse, angerichtet worden ist, verdeckt. Effizient war weniger der Herrschaftsapparat als der – oftmals verzweifelte – Glaube an ihn. Wenn angenommen werden kann, daß in der Gestaltung von Erziehung und Ausbildung die jeweils selbst erfahrene Sozialisation eine Rolle spielt, ist es für das Verständnis der Entwicklung im geteilten Nachkriegsdeutschland von einiger Bedeutung, diesen Erfahrungshorizont in seiner Abhängigkeit von Alterskohorten und Soziallagen zu rekonstruieren und damit auch das Bild von einer uniformen »uniformierten Generation« zu revidieren.

1. Fragestellung: Nationalsozialistische Machtausübung im Erziehungsfeld und der Anspruch auf Verfügung über die Jugend als Gegenstände historischer Erziehungsforschung

Die Darstellung der Veränderungen, die Erziehung und Unterricht durch den Nationalsozialismus (NS) erfuhren, muß mit einer Unterscheidung des Begriffsinhalts von Erziehung beginnen. Gemeinhin wird darunter die planmäßige Einwirkung der älteren Generation auf die Heranwachsenden verstanden. Hitler aber forderte die Umerziehung aller Deutschen, gleich welchen Alters, durch die Organisationen seiner Partei. Jedermann sollte den politischen Machtverhältnissen und Bindungen Vorrang vor den sozioökonomischen und soziokulturellen geben und dies durch sein Verhalten bezeugen. Persönliche Interessen und die der sozialen Gruppen sollten zurückgestellt werden gegenüber dem Verfügungsanspruch des »Führers«. Damit war ein existentieller Anspruch gestellt, der mehr umfaßte als politische Gesinnungsbildung, aber auch über die speziellen Probleme des Heranwachsens hinwegging. Das geforderte Umlernen betraf Motive, Wertvorstellungen und Verhalten. Deshalb kann die beabsichtigte Veränderung als »Erziehung« bezeichnet werden. Inhaltlich sollte von »Nazifizierung« gesprochen werden, wenn bisher auch nur »Entnazifizierung« gebräuchlich ist. Denn die Umerziehung zielte nicht nur auf einen autoritätsgläubigen Verhaltenstypus ab, sondern auch auf die Verstärkung radikaler Orientierungen (Fromm 1983, S. 249). Sie wurde nicht nur durch Propaganda betrieben, sondern planmäßig organisiert durch die Herstellung von Situationen (Massenkundgebungen, »Lager« etc.), in denen besonders günstige Bedingungen für einen Perspektivenwechsel vorlagen. Die für das Überleben in einer differenzierten Gesellschaft notwendige Vorsorge für die individuelle Existenzsicherung sollte außer Kraft gesetzt werden können, wenn »der Führer rief«.

Die geforderte Bereitschaft zum kämpferischen, selbstvergessenen Einsatz setzte nicht nur Gehorsam, sondern ein Sendungsbewußtsein voraus, das die Hitler-Bewegung aus dem Glauben an die nur auf politischen Machtwillen gegründete Souveränität ihres Führers bezog. Diese Bewegung zielte darauf ab, den Glauben an den Führer und an den eigenen Auftrag schon in früher Jugend reproduzierbar zu machen. Davon sollte die Wechselbeziehung zwischen Selbstentfaltung und gesellschaftlichen Anforderungen so dominiert werden, daß die Frage einer Entscheidung über die Sinnbezüge, die das eigene Leben bestimmen sollten, gar nicht erst aufkam. Während die Tendenz entwickelter Gesellschaften dahin geht, durch die Absicherung einer Jugendphase Raum für persönliche Entscheidungen zu lassen, wurde hier schon in der späten Kindheit die Übernahme eigener Verantwortung in einer Weise eingeübt und festgelegt, die für das weitere Leben bestimmend bleiben sollte. Die Adoleszenz wurde dadurch vorverlegt in die Zeit der Zugehörigkeit zur Hitler-Jugend (HJ) zwischen 10 und 18 Jahren. Diese Problematik der Verfrühung ist von den am Erziehungsgeschäft beteiligten Erwachsenen selbstverständlich gesehen worden. Das »Zweckbündnis zwischen Elternhaus und Schule« (Kater, 1980, S. 500) hatte hier seine Basis. Nur ein Teil, insbesondere Lehrer, die aktiv für die Nazifizierung eintraten, haben diese Problematik zu überspielen gesucht. Doch die Möglichkeiten der Schule waren begrenzt, das emotionale Engagement in ein rational kontrolliertes politisches Denken überzuführen.

Umerziehung konnte sich um so eher als nicht unmittelbar zweckgebundene Erziehung zur Entfaltung von Persönlichkeitswerten (in der Form von Sekundärtugenden) ausgeben, als sie in »Lagern«, in der Freizeit und außerhalb einer lehrgangsmäßigen, sachbezogenen Unterrichtung ihren Platz hatte. Dort konnte einer – freilich vorstrukturierten – »Selbstführung der Jugend« ein Spielraum zu persönlicher »Bewährung« geboten werden. Deshalb unterschied man zwischen Dienst und Arbeit, Schulung und Unterrichtung, Führung und pädagogischer Lenkung. So konnte trotz der straffen Organisation der »Formationserziehung« (A. Baeumler) das Gefühl entstehen, als »Führer« in einem von der Existenzsicherung entlasteten Freiraum eigene Initiative entfalten zu können. Die Formationserziehung (ein bedeutend präziserer Begriff als »Gemeinschaftserziehung«) lehnte sich einerseits an die soldatische Gehorsamserziehung durch Gewöhnung an, die nicht nach persönlichen Motiven und Gesinnungen fragt, nutzte aber gleichzeitig die Ansprechbarkeit der Jugendlichen für ein gefühlsbezogenes Denken, moralischen Rigorismus, Freude an körperlicher Betätigung, am Leben in der Natur und mit Gleichaltrigen, wie sie von der mittelständischen Jugendbewegung in Deutschland kultiviert worden war. So wurde die Illusion genährt, für die moderne Gesellschaft wären Rationalität und Selbstkontrolle, theoretische Anstrengung und fachliche Autorität, Arbeitsteiligkeit und industrielle Produktion von minderer Bedeutung. Ließ sich diese »Umwertung aller Werte« (Baeumler) durchsetzen, mußte sie zu einem Autoritätsverlust der traditionellen Erziehungsinstitutionen führen. Freilich, die Nazifizierung in der Jugenderziehung dominieren zu lassen, hätte den Bestand der differenzierten Gesellschaft gefährdet. Die Geschichte der Erziehung unter der NS-Herrschaft ist deshalb als ein spannungsreiches Ringen einer totalitären Bewegung, die für die Umerziehung eintrat (repräsentiert durch die Reichsjugendführung und die Deutsche Arbeitsfront, teilweise auch durch den NS-Lehrerbund und die Schulbürokratie) mit den mindestens ebenso starken Tendenzen zur Sicherung der Reproduktion einer differenzierten Gesellschaft und, allgemein-politisch gesehen, zur Loyalitätssicherung bei den vom Autoritätsverlust bedrohten Erwachsenen zu beschreiben.

Das bisher vorherrschende Verständnis, daß ein Konkurrenzverhältnis zwischen Schule und HJ geherrscht habe, ist also zu überprüfen. Wenn hier die »Reichsjugendführung« (RJF) als Motor der Nazifizierung bezeichnet wird, soll damit der falschen Interpretation vorgebeugt werden, daß »die Jugend« durch die »Selbstführung« willentlich auf den Abbau ihrer eigenen Ausbildung hingewirkt habe (D. Horn, 1976). In der RJF wurde die Selbsterziehung vorprogrammiert, von ihr ging auch die Einflußnahme auf nicht in der HJ organisierte Jugendliche aus, etwa über den »Reichsberufswettkampf« oder das »Pflichtjahr« für Mädchen. Sie trat nur als Organisationsapparat in Erscheinung, beanspruchte höchstens durch den »Reichsjugendführer«, der zugleich »Jugendführer des deutschen Reiches« war, pädagogische Autorität, um so der in festgefügten Strukturen ablaufenden »Selbsterziehung« den Anschein selbstproduzierter Orientierungen und Entscheidungen zu geben. Der Jugendliche fühlte sich so nicht durch Erwachsene fremdbestimmt, vielmehr bestimmt durch die Ordnung unter Gleichaltrigen, die aus deren eigener Überzeugung zu erwachsen schien.

Erziehung in unserem Alltagsverständnis war die Nazifizierung also nicht, und die autoritäre Indoktrination wurde als solche kaum wahrgenommen. Weder konnten bei der Auswechselbarkeit der »Führer« innerhalb des Apparats emotionale Bindungen eine ausschlaggebende Rolle spielen, noch boten die »Schulungen« unter nahezu Gleichaltrigen Anreize zu Meinungskontroversen. Diese waren eher im Schulunterricht gegeben. Wenn die HJ in der gesetzlichen Festlegung ihres Auftrags (1936) dennoch als »Erziehungsmacht« dargestellt wurde neben »Elternhaus und Schule« (andere Erziehungsmächte sollten nicht mehr wahrgenommen werden), so müssen deren Einwirkungen zu den übrigen Erziehungseinflüssen in Beziehung gesetzt werden. Dabei muß von der Organisation der jeweiligen politischen Praxis ausgegangen werden, denn theoretischen Aussagen über das Verhältnis von Politik und Erziehung ist, auch nach dem Selbstverständnis der Nationalsozialisten, die den »Vorrang der Politik vor der Pädagogik« vertraten (z. B. Holfelder, 1935, S. 10), nur eine sehr begrenzte Gültigkeit zuzuschreiben. Der Theoriebildung kam »generell nur eine bestätigende und legitimierende Rolle« zu (Dickopp, 1978, S. 140).

Dem politischen (vom Anspruch her totalitären) System wird nicht zu bestätigen sein, daß es als »Erziehungsstaat« tatsächlich funktionierte. Aber über den Aufweis seiner Abhängigkeiten und seines Unvermögens hinaus wird immer präsent sein müssen, daß es über die Machtmittel zur Zerstörung von Erziehung verfügte, mochte es sich damit auch selbst die Bedingungen für sein Weiterbestehen untergraben. Welches Gewicht »die Schulfrage und damit die Frage der Sichtung und Siebung der Jugend« (Himmler) in den Augen der Repräsentanten des Regimes für den Bestand eines Volkes hatte, wird aus dem Negativbeispiel der Denkschrift Himmlers »Über die Behandlung der Fremdvölkischen im Osten« ersichtlich (Gamm, 1964, S. 453). Dem totalitären Verfügungsanspruch waren auch auf dem Erziehungssektor Grenzen gesetzt, obwohl er zu grenzenloser Manipulation verlockte, weil sich die erzielbaren Wirkungen schwer überprüfen ließen. Eigenart und Reichweite der Machtausübung auf dem Sektor öffentlicher Jugenderziehung sind deshalb Gegenstand dieser Untersuchung.

Die Umstrukturierung des Erziehungsfeldes, in dem die Jugendlichen unter der NS-Herrschaft aufwuchsen, erlaubt es nicht, als bestimmend dafür den Staat anzusehen, die in Deutschland traditionelle Kontrollinstanz für die sekundäre Sozialisation. Noch weniger kann vom »Dritten Reich« gesprochen werden, weil diese Bezeichnung nur bis

1939 offiziell benutzt wurde. Angesichts der höchst dynamischen und zugleich widersprüchlichen Veränderungen auf dem Erziehungssektor wären Begriffe unangebracht, die eine Vorstellung von Neuordnung aufkommen lassen. Setzt man den Akzent auf die Diktatur (s. Flessau: Schule der Diktatur, Ueberhorst: Elite für die Diktatur), wird der Anteil der totalitären Bewegung am Bedeutungswandel von Erziehung und Unterricht durch deren aggressive Machtansprüche ausgeblendet und Hitler unterstellt, daß er kontinuierlich erziehungspolitische Interessen verfolgt habe. Über den zweifellos normierenden Einflüssen seiner in »Mein Kampf« niedergelegten »pädagogischen Maximen« (Steinhaus, 1981) sollte nicht übersehen werden, daß er dort ein wesentliches Element der späteren Erziehungspolitik, die relative Selbständigkeit der Jugendorganisation der HJ, nicht vorausgesehen hat. Impulse für erziehungs- und schulpolitische Entscheidungen gingen von ihm erst aus, als ihnen während der großen Kriegserfolge kaum noch kritische Aufmerksamkeit geschenkt wurde, ja sie sogar als Beitrag zur siegreichen Beendigung des Krieges ausgegeben werden konnten. Von einer »nationalsozialistischen« Erziehungspolitik kann schon deshalb nicht die Rede sein, weil dieses Etikett die imperialistischen Zielsetzungen des Regimes verschleiert hat, und im übrigen das Parteiprogramm der NSDAP für die Prioritätensetzung in der Erziehungspolitik unbedeutend war, wenn es auch nicht völlig ignoriert wurde.

Die im Sprachgebrauch der Zeit übliche Übersetzung von Diktatur als »Führerstaat« gibt die Strukturen der tatsächlichen Machtausübung angemessener wieder, wenn dabei »Führer« im Plural gedacht wird. Wer als Führer gelten wollte und nicht nur als Funktionär oder Amtsinhaber, mußte sich bei seiner Machtausübung darauf berufen können, dem Willen »des« Führers zu dienen. Da Evidenz in der Berufung auf den »Führerwillen« jedoch nicht über einen bestimmten Instanzenweg oder eine verbindliche Planung zu erlangen war, wird die Vorstellung von einem vermittelnden »Staat« freilich fragwürdig. Von oben her konnte die »Gleichschaltung« mit dem Führerwillen indessen bis in die untergeordneten Instanzen hinein technisch hergestellt werden, etwa durch das Telefon. Von unten her gesehen war der Zugang zu den Schaltzentralen der Macht entscheidend. Dafür gab es keine Verfahrensregel.

Für die Machtausübung auf dem Erziehungssektor ist soviel auszumachen, daß es für sie keine Legitimationsbasis gegeben haben dürfte, die sich der Kontrolle durch Partei und Staat entzog. Die These von einer »Polykratie« greift hier nicht (Hüttenberger, 1976). Weder Militär noch Wirtschaft konnten direkten Einfluß ausüben. Die Berufsbildung war traditionell »dual«, zwischen Staat und Wirtschaft aufgeteilt, und dem Einfluß von »Deutscher Arbeitsfront« (DAF) und HJ auf diesen Bereich wird man eine Orientierung an einer unternehmensbezogenen Profitmaximierung kaum nachsagen können. Ökonomisch einflußreich war eher der »Deutsche Gemeindetag«, der über die Schulträgerschaft der Kommunen das in der Schulpolitik Machbare mitbestimmen konnte, solange das Reich nicht die Mittel für neue Einrichtungen aufbrachte; dies war erst in der Endphase des Krieges der Fall. Ein auf die militärischen Belange ausgerichtetes Militärschulwesen konnte ebenfalls erst in der Endphase des Krieges, durch »Heimschulen« für Offiziersbewerber, aufkommen. Denn selbst die Unteroffiziers-Vorschulen der Vorkriegszeit waren keine Einrichtungen der Wehrmachtsteile, sondern verbanden in einer für das System typischen Weise die Einflußnahme der politischen Massenorganisationen mit den Belangen des Militärs und der Luftfahrt- oder Werftindustrie (Kipp, 1980).

Ein Konkurrenzkampf zur Verfolgung eigener Ziele war selbst in der Führungsclique nur möglich, solange keine Willensäußerung »des« Führers vorlag. Die bis in den Schulalltag hineinwirkende autoritäre Anarchie, die sich unter Hitler ausbreiten konnte, legt nahe, von einer Bezeichnung seines Systems als »nationalsozialistisch«, totalitär oder faschistisch abzusehen. Stattdessen wird hier auf die Symbolsprache der Nazis zurückgegriffen, um dadurch die formelhafte Verkürzung ideologischer Gehalte zugunsten eigener Machtausübung, die damals üblich war, angemessen zur Geltung zu bringen. Deshalb lautet der Titel dieser Untersuchung »Erziehung und Unterricht unterm Hakenkreuz«.

Für die Umstrukturierung des Erziehungsfeldes folgenreicher als die neue Kräftekonstellation bei der Auseinandersetzung um die Gewichtung von Erziehungsinhalten für die Nachwuchssicherung muß die Förderung einer totalitären Bewegung angesehen werden, die nicht auf einzelne Institutionen beschränkt blieb. Sie war darauf gerichtet, die in den Institutionen angelegte Orientierung an rationalen Zielen und die darauf gegründete Rechtsordnung zugunsten einer direkten Beziehung zwischen dem »Führerwillen« und den durch Erziehung und Ausbildung erzielbaren Wirkungen aufzulösen, also die Beein-

flußbarkeit durch Erziehung abzukoppeln von allen gesellschaftlichen Bedingtheiten, die sich nicht in das Schema einer »Führungsordnung« bringen ließen. Diese Fixierung auf die Beeinflußbarkeit der Menschen unter Mißachtung ihrer Verhältnisse bot zwar allen, die sich dem Zirkel der Machtanbetung anschlossen, die Berechtigung zur eigenen Ausdeutung der Symbole des neuen Glaubens und dessen, was sie als »Volksempfinden« verstanden, aber doch nur in den Grenzen, die die jeweils Übergeordneten bei der Wahrnehmung der eigenen Machtbefugnisse setzten.
Neben diesem Motiv, sich persönlich zum Interpreten des Volksempfindens machen zu können und dabei Kontrollfunktionen auszuüben, spielte die illusionäre Vorstellung einer teilweisen gesellschaftlichen Autonomie des Erziehungssystems keine geringe Rolle, zu der die richtige Einsicht in die besondere Verantwortung pädagogischen Handelns erweitert worden war (Schieß, 1973, Hurrelmann, 1975, S. 75). Der totalitäre Anspruch richtete sich auf eine Ausgrenzung der Erziehungs- von anderen gesellschaftlichen Verhältnissen, aber zugleich auf die Veränderung der gesamten Persönlichkeit der Erziehungsobjekte – eine grundlegende Verkehrung des individualisierenden pädagogischen Denkens. In dieser Loslösung von konkreten gesellschaftlichen Interessen war die totalitäre Bewegung unter den erzieherisch Tätigen mit der Gesamtbewegung verbunden, deren Zielvorstellungen nicht auf den Nenner von Ausbeutungsinteressen gebracht werden können, eher auf den der Selbstvergötzung (Rassenantisemitismus, Vernichtung »lebensunwerten« Lebens, Abwertung der Slawen als »Untermenschen«, Verächtlichmachen christlicher Bindungen, »Blut-und-Boden«-Rhetorik; vgl. Mommsen, 1983, S. 36).

Bei dieser Untersuchung wird also zu berücksichtigen sein, daß der totalitäre Anspruch sich jeweils gegenüber dem zivilen Alltag zu legitimieren hatte. Das fiel in der Notsituation der Wirtschafts- und Staatskrise und im »Ausnahmezustand« des Krieges leichter als in der wirtschaftlich einigermaßen konsolidierten Zwischenphase, in der mit den Kriegsvorbereitungen keine Propaganda getrieben werden konnte. Als Ersatz für die Ausnahmesituation mußte die Radikalität der Zielvorstellungen ansatzweise Wirklichkeit werden (Judenpogrome, Euthanasiebefehl, Kirchenkampf). Die in Notzeiten ausgeklammerte Grundfrage nach der Legitimationsbasis für die eigene »Führungsordnung« in einem »tausendjährigen Reich«, die die Jugendlichen um ihrer sozialen Perspektive willen interessieren mußte, ließ sich nicht umgehen, doch erlaubte der bald beginnende Krieg, diese heikle Frage offenzuhalten. Die Spannung, die zwischen totalitärem Anspruch und erfahrener Lebenspraxis hergestellt wurde, blieb erhalten. Wie die Jugendlichen auf diese Spannungslage reagierten, wird ein Gegenstand dieser Untersuchung sein.

Von einem Obrigkeitsstaat unterschied sich das NS-System grundlegend dadurch, daß es seinen Machtanspruch nicht nur durch die ihm zu Gebote stehenden Mittel durchsetzte, sondern ihm durch Massenorganisationen Nachdruck verlieh. Diese gaben der mit dem Regime konformen Gesinnung Ausdruck und kontrollierten deren Reproduktion. Die erste, noch obrigkeitliche Maßnahme zur Einflußnahme auf Verhalten und Gesinnung auch in der Schule war die Einführung des »Deutschen Grußes (Hitlergrußes)« und der »Flaggenehrung« durch die als verbindlich erklärten »Leitgedanken zur Schulordnung« vom 18. 12. 1933 (Froese/Krawietz, S. 223). Durch diese Regelung sollte sich konforme Gesinnung aktiv bezeugen können. Doch der im »Heil Hitler« enthaltene Appell an die Gesinnung ging in der Alltagsroutine bald verloren. Um die Menschen an die Vorstellung zurückzubinden, daß »Hitler« und sein »Sieg« tatsächlich das »Heil« bedeuteten, mußten für diesen Glauben immer wieder neue Motive gesetzt, die Heilsbedürftigkeit mußte durch Propaganda dringlich gemacht werden. Die Mittel, um auf den Führer Hitler zentrierte allgemeine Vorstellungen von kollektiver Gesundung in kalkulierbare Aktionen umzusetzen, hatten die politischen Organisationen bereitzustellen. Den Bemühungen dieser »Bewegung« um die Motivierung kollektiven Verhaltens, um seine Steuerung durch Propaganda sowie der Erfindung neuer Repräsentationsformen des erzeugten Glaubens kann man einen erzieherischen Charakter nicht absprechen.

Deshalb wäre es unangemessen, im Hinblick auf die Jugend von ihrer Sozialisation zu sprechen. Es handelte sich nicht um ihre Einpassung in die bestehenden Verhältnisse. B. v. Schirach ließ die Hitler-Jugend in ihrem »Fahnenlied« singen: »Ist das Ziel auch noch so hoch, / Jugend zwingt es doch«. Freilich muß Jugenderziehung mehr bieten als Glaubenserziehung und Willenstraining. Es wird zu untersuchen sein, wie weit der Nazifizierungsprozeß die Jugenderziehung bestimmen konnte. Dort geht es um den einzelnen und seine Entwicklungschancen, um soziale Beziehungen, die sich nicht in das Schema einer hierarchischen Organisation pressen lassen, um Bildungsinhalte, die nur mit einigem

Aufwand in ein Verhältnis zu der von der totalitären Bewegung proklamierten Heilsbedürftigkeit zu bringen waren. Wie die ganz auf Werbung eingestellte NSDAP ihr Vakuum an bildungspolitischen und jugenderzieherischen Vorstellungen bei der Übernahme politischer Verantwortung auffüllen ließ, wird unter der Fragestellung zu behandeln sein, wie sich die Loyalitätssicherung bei einer an Schulfragen interessierten Öffentlichkeit mit dem Anspruch auf totalitäre Umerziehung vereinbaren ließ.

Auf der Ebene der Institutionen für die Jugenderziehung bildete sich dieses Spannungsverhältnis nicht einfach nur in der Konkurrenz zwischen Schule und Jugendorganisation ab. Zwar waren Erwartungen psychologisch wohlbegründet, die sich von einem auf ihren Idealismus hin ansprechbaren Teil der Jugend die Übernahme einer Avantgarde-Funktion für die totalitäre Bewegung versprachen. Doch hätte eine volle Bestätigung dieser Funktion durch das NS-System eine Revolutionierung der bestehenden Autoritätsverhältnisse zur Folge gehabt. Deshalb mußte die Politisierung einer rasch anwachsenden Jugendbewegung umgelenkt werden auf die Aufgabe einer selbstorganisierten Jugendpflege, bei der die totalitäre Umerziehung dann nur noch ein Teilaspekt war (Lingelbach, 1970, S. 105f.).

Der Schulunterricht konnte nur wenig zur Mobilisierung der totalitären Bewegung beitragen. Um so mehr sahen sich die Lehrer durch die emotionalisierte »Bewegung« zu einer Umdeutung der von ihnen vertretenen Bildungsinhalte genötigt (Wilhelm, 1959, S. 164). Der Realisierung des totalitären Verfügungsanspruchs wurde schließlich ›von oben‹ nachgeholfen, als während des Krieges Hitler selbst die Erziehungspolitik in Regie nahm (oder sein »Sekretär« Martin Bormann). Eine totalitäre Erziehungspolitik anzusteuern, hat er erst gewagt, als nach dem Frankreichfeldzug eine langandauernde Kriegssituation und damit die Aufrechterhaltung des Ausnahmezustandes abzusehen war (Scholtz, 1973, S. 256).

»Machtergreifung« sollte nicht als eine »Reform von oben« verstanden werden, die der Machtübernahme folgte und mit dem Abflauen der »nationalen Erhebung« endete. Sie muß vielmehr als ein Prozeß angesehen werden, der von der totalitären Bewegung immer wieder neu in Gang gebracht wurde, um die vorhandene Substanz: Menschen, Traditionen, Institutionen zu »mobilisieren«, zur Disposition zu stellen. Die Machtergreifung wird meist gleichgesetzt mit der »Gleichschaltung«, die aber nur ihre erste Stufe war. Diese deuteten 1933 die

Nazis als einen organisatorisch-technischen Vorgang und verglichen sie mit dem Anschluß von Beleuchtungskörpern an die »Leitung«. Die »Gleichschaltung« sollte »den unmittelbaren Anschluß aller Mitglieder an die Idee der nationalen Revolution« bringen (Burkert u. a., 1982, S. 231). Machtergreifung ging aber darüber hinaus und erschloß neue Möglichkeiten für den Machtgebrauch. Organisatorische Arrangements wurden erfunden, die »Massen« erzeugten, deren Verhalten prägten und ihnen durch »Gleichschaltung« die Möglichkeit zu politisch relevanter Meinungsartikulation nahmen. Die aktive Beteiligung der Anhänger der totalitären Bewegung war darauf abgestellt, den in der Masse Vereinzelten die Identifikation mit den dargestellten Glaubensinhalten zu erleichtern (Ehrhardt, S. 56).

Bei diesen Arrangements wurde zurückgegriffen auf Darstellungsformen des »Politischen«, die abgehoben von der gesellschaftlichen Realität in Jugend- und Männer »bünden«, also im vorpolitischen Raum, entwickelt worden waren. In den als faschistisch zu bezeichnenden Massenorganisationen manifestierte sich der Wille zur Distanzierung vom Alltäglichen, zum Ausweichen vor politischen Konflikten in das Gefühl der Zusammengehörigkeit im Kollektiv, welche eine Hebung des Selbstwertgefühls einbrachte. Beispiele für diese Organisation gewordene Propaganda sind nicht nur in den flüchtigen Improvisationen zu suchen: in der Ausgestaltung politischer Feiertage und Feste, im »Eintopfsonntag« oder in Schulungslagern und in der aufwendigen Inszenierung von »Reichsparteitagen« (Schmeer, 1956). Auf dem Sektor der Jugenderziehung mußte sich der Zukunftswille der Staatspartei dokumentieren. In einigen wenigen neu eingerichteten Schulen ging man deshalb über die Aufgaben der gesellschaftlichen Reproduktion hinaus. An der Kombination von Schule und Lagererziehung für eine »Auslese« wird das Ergebnis der propagandistischen Instrumentalisierung dieser »NS-Ausleseschulen« (Scholtz, 1973) darzustellen sein. An ihnen läßt sich zeigen, wie die Idealvorstellungen der Reformpädagogik für die totalitäre Bewegung ausgebeutet werden konnten, wenn in der Perfektionierung von »totaler« Erziehung die Bezugnahme auf deren gesellschaftliche Funktionen ignoriert oder »verdrängt« wurde (vgl. Blankertz, 1982, S. 278).

Die Lektion, die die Regisseure des öffentlichen Lebens erteilten, wurde von der vermittelnden Intelligenz bald gelernt. Doch als die Schulen in der ersten Phase der Machtergreifung, gestützt durch die Einrichtung eines »Staatsjugendtages« (1934), ihre Politisierung selbst betrieben, wurde diese Entwicklung gestoppt und die politische Schulung den Massenorganisationen überantwortet. Eine Intellektualisierung der totalitären Bewegung war unerwünscht. Ebenso wurde der Tendenz der HJ entgegengesteuert, durch Angleichung an die Einigungsbestrebungen der vorausgegangenen »Jugendbewegung« das Ansehen einer Parteijugendorganisation abzustreifen: bereits 1935 wurde hinter den Kulissen über die Verwendung der HJ als Zwangsorganisation für eine staatlich verordnete Jugendertüchtigung verhandelt. An einer Reihe solcher Beispiele läßt sich das Bestreben in den Schaltzentralen der Macht nachzeichnen, der Fixierung der totalitären Bewegung auf die Übernahme bestimmter gesellschaftlicher Funktionen entgegenzuwirken, der Richtung der Bewegung auf eine Veränderung bestimmter Verhältnisse also mit einer erzieherisch konträren Aufgabenstellung zu begegnen. Das führte zu einer Verunsicherung im Selbstverständnis der Institutionen: Sollte die Schule politisch erziehen? War die HJ eine Organisation der Jugend für den Staat oder dessen Zwangsorganisation mit einem vorgeschriebenen Ertüchtigungsprogramm? Den Wirkungen solcher Setzung von Widersprüchen ist nachzugehen, um zu ergründen, ob sie die totalitäre Dynamik schwächten oder verstärkten.

Das öffentlich beklagte Nachlassen der Leistungsfähigkeit der Schule und der nicht erörterte Verfall der Jugendarbeit, der jedoch zu Beginn des Krieges mit Polizeiverordnungen quittiert wurde, sind bisher in unterschiedlicher Weise wahrgenommen worden. Deutungen, die den Niedergang des Bildungswesens (»educational decline«) der in der HJ organisierten Jugend zuschreiben wollen (Horn, 1976), sind offensichtlich zu kurzschlüssig (vgl. Kater, 1979, S. 578). Gleichzeitig mit den massiven Störungen des Schulunterrichts ist nämlich eine Steigerung der Nachfrage nach weiterführender Bildung zu verzeichnen, und es sind verstärkt Internatsschulen eingerichtet worden. Dort und in den »Lagern« der »Erweiterten Kinderlandverschickung« blieb die HJ-Erziehung nicht mehr allein der »Selbstführung« überlassen, sondern mußte sich mit den schulischen Anforderungen arrangieren. Ob dann noch die gleichen Motive für die Nazifizierung genutzt werden konnten, wie sie sich zuvor aus der Konfrontation der Erziehung zwischen fast Gleichaltrigen mit den schulischen Lernanforderungen ergeben hatten, ist eine Frage, die zur Unterscheidung zwischen den für die Nazifizierung effektiven Arrangements und dem eingeschlagenen Weg zur bedenkenlosen Nutzung der Jugend für die siegreiche Beendigung des Krieges veranlaßt. Eine solche Unterscheidung könnte zur Erklärung der geringen Chancen für das Weiterwirken des Nazifanatismus beitragen.

Den Abbau der Resistenzkräfte der Bildungsinstitutionen gegenüber dem totalitären Verfügungsanspruch als historischen Prozeß nachzuzeichnen, ist weniger leicht, als einen Zuwachs an »Indoktrination« in der Schule aufzuweisen. Durch neue Inhalte wird dieser Abbau nur dann zureichend erklärt, wenn sich nachweisen läßt, daß die Indoktrination ausschließlich darauf angelegt war, den Verfügungsanspruch zu legitimieren. Diesen Nachweis hat Renate Preising (1976) zu führen gesucht, indem sie auf die theoretischen Bemühungen um eine Orientierung der Schule an der formalen Aufgabe der »Willensschulung« aufmerksam gemacht hat. Eine solche Zielsetzung entsprach in der Tat dem in der totalitären Bewegung praktizierten Verhaltenstraining. Doch ein solcher anthropologischer Ansatz gab weder ein didaktisches Auswahlprinzip noch eine Begründung für die Differenzierung im Schulangebot her.

Dieses Vakuum haben Rationalisierungen der Glaubensinhalte der »Bewegung« aufzufüllen gesucht, denen besonders viele pädagogisch-historische und fachdidaktische Arbeiten galten. Aber der Erkenntnisgewinn nach Sichtung dieses heterogenen Materials bleibt gering, wenn nicht den Entstehungsbedingungen und Funktionen solcher didaktischen Orientierungen nachgegangen wird. Wie ist die Vielfalt der Auslegungen der »NS-Weltanschauung« zu erklären? Welche Funktion kann dieser Art Ideologieproduktion im Vergleich zu der Propaganda zugeschrieben werden, die über die Massenkommunikationsmittel auf die Schule einwirkte? Läßt sich unterscheiden, wo die Schule neue Aufgaben zur geistigen Verarbeitung aktueller Problemstellungen übernahm oder wo sie dem »faschistischen« Interesse an deren Verschleierung folgte und falsches Bewußtsein erzeugte? Erst von solchen analytischen Fragestellungen her kann entschieden werden, ob die Schule ein dem totalitären Verfügungsanspruch gegenüber eigenständiges Denken über politische Sachverhalte in Gang brachte oder ob ihre didaktischen Leistungen pauschal als Bestätigung der bestehenden Herrschaftsverhältnisse und als Bemühung um die Aufwertung des politischen Credos abgetan werden können.

Diese Untersuchung kann eine solche, notwendig auf fachdidaktische Problemlagen bezugnehmende, Analyse nicht leisten. Aber vielleicht

kann sie Vorurteile beseitigen, durch die noch heute das faschistische Freund-Feind-Verhältnis fortgesetzt wird. Anstelle einer sich »antifaschistisch« gebenden Weigerung, pädagogische Problemstellungen jener Zeit wahrzunehmen, ist eine Analyse geboten, die, wie Kurt Hahn einmal in einem persönlichen Gespräch bemerkte, Hitler nicht zu weiteren postumen Triumphen verhilft, nämlich durch die Subsumierung aller pädagogischen Tendenzen jener Zeit unter die Interessenlage der Herrschenden. Demgegenüber ist etwa darauf aufmerksam zu machen, daß die Systematisierung politischer Wertvorstellungen, wie sie ein politischer Unterricht anstreben muß, dem Verfügungsanspruch des Regimes widersprach (vgl. Scholtz, 1983, S. 706). Wer der NS-Zeit die Möglichkeit zur Weiterentwicklung der pädagogischen Problemlage pauschal bestreitet, muß sich bewußt sein, daß er damit für eine gesellschaftliche Restauration plädiert.
Wenn heute prominente Zeitzeugen aufgefordert werden, sich ihrer Schulzeit unterm Hakenkreuz zu erinnern (Reich-Ranicki, 1982; Platner, 1983), wird die auch aus den Aktenbeständen zu gewinnende Einsicht vielfach bestätigt (Kater, 1980, S. 508), daß die totalitäre Bewegung innerhalb der Institution Schule nicht so vorangekommen ist, wie es viele pädagogisch-didaktische Arbeiten (Assel, 1969; Flessau, 1977, u. a.) glauben machen. Schon wenn in die Darstellung die pädagogische Problemlage am Ausgang der Weimarer Zeit einbezogen wird, ergibt sich ein differenzierteres Bild (Frank, 1973; Höck, 1979; Behr, 1980). Die Untersuchungen zeigen, daß die bereits in der Weimarer Zeit angelegten Tendenzen zu einer »nationalistisch-völkischen Bildungspolitik« (Peters, 1972) von Erwartungen überlagert wurden, die einerseits aus rational nicht mehr kontrolliertem Wunschdenken, andererseits aus einer pragmatischen Anpassung an die geforderte Dienstbereitschaft resultierten. Mit der Steigerung der Erziehungsansprüche an die Schule wuchs noch die Distanz zu den vorherrschenden Lebensverhältnissen. Verhaltenssicherheit, wie sie das Kollektiv bieten konnte, war um so mehr gefragt, wenn Sein und Bewußtsein auseinanderklafften. Deshalb brachten die übersteigerten Erwartungen an die gesellschaftliche Relevanz der in der Schule erzeugten Wertvorstellungen beim Gros der Schüler nur einen undifferenzierten Konformismus hervor.
Erst in letzter Zeit sind die Fragen nach den Leistungen der Schulpolitik (Erdmann, 1976) im Hinblick auf soziokulturelle und sozioökonomische Problemlagen mit ihren bildungsökonomischen Implikatio-

nen (Zymek, 1980; Herrlitz u. a., 1981) aus diachronischen Untersuchungen heraus gestellt und von der bildungshistorischen Forschung beantwortet worden (Lundgreen, 1981; Leschinsky, 1982). Die während des Krieges einschneidend veränderte Schulpolitik (Scholtz, 1973, Kap. 4) wurde freilich dabei nicht berücksichtigt. Ein Grund dafür ist sicherlich darin zu sehen, daß die bis 1942 exakt geführten Statistiken ausblieben, schwerer wiegt aber, daß Untersuchungen, die sich auf eine Kontinuität der Bildungsverwaltung zwischen Weimarer Republik, »Drittem Reich« und Bundesrepublik eingestellt haben und die völlig anders verlaufende Entwicklung im anderen Teil Deutschlands gar nicht in Betracht ziehen, die Mobilisierungseffekte übersehen, die von der totalitären Bewegung ausgingen und nur im sowjetisch besetzten Gebiet in neue Einrichtungen gelenkt wurden. Neben den neuen Einrichtungen für die Erwachsenenbildung ist hier vornehmlich an die für Volksschulabgänger zu erinnern, die zwar die Jugendzeit von Millionen entscheidend geprägt haben, aber von der Forschung erst in letzter Zeit oder nur unzureichend berücksichtigt wurden: Landjahr (Niehuis, 1984), Hauptschule (Brandau, 1959), Deutsche Heimschulen, Lehrerbildungsanstalten (Scholtz, 1983), Kinderlandverschickungslager (Dabel, 1981), Unteroffiziers-Vorschulen (Kipp, 1980). Sie dürfen bei der Beantwortung der Frage nicht außer Betracht bleiben, ob das Schulsystem traditionelle Strukturen nur fortgeschrieben hat. Ebenso fehlen noch immer verläßliche Auskünfte über den Ausbau des beruflichen Schulwesens, vor allem auf dem Land. Dafür ist der Reichsarbeitsdienst um so intensiver erforscht worden. Wieweit bestimmte das bewußte Ignorieren der sozialen Herkunft der Jugendlichen in der HJ tatsächlich die Lebensperspektive dieser Jugendlichen, wenn sie gleichzeitig ein Internatsschulangebot wahrnahmen und dadurch ihrer sozialen Umwelt auf Dauer entfremdet wurden?

Verläßliche Auskünfte über den Grad an sozialer Mobilität, der während des Kriegs erreicht und durch die Senkung der Anforderungen an »höhere Bildung« sicher nicht gehemmt worden ist, werden sich kaum gewinnen lassen. Doch dürfte für die Nachkriegsgesellschaft nicht unerheblich gewesen sein, wie hier gesellschaftliche Aspirationen mit dem Schock zusammentrafen, sie auf einen politischen Irrglauben gegründet zu haben. Dieser Frage mit der Auskunft auszuweichen, daß die Jugend ohnehin nur für den Krieg erzogen worden sei, hieße die Perspektive des Regimes übernehmen. Gleicherweise ist die Vorstellung zu revidieren, daß Hitlers apodiktischer Satz aus »Mein Kampf«: »Das Ziel weiblicher Erziehung hat unverrückbar die kommende Mutter zu sein« (S. 460), für die Lebensperspektive der Mädchen tatsächlich bestimmend geworden ist. Auch ihnen erlaubte die Spaltung der Lebenspraxis, sich in die totalitäre Bewegung zu integrieren und von dort her soziale Verantwortung und Führungspositionen zu übernehmen.

Die Nazifizierung ist als Integration in die totalitäre Bewegung darzustellen, die keineswegs die gesamte Lebenspraxis der Jugendlichen bestimmen konnte. Das kollektive Verhaltenstraining mobilisierte zwar den einzelnen zur Partizipation an der Machtausübung (wenn er sich nicht für das »Abseits«-stehen entschied), ließ ihn aber »auf Bewährung« frei im Spannungsfeld konkurrierender inhaltlicher Ansprüche. Es wird deshalb zu zeigen sein, daß das Ergebnis der widersprüchlichen Einflußnahmen zwar nicht den Intentionen der für Unterricht und Erziehung Verantwortlichen entsprach, aber gleichwohl für das System funktional war: den einzelnen schon in früher Jugend so weit auf sich selbst zu stellen, daß er in seiner Vereinzelung, um das erzeugte Selbstwertgefühl zu stabilisieren, selbst nach der Abhängigkeit von der Herrschaftsapparatur verlangte. Das Dilemma, das sich für die Erziehenden im Verständnis ihres Auftrags aus dieser systembedingten Freisetzung zur Selbsterziehung ergab, betrifft nicht nur die Frage nach dem Sinn von Erziehung und Unterricht »unterm Hakenkreuz«, sondern auch in unserer Zeit, in einer pluralistischen, auf Demokratisierung hin orientierten Gesellschaft.

2. Grundlegung: Voraussetzungen für die Machtergreifung auf dem Erziehungssektor

2.1 Kollektive Organisation und Reproduktion nationaler Ressentiments

Die These, daß die Veränderungen auf dem Erziehungssektor nach der Machtübergabe zu einem wesentlichen Teil durch die in der totalitären Bewegung praktizierte Umerziehung bestimmt worden seien, macht eine Skizzierung der Entstehungsbedingungen für dieses Konzept erforderlich. Es wurde an jungen Erwachsenen, nicht aber an Jugendlichen oder in der Schulerziehung erprobt. Aus diesem Ansatz erklärt sich die spätere Überbeanspruchung der Jugendlichen, aber auch der starke Anreiz, im öffentlich anerkannten Handeln es den jungen Erwachsenen gleichzutun. Der Schematismus der HJ-Erziehung, der aus der Bindung an diese Anfänge herrührte, blieb auch erhalten, als die HJ konkurrenzlos die außerschulische Organisation der Jungen und Mädchen zwischen 10 und 18 Jahren übernahm.

Das zentrale erzieherische Motiv gegenüber der jungen Generation war, daß die Soldatengeneration des Weltkrieges, soweit sie sich weigerte, sich als »geschlagen« und die Opfer als sinnlos anzusehen, ihr Ressentiment gegenüber der geschichtlichen Realität in der nachwachsenden Generation gerechtfertigt sehen wollte. Über die NSDAP sagte einer ihrer klügsten Gauleiter (Krebs), sie sei »nicht aus Einsichten geboren, sondern aus irrationalen Kräften des Instinkts, der sich gegen den Zusammenbruch des Jahres 1918 auflehnte und mit ursprünglicher Witterung die an ihm schuldigen Kräfte erspähte und bekämpfte« (zit. nach Carr, 1980, S. 229). Dieses Ressentiment nicht nur verbal zum politischen Leitmotiv zu machen, sondern es zugleich durch die Organisation von Verhalten und Aktionen so zum Ausdruck zu bringen, daß es reproduzierbar wurde, war die spezifische Leistung der NSDAP unter Hitlers Leitung.

Daß Hitlers Partei nicht eine unter vielen sein sollte, sondern eine »Bewegung« zu einem neuen Reich hin, sagte sie nicht nur, sondern demonstrierte es durch ihre »SA«. Sie ist weder durch ihre Funktion als Parteitruppe noch als Saalschutz zureichend zu beschreiben. An ihr bewies Hitler zum ersten Mal seine Befähigung zum Regisseur öffentlichen Lebens. Er trennte die Ausdrucks- und Interaktionsformen aus verschiedenen gesellschaftlichen Bereichen (Militär, Arbeiterbewegung, Kirche, Werbung) von den ihnen traditionell zugeordneten Inhalten ab. Paraden, Demonstrationen, Rituale, Weckung von Konsumbedürfnissen etc. wurden der Agitation für das zu erwartende »Dritte Reich« und damit dem emotionalen Konsum von Sehnsuchtsgefühlen und Omnipotenzphantasien verfügbar gemacht. Deutlich wird diese Abtrennung der Form vom Inhalt an der Argumentation Hitlers in »Mein Kampf«, daß die SA kein Wehrverband sein dürfe (M. K. S. 603–11).

»SA« stand zunächst 1920 nur für »Sportabteilung« (Bernett, 1973, S. 40), erst ein Jahr später wurde »Sturmabteilung« daraus. Die Einrichtung einer »Turn- und Sportabteilung« ergab sich aus der 21. Forderung des Parteiprogramms von 1920, die den Vorschlag des »Reichsausschusses für Leibesübungen« aus dem Jahr 1916 wieder aufnahm, alle jungen Männer zu regelmäßigen körperlichen Übungen gesetzlich zu verpflichten (Bernett, 1981, S. 295). Dadurch sollte das Verbot jeder vormilitärischen Ausbildung umgangen werden, das in § 117 des Versailler Friedensdiktats ausgesprochen war. Erst ab 1924 förderte dann auch die Reichswehr »Volkssport«-Aktivitäten. Schon der erste Aufruf, der »Turn- und Sportabteilung« beizutreten, ist gekennzeichnet von einer typisch totalitären Übersteigerung der Erwartungen. Obwohl von einem Offizier aus der »Brigade Ehrhardt« unterzeichnet, weist die Diktion dieses Aufrufes »An unsere deutsche Jugend!« vom 11. 8. 1921 auf den Einfluß Hitlers hin. Diese »eiserne Organisation« sollte als »Sturmbock« für die »Gesamtbewegung«, als »Trägerin des Wehrgedankens« und als »Schutz« für die Propagandisten der Partei dienen. Dann folgen allzu bekannte Formulierungen Hitlers: »Sie soll aber vor allem in den Herzen unserer jungen Anhänger den unbändigen Willen zur Tat erziehen, ihnen einhämmern und einbrennen, daß nicht die Geschichte Männer macht, sondern Männer die Geschichte« (Bernett, 1973, S. 57). Die SA sollte mehr sein als ein Sport- oder Wehrverband: die Erziehung in ihr hatte »parteizweckmäßigen Gesichtspunkten« zu folgen. »Die körperliche Ertüchtigung soll dem einzelnen die Überzeugung seiner Überlegenheit einimpfen und ihm jene Zuversicht geben, die ewig nur im Bewußtsein der eigenen Kraft liegt« (M. K., S. 611). Boxen und Jiu-Jitsu sah er als die angemessenen Mittel dazu an.

Seine damals keineswegs besonders populäre Ablehnung jeder »Soldatenspielerei« hat er aus psychologischen wie aus politisch taktischen Gründen auch später beibehalten (Bernett, 1982, S. 371). Nicht die zweckrationale Wehrübung, sondern das Antrainieren einer kämpferischen Haltung, die Minderwertigkeitsgefühle durch ein jugendhaftes körperliches Kraftgefühl kompensierte, war das Ziel der für Hitler bekanntlich vorrangigen »körperlichen Ertüchtigung«. »Zweckmäßig« war sie für die Partei zunächst, weil die Partei sich für das Lager der »Rechten« in den »Kampf um die Straße« begeben sollte; später trat sie dann in den Dienst einer »weltanschaulichen« Überhöhung der imperialistischen Kriegsführung.

Nachdem der »Kapp-Putsch« fehlgeschlagen war, erkannten auch die politischen »Kampfbünde« der Rechten das Gewaltmonopol des Staates an. In dieser Situation des nicht weiter durchführbaren Bürgerkrieges zog die Gründung der SA die politischen jungen Aktivisten aus den »Freikorps« an. Sie sahen ihre Aufgabe darin, der Arbeiterbewegung das Recht streitig zu machen, das ihr zu Gebote stehende Machtmittel der Massendemonstration gegen die bestehenden sozialen Machtverhältnisse einzusetzen. Nicht zu deren Verteidigung, wohl aber als gewalttätige Gegenmacht trat die SA auf. Aufmerksam hat Hitler registriert, wie die Marschformation der Nationalsozialisten mit ihren Fahnen bei einer Demonstration »vaterländischer« Verbände gegen das Republikschutzgesetz (1922) »Begeisterung« ausgelöst hatte (M.K., S. 613). Von da an wurde die pseudoreligiöse Symbolvergötzung und die pseudomilitärische Uniformierung zum Kennzeichen seiner politischen Sekte.

Ebenfalls ab 1922 wurde von der SA auch das Interesse an der Technik und an aufwendigeren Sportarten genutzt (Maser, 1965, S. 307). Mochten Radfahr-, technische Abteilung, Nachrichtenabteilung und »Motorstaffel« dem Zweck dienen, im Fall eines Streiks vom staatlichen Nachrichten- und Transportwesen unabhängig zu werden, so verselbständigte sich doch das Erwerben technischer Fertigkeiten unter politischen Vorzeichen; noch die »Sondereinheiten« der HJ boten eine Fahrer- oder Funkerausbildung an. Außerdem wurden ein Reiter- und ein Musikkorps gegründet. Schon 1922 wird also die 1926 wieder aufgenommene Ambition erkennbar, in Konkurrenz mit der proletarischen Kulturbewegung zu treten. Die sozial heterogene Anhängerschaft Hitlers, die nicht einmal durchweg auf seinen Antisemitismus einzuschwören war, mußte durch ständige Überlagerung der an sie gestellten Ansprüche vor dem Zerfall in Interessengruppen bewahrt werden. Für einen hohen Erlebniswert der politisch-sozialen Integration wurde durch bewußt provozierte Saalschlachten gesorgt oder durch schwerpunktmäßiges Auftreten der regional verstreuten Anhänger, womit deren Mobilisierbarkeit und Opferbereitschaft auf die Probe gestellt wurden. Große Bedeutung kam in dieser Hinsicht auch den »Reichsparteitagen« zu, die ab 1927 in Nürnberg stattfanden. Sie dienten mehr der Schaustellung der Partei als der politischen Willensbildung. »Alte Kämpfer« erlebten sie als »Kraftbad« (Schmidt in Peukert/Reulecke, S. 35), dessen Erfolg freilich durch rigorose Disziplinierungsmaßnahmen abgesichert werden mußte (Jaschke, 1982, S. 212).

Die Forderung, eine »heroische« Haltung einzunehmen, deren Bewährung das Selbstwertgefühl steigerte, war offensichtlich emotional so stark besetzt, daß die Drohung mit dem Parteiausschluß ein wirksames Disziplinierungsmittel darstellte. Es darf freilich auch nicht übersehen werden, daß etwa 40 % der ursprünglichen Mitglieder die NSDAP bis 1933 wieder verlassen haben (Niethammer, 1972, S. 29). Analysen zahlreicher Selbstzeugnisse »alter Kämpfer« haben ergeben, daß sie sich dieser radikalen Partei vornehmlich aus Gefühlen der Orientierungslosigkeit, der Ohnmacht und des Abscheus vor der »hohen Politik« (Schmidt, a. a. O., S. 32), aber auch aus frustrierten Aufstiegserwartungen und der bewußten Nicht-Integration in die soziale Schicht, der sie zugehörten, anschlossen. Peter Merkl behauptet sogar, »ohne die Rebellion der Jugend hätte es das 3. Reich überhaupt nicht gegeben« (in: Mann, 1980, S. 71). Hätten eher »politische« Einstellungen den Ausschlag gegeben, wäre Hitler die Dogmatisierung des Parteiprogramms im Jahr 1926, das der »linke« Flügel der Partei erneuern wollte, nicht so leicht geworden. Wenn auch mit dem Anwachsen der Partei ab 1931 für eine stärkere ideologische Schulung der Partei und ihrer »Gliederungen« gesorgt wurde (des Mittels der Zeitschrift bediente man sich auch erst ab 1930, in Form von »Monatsheften«!), so waren doch Organisation und Aktion die fundamentalen Integrationsfaktoren dieser Partei. Das muß gegenüber jeder Interpretation von Erziehungsvorgängen unter dem NS-Regime festgehalten werden, die von der Ideologie als dem bestimmenden Faktor ausgeht.

Vage Hoffnungen auf eine neue, nach dem erstrebten Umsturz politisch durchzusetzende Schichtung des deutschen Volkes wurden geweckt, aber im heroisierenden Sprachgestus gleich wieder zurückgenommen: Ein sprachliches Vorspiel dessen, wie sich später in der geschichtlichen Realität die Maßnahmen zur Nachwuchssicherung für die politische »Führungsschicht« darstellen sollten. Dr. Goebbels rief den SA-Männern zu:

»Opfert! Im Opfer bildet sich der junge Aristokrat [?]! Haltet Disziplin! ... Seid Fanatiker! Wenn wir Recht haben – und das glauben wir mit der Unverbrüchlichkeit des Blutes [?] –, dann haben alle anderen Unrecht.«

Als er das Privileg zu benennen suchte, das die Zugehörigkeit zu dieser politischen Sekte für den »unbekannten SA-Mann« bedeutete, geriet selbst dieser wortgewandte Mann in Verlegenheit:

»Ich meinte damit jenen Aristokraten des dritten Reiches, der Tag für Tag seine Pflicht tut, einem Gesetz gehorchend, das er nicht kennt und kaum versteht. Dem man vielleicht irgendwo und irgendwann den Schädel einschlagen wird, weil er groß ist, weil er über dem Mob steht und wegweisend seinem Volk voranschreitet« (zit. in Posse, 1931, S. 44f.).

Die Heroisierung der auf Prinzipien fixierten Konzeptionslosigkeit erlaubte es, den Gläubigen auf absolute Disziplin in der Befehlshierarchie und auf eine »Härte« zu verpflichten, die an aktive und passive Gewaltanwendung gewöhnen sollte.

Hitlers Forderung an die Jugenderziehung lautete deshalb, daß Jungen »Leiden und Unbill« (Unrecht) »schweigend ertragen« lernen müßten (M. K., S. 462). Gleichzeitig aber verlangte er, »schon von klein an Verantwortungsfreudigkeit und Bekenntnismut« zu fördern (S. 464). Denn seine sozialdarwinistische Grundüberzeugung ließ ihn wiederum – seine politisch-psychologische Leitvorstellung war die Reproduktion der Aufbruchsstimmung des Jahres 1914 – auf den »suggestiven Glauben an die eigene Überlegenheit« setzen, die er nicht aus einer Massenpsychose erklärte, sondern ansah als »Ergebnis jener unermüdlichen Erziehung ... in den langen, langen Friedensjahren« (S. 456). Wenn er forderte, »Willens- und Entschlußkraft« sowie »Verantwortungsfreudigkeit« zu entwickeln (S. 462), bezog er sich hinsichtlich dieser Erziehung in Friedenszeiten nicht auf die Drillpraxis der Unteroffiziere gegenüber den Mannschaften, sondern verallgemeinerte die an die Offiziersausbildung gestellten Anforderungen

in wörtlicher Übernahme ihrer Zielvorstellungen (Schmidt-Richberg, 1968, S. 88). Der Trick, die beiden Ebenen der Erziehung miteinander zu verknüpfen, erlaubte ihm, die berufsständisch begründete Ehrauffassung des Offiziers, die der Gehorsamsforderung Grenzen setzte, aus seiner Erziehungskonzeption auszuschalten. An ihre Stelle trat »Selbstvertrauen«, das auf »körperlicher Kraft und Gewandtheit« und nicht auf Sachverstand beruhte. Die Erzeugung der »suggestiven Kraft« des Glaubens an die eigene »Unbesiegbarkeit« und an die des eigenen Volkes machte den einzelnen abhängig, aber nicht von erzieherischer Interaktion, sondern von der Ausbildung von Fertigkeiten, von der Einrichtung von Leistungskonkurrenzen und von der Vermittlung von »Erlebnissen« kollektiver Selbstbestätigung.
Den in vielen Deutschen ansprechbaren Wunsch, die Niederlage von 1918 aus einem nationalen Überlegenheitsgefühl heraus wieder wettmachen zu können, in einen begründeten Zusammenhang mit der Praxis politischer Sozialisation junger Leute in der SA zu bringen, war eine persönliche Leistung Hitlers, durch die er der Tradition einer »Nationalisierung der Massen« (Mosse, 1976) ein spezifisches politisches Motiv gab. Dieses Motiv, das sich in einen neuen Imperialismus überleiten ließ, sicherte ihm bei der Umgewichtung öffentlicher Erziehung und der Ausgestaltung des öffentlichen Lebens im »Dritten Reich« eine breite Resonanz. Als eine Variante der Offiziersausbildung, bei der die irrationalen, für den einzelnen wie für die Gesamtheit riskanten Handlungsmotive vorherrschend wurden, schloß dieses Konzept jede Befähigung zum Dialog, zu reflektierter Selbst- und Fremdwahrnehmung aus. Führende Kreise in Militär und Wirtschaft konnten sich trotz ihrer Distanz zu einem Erziehungskonzept, das fanatische Blindheit erzeugte, von diesem Konzept angezogen fühlen, soweit sie in ihrer eigenen Sozialisation von einer solchen Selbstsuggestion profitiert hatten. Sie nahmen den Wandel in der affektiven Besetzung des konservativen Wertsystems nicht wahr, der zur
- Entgrenzung des Nationbegriffs
- Radikalisierung der Gemeinschaftssehnsucht
- Entbindung der Autoritätsgläubigkeit aus dem traditionalen Legitimationszusammenhang
- Subjektivierung des Kampferlebnisses
- Totalisierung des Kriegsbildes geführt hatte (Wegner, S. 38).

2.2 Die politisch-kulturelle Eigendynamik in den Organisationsformen der Jugend

Der »Jugendbund der NSDAP« ist im März 1922 als Nachwuchsorganisation für die SA gegründet worden (Dokumentation in: Brandenburg, S. 238f.). Auf die Initiative von Adolf Lenk hin entstanden, wurde ihm in der Partei keine mit der SA irgendwie vergleichbare Beachtung geschenkt (Stachura, 1975, S. 11). Eine Nachfolgeorganisation, die »Großdeutsche Jugendbewegung« Kurt Grubers, konnte sich in Sachsen nur durch die Unterstützung eines Textilfabrikanten, Martin Mutschmann, des dortigen späteren »Landesleiters« der NSDAP, als Vorläufer der »Hitler-Jugend« profilieren. Durch ihre Satzung vom Sommer 1924 wurde diese Gruppe insofern traditionsbildend, als sie ein Treuegelöbnis zur »Bewegung«, »unbedingten Gehorsam« gegenüber den (nicht wählbaren) Führern (»soweit es mit seiner Ehre als Deutscher zu vereinbaren ist«) sowie »unbedingte Kameradschaftlichkeit« forderte: »Standesunterschiede gibt es nicht« (Brandenburg, S. 241). Als auf dem Hintergrund des »jugendbewegten« Anspruchs 1926 die Hitler-Jugend entstand, mußte ihr Verhältnis zur NSDAP (oder zur SA) in einer Weise prekär bleiben, die zunächst die Entwicklung der HJ in der »Kampfzeit« behinderte, ihr aber nach der Machtübergabe den Massenzulauf aus den bürgerlichen Schichten einbrachte, der dann dem Jugendsektor der Parteiarbeit längere Zeit eine nicht vorausgesehene politische Bedeutung zukommen ließ.

Das Problem bestand darin, der Partei einen straff organisierten Jugendverband zu sichern, der aber Sympathisanten unter rechtsstehenden protestlerischen Jugendlichen nur finden konnte, wenn er zugleich mit seinen ohnehin von der Tagespolitik der Parteien abgehobenen Zielen auch eine dem »Jugendbund« angenäherte Organisationsform finden konnte. Deshalb strebten die »Richtlinien« von 1926 (a. a. O., S. 244) eine »selbständige Körperschaft« an. Außerdem wurde sichergestellt, daß nicht höherrangige Partei- oder SA-Mitglieder Führungspositionen einnahmen, noch bevor die Parole ausgegeben wurde: »Jugend muß durch Jugend geführt werden«. Welche Bedeutung diese Fragen für die Entwicklung der HJ hatten, läßt sich daran erkennen, daß »freiheitliche« Bünde um die Zeitschrift »Die Kommenden« beanspruchten, ebenfalls »nationalsozialistisch« zu sein, sich dem Werben um Integration in die HJ aber entzogen, wenn sie auch schließlich 1932 dem von Schirach organisierten Dachverband »Deutsches Jugendwerk« beitraten. Jedem über 18 Jahre alten HJ-Führer wurde die Parteimitgliedschaft zur Pflicht gemacht. Bei der Ernennung von HJ-Führern war schriftlich das Einverständnis des entsprechenden Parteileiters einzuholen. Gruber sah erst »Spuren von Eigenleben« in der HJ (a. a. O., S. 34), als die SA zum 9. November 1928 darauf verzichtete, die potentiellen HJ-Führer als Nachwuchs für sich zu beanspruchen. Dieses »Eigenleben« wußte Gruber mit »sozialrevolutionären« Akzenten zu versehen (a. a. O., S. 246). Dies führte keineswegs zu einer Fraktionsbildung, war aber auch nicht geeignet, die bürgerliche republikfeindliche Jugend zu gewinnen. Nach eigenen Angaben waren noch 1931 nur 12 % der Mitglieder der HJ Schüler (Stachura, 1975, S. 58).[1] Um diese Zeit steuerte v. Schirach ideologisch, später auch durch die Umbesetzung in den Leitungspositionen eine stärkere Berücksichtigung bürgerlicher Mentalität an (a. a. O., S. 95 und 170). Noch 1929 hatte er die HJ gegenüber einem Führer der Bündischen charakterisiert als »jene schlecht geleitete und mäßig disziplinierte Organisation, die als Mittelding zwischen Wehr- und Jugendbewegung ein kümmerliches Dasein fristet« (Brandenburg, S. 36). Schon zu dieser Zeit hätte es während der gegen den Young-Plan geführten Kampagne, die in der Jugend viel Resonanz fand, aber auch bei der beginnenden Wirtschaftskrise genügend Anlässe für eine Anbindung des bürgerlichen Jugendprotests an den Nationalsozialismus gegeben.

Drei Motive für die spätere Erziehungspolitik sind aus jenen Jahren der Staats- und Wirtschaftskrise und aus dem vergleichsweise geringen Anwachsen der HJ gegenüber der Gesamtbewegung herzuleiten:

- Gesellschaftspolitische Zielvorstellungen hatten sich, auch auf dem Jugendsektor, grundsätzlich dem Interesse am Machtzuwachs für die Partei unterzuordnen.
- Die verstärkte Präsenz der braunhemdigen »Bewegung« im öffentlichen Leben durfte sich nicht auf das Vertreten »hochgradig konsensfähiger Gemeinplätze« beschränken (Jaschke, S. 199). Werbewirksam wurde sie vor allem dort, wo sich Politik als konkrete Nothilfe darstellen konnte, die durch Koordination von Hilfsbereitschaft mit antimarxistischer Spendenfreudigkeit zustande kam. Deshalb machten junge Arbeitslose den Hauptanteil von Arbeitern in der NSDAP aus (Henning, 1977, S. 169)
- Verbote (für Schüler, sich an republikfeindlichen Vereinigungen zu beteiligen; das kurzfristige Verbot aller Gliederungen der NSDAP

durch Groener im April-Juni 1932) stärkten nur das Protestpotential, wenn mit ihnen nicht eine drastische Einschüchterung einherging.

Im Mai 1930 sah sich Preußen veranlaßt, die nationalsozialistischen wie die kommunistischen Jugendverbände von der staatlichen Jugendpflege auszuschließen. Der Antrag der HJ, in den Reichsausschuß der Jugendverbände aufgenommen zu werden, wurde von diesem schon 1929 abgelehnt (Brandenburg, S. 39f.). Erst im Oktober 1932 erreichte die HJ im Rahmen des von ihr organisierten »Deutschen Jugendwerks« die Aufnahme. Gleichzeitig machte das von v. Papen gleichgeschaltete Preußen das Verbot für Schüler rückgängig, sich aktiv in der HJ zu betätigen (a. a. O., S. 123). Dieses Verbot war eine Folge des Republikschutzgesetzes von 1922, war aber 1930 noch einmal ausdrücklich bekräftigt worden. In Bayern, wo es seit 1924 galt, sind einige Tarnorganisationen aufgedeckt worden. Durch die Einhaltung des Verbots wurde immerhin erreicht, daß es in der späteren »Hauptstadt der Bewegung« noch 1932 nur 21 Schüler gab, die der HJ angehörten (Stachura, 1975, S. 159). Als Groener 1932 die SA und damit auch die HJ verbot, wurde gleichzeitig die Umbenennung in »NS-Jugendbewegung« behördlich genehmigt (Brandenburg, S. 120).

Die Darstellung des jugendlichen Protestpotentials, das sich »instinkthaft« (Schafft 1932 in: Giesecke, S. 72) und nicht aus sachlichen Erwägungen einer radikalen Organisation anschloß, erfordert einen Perspektivenwechsel. Denn die heraufbeschworene Massenbewegung brachte die HJ in eine Situation, die der des »Zauberlehrlings« bei Goethe ähnlich war. Werner Klose hat den »Reichsjugendtag« in Potsdam am 1./2. Oktober 1932 anschaulich, allerdings ohne Quellenangabe, dargestellt (1964, S. 23). Mit 20000 Teilnehmern war gerechnet worden, 80000 bis 110000 kamen. Die Planung war indessen realistisch, hatte doch die HJ im ganzen Reich im Januar 1933 nur 55365 Mitglieder, in der Potsdam benachbarten Reichshauptstadt im April 1932 nur 1300 (Stachura, 1975, S. 183). Deshalb war Hitler mit der Befürchtung zu diesem Treffen gekommen, daß ein Mißerfolg, nach der ersten Einbuße an Wählerstimmen, die Chancen für die Machtübernahme sehr beeinträchtigen könnte (v. Schirach, 1967, S. 153f.). Der Erfolg stärkte um so mehr die Position v. Schirachs, der aus der übergeordneten Stellung eines »Reichsjugendführers der NSDAP« erst im Juni 1932 die Leitung der HJ übernommen hatte (Wortmann, S. 93f.). Ob für die Anziehungskraft des Massentreffens »das Abenteuer der Fahrt, der gigantische Lagerrummel und die marktschreierische Propaganda der HJ« (Klose) ausschlaggebend waren, darf bezweifelt werden.

Die Resonanz, die dieses Massentreffen bei den Sympathisanten fand, ist vergleichbar mit den schon etwas früher erreichten Erfolgen des NS-Deutschen Studentenbundes bei den Wahlen an den Universitäten (Bracher, 1971, S. 133). Sie waren von nur 6300 Mitgliedern (Dezember 1932, nach Giles, 1978, S. 168) errungen worden. In den höheren Schulen wurde (aus Magdeburger Sicht) 1931 eine »nationalsozialistische Massenpsychose unter den Jugendlichen« festgestellt, auf die der Staat in der erwähnten Weise repressiv reagierte (Monatschrift 1931, S. 520f.). Diese Beschreibung der Massenpsychose sieht keinen direkten Zusammenhang mit der republikfeindlichen Aggressivität und der »völkischen Romantik« der Schüler in den ersten Nachkriegsjahren. Vielmehr wird auf die »völlige Gleichgültigkeit gegenüber den Vorgängen der Politik« in den Jahren zwischen 1925 und 29 hingewiesen. Das »fast ausschließliche Interesse an Sport und Technik« sei ab 1929 umgekippt in Radikalismus. Darin stimmt der Aufsatz mit der Charakterisierung des dreimaligen Einstellungswandels der Jugendlichen in der Weimarer Republik auf den Führertagungen des »Reichsausschusses der Jugendverbände« überein (vgl. Giesecke, S. 170f.). Als Auslöser für die neue Stimmungslage werden der Young-Plan und die Weltwirtschaftskrise genannt:

> »Hoffnungslosigkeit in der Frage der Berufswahl, völkisch romantische Rassenideen gepaart mit Antisemitismus, überheizter Nationalismus, Skepsis und mangelndes Selbstbewußtsein, die dem Diktaturgedanken das Feld bereiten, sind die Reaktionserscheinungen in der deutschen Jugend« (Monatschrift 1931, S. 524).

Leider hat der Versuch, die »Psychohistorie« der Geburtsjahrgänge zwischen 1900 und 1915 zu beschreiben (Loewenberg, 1971), diese Differenzen in der Einstellung der Jahrgangskohorten, die zuerst ein sentimentalisches, dann ignorantes und naives Verhältnis zur Politik produzierte, nicht wahrgenommen. Diese Differenz ist jedoch für die Auslegung der Führungsaufgaben in der HJ später von einiger Bedeutung gewesen.

Die Formierung zum Kollektiv, die Bevorzugung des »Typs« gegenüber der Individualität darf nicht als »präfaschistisch« etikettiert werden. In Uniformen und im Marschtritt präsentierten sich inzwischen auch die sozialistischen und konfessionellen Jugendverbände. Eine katholische Jugendführerin, die die Wandlungen in den Jugendverbänden exakt zu erfassen suchte, schrieb 1932:

»Das Stehen und Marschieren in Reih und Glied ist allen Ausdruck ihres stärksten Lebensgefühls, bedeutet allen elementares Erlebnis, wirkt auf alle wie ein Rausch« (Giesecke, S. 176).

Erich Weniger hat 1930 mit einigem Recht davor gewarnt,

»die in den Radikalismen vorgegebenen Willensrichtungen ohne weiteres als die bewegenden Tendenzen der radikalen Jugend zu nehmen und an sie anzuknüpfen ... Die wirkliche Willensrichtung dieser Jugend« gehe »auf Selbstbehauptung im Daseinskampf und auf Anteil an den Gütern des Lebens, und weil ihnen der Zugang gesperrt ist, sucht und findet man Befriedigung in radikaler Ideologie und Betätigung« (Giesecke, S. 172).

In der Tat marschierte die Jugend des Besitzbürgertums nicht in den Reihen der SA, sondern trat im Jungdeutschen Orden, im Stahlhelm oder Wehrwolf für einen »Ordnungsstaat« ein (Krebs, 1959, S. 231). Doch die Jüngeren erlebten gerade wegen ihrer sorglosen Distanz zur Politik einen Schock durch die Wirtschaftskrise, mit der eine Überfüllung in vielen akademischen Berufen einherging (Titze, 1981, S. 213f.; Nath, 1981, S. 287), während auf den Oberstufen der höheren Schulen doppelt so viele Schüler wie 1911 ausgebildet wurden (Küppers, S. 33). Hitler erschien jetzt als Repräsentant des »Willens zur Veränderung« (Broszat/Möller, S. 150) eher akzeptabel. Doch gegenüber einem direkten politischen Engagement war das Bedürfnis vorrangig, in einer Zeit rasanter Fortschritte in der Technik diese direkt für die Erweiterung des Lebensraumes und die Verbesserung der Lebensqualität zu nutzen. Billig waren Mode, Fahrzeuge, Reisen, Erholung nur durch die Organisation von Gleichaltrigen zu haben. Die HJ konnte diese Vorteile aber erst anbieten, als im Oktober 1932 alle Sanktionen gegen sie wegfielen (Brandenburg, S. 123).
Die »Machtergreifung« der HJ mußte deshalb darauf angelegt sein, den von den konkurrierenden Jugendverbänden gebotenen »Anteil an den Gütern des Lebens« möglichst vielen zugänglich zu machen und daneben dem »unbedingten« Führungsanspruch Hitlers (und seiner Vasallen) Geltung zu verschaffen. Da sich dieser Führerglaube in der gesellschaftlichen und politischen Ausnahmesituation bei der Ju-

gend am raschesten durchsetzen ließ (Giesecke, S. 181), konnte Hitler für eine Zeit des Übergangs auf sie als Avantgarde verweisen. Die faschistische Spaltung der Lebenspraxis in einen Teil, in dem der »Mensch« im Mittelpunkt stand und in einen, in dem er als Rädchen in einer Apparatur zu funktionieren hatte, ist deshalb von vielen Jugendlichen ohne die Empfindung einer Problematik mitvollzogen worden. Die Aufspaltung des Erwartungshorizonts auf eine »existentielle« und eine dem Alltag transzendente Lösung politischer Probleme brachte den Politikern einen großen Spielraum für machtpragmatische Entscheidungen ein, den sie benötigten, um sich die materiellen Ressourcen verfügbar zu machen.

2.3 Autoritäre oder instrumentalisierte Schulpolitik?

Die NSDAP wollte keine »parlamentarische« Partei sein. Die Erwartungen ihrer Anhänger sollten sich auf die Machtübernahme konzentrieren, dann würden die Erwartungen an »den Führer« auch zu steuern sein. Doch auf dem Gebiet der Schulpolitik mußte sie vorzeitig Farbe bekennen, gezwungenermaßen, wie Hitler verlauten ließ (Bullock, S. 157). Im Januar 1930 übernahm auf Anordnung Hitlers Dr. Frick in Thüringen das Innen- und Volksbildungsressort, im Oktober 1930 trat Dr. Franzen das gleiche Ministeramt im Lande Braunschweig für die NSDAP an. Diese Übernahme staatlicher Verantwortung erwies sich keineswegs als brauchbare »Waffe für den weiteren Kampf um die Befreiung des deutschen Volkes«, wie Hitler gemeint hatte. Die Amtsträger mußten sich eigenverantwortlich und inhaltlich ungebunden bewähren. Frick wurde im April 1931 vom bürgerlichen Koalitionspartner fallengelassen, Franzen trat im Juli 1931 zurück und aus der NSDAP aus. Diesen zweiten Schritt begründete er mit der »Wandelbarkeit und Unentschiedenheit« der Reichsleitung »nicht nur auf dem Gebiet der Taktik, sondern vor allem auch in Fragen der Zielsetzung und Programmatik« (3. 9. 1931 nach Roloff, S. 59). Dennoch qualifizierte das verunglückte Debüt einige Beteiligte offenbar für die Übernahme bildungspolitischer Verantwortung: Frick bestimmte später als Reichsminister des Innern durch die Festlegung der »Kampfziele der deutschen Schule« (9. 5. 1933) die erste, staatsautoritäre Phase der Schulpolitik. Sein Nachfolger in Thüringen, Fritz

Waechtler, wurde 1935 der Leiter des »NS-Lehrerbundes«. Und hinter Franzen stand der für Braunschweig zuständige Gauleiter der Partei, der spätere Preußische und Reichsminister Bernhard Rust. Qualifizierte diese Leute, wie aus Franzens Kritik zu entnehmen ist, vor allem ihre Bereitschaft zur Übernahme des Risikos, für eine in der Sache konzeptionslose Partei Verantwortung zu tragen?
Zwar wird noch nachzuweisen sein, daß das Parteiprogramm keineswegs folgenlos für die spätere Bildungspolitik blieb, doch war es mit seinen undeutlichen Formulierungen nicht geeignet, Prinzipien für die Schulpolitik kleiner Länder in der Finanzkrise des Gesamtstaates herzugeben. Gemäß der Polemik gegen »die korrumpierende Parlamentswirtschaft einer Stellenbesetzung nur nach Parteigesichtspunkten« (6. Punkt des Parteiprogramms) galt das Interesse der Minister vornehmlich der Personalpolitik. Doch an die Stelle des von Severing protegierten Initiators eines »Forschungsinstituts für Erziehungswissenschaften« an der Technischen Hochschule Braunschweig, August Riekel (Hirsch, 1971), glaubte man den bis dahin staatenlosen Kandidaten für die Präsidentschaft des Deutschen Reiches berufen zu können, der dann freilich mit einer Regierungsratsstelle im Braunschweigischen Kultur- und Vermessungsamt vorlieb nahm: Hitler. Auch die Berufung Ernst Kriecks scheiterte am Widerstand der Hochschule (G. Müller, S. 91). In Jena war man dagegen in der Berufung des Rassentheoretikers Günther erfolgreich. Bei seiner Antrittsvorlesung demonstrierte die NS-Prominenz ihr Interesse (Mitzenheim, S. 194). Der Jenaer Erziehungswissenschaftlerin Anna Siemsen wurde dagegen die Lehrberechtigung entzogen. Das Auswechseln politischer Gegner durch eigene Leute, nicht nur in der Wissenschaft, auch in der Schulverwaltung, wurde in der Öffentlichkeit kaum kritisch vermerkt. In Prof. Riekel, dem Schulreformer Wilhelm Paulsen und Frau Prof. Siemsen traf man im übrigen Rivalen der NSDAP, die sich als linke Sozialdemokraten, bei ganz entgegengesetzten inhaltlichen Zielen, in ihrer Option für eine Strukturveränderung des Bildungswesens in Richtung auf erhöhte Mobilität mit den Parteiprogrammpunkten 20, 21 und 24 der NSDAP berührten.[2] Ebenfalls um die Ausschaltung von Rivalen handelte es sich bei der Entlassung von Lehrern ohne christliches Bekenntnis und der Aufhebung von »weltlichen« Schulen, in denen »Lebenskunde« statt Religionsunterricht erteilt wurde (Schnorbach, S. 64f.). Denn 5 Jahre später propagierten die Nazis selber den Austritt aus den Kirchen.

Zwei andere Schwerpunkte ihrer Schulpolitik lagen in der rigorosen Anwendung der Brüningschen Sparpolitik und in Thüringen in offen nationalistischer Indoktrination. Die Umsetzung der Notverordnungen geschah auf Weisung Hitlers, um die »Wut« gegen die Reichsregierung zu schüren (Roloff, S. 56), obwohl der Erlaß dieser Verordnungen von der NSDAP im Reichstag als »Verfassungsbruch« und »Gewaltstreich« bezeichnet worden war (Hofer, S. 27). Die Sparpolitik traf vornehmlich die Volksschulen, Berufsschulen und Volkshochschulen, die der Arbeiterbildung dienten (Schnorbach, S. 50f.). Daraus konnten die Arbeiterparteien die Tendenz der NSDAP herleiten, »die heutige Klassenspaltung der Gesellschaft in verschärfter Form« aufrechtzuerhalten (Das proletarische Kind, S. 239). Eine Tendenz im übrigen, die im Hinblick auf die Erhöhung der Klassenfrequenzen in der Volksschule erhalten blieb! Gesellschaftliche Mobilität sollte (noch) nicht über die Schulbildung erreicht werden. Während »marxistischer Geist« aus Unterricht und Erziehung »verbannt« werden sollte, glaubte Frick per Erlaß den nationalistischen Revanchismus in den Schulen verankern zu können. Sein »Schulgebetserlaß« brachte ihm eine Klage beim Staatsgerichtshof und seinen Sturz als Minister ein. Sein Nachfolger im Amt, Fritz Waechtler, konnte dagegen die ausführliche Behandlung des »Versailler Vertrages« und das Auswendiglernen des Kriegsschuldartikels (Art. 231) im Oktober 1932 durchsetzen, ohne auf den Widerstand des Thüringer Lehrervereins zu stoßen (Mitzenheim, S. 191); im April 1933 sprachen ihm 86 % der Mitglieder dieses Vereins das Vertrauen aus.
Die Einstellung der Lehrer gegenüber dem Nationalsozialismus, unter denen die »Philologen«, also die Lehrer an höheren Schulen, gesondert zu betrachten sind, ließ sich aus Mangel an konkreten Festlegungen der NSDAP in den anstehenden Fragen der Strukturreform des Bildungswesens, des Verhältnisses der Kirchen zur Schule und der Fortführung der pädagogischen Reformbewegung, aber auch wegen der geringen Publizität der Vorgänge in Thüringen und Braunschweig nur in einem irritierend geringen Maß an für den Lehrerberuf relevanten politischen Optionen festmachen. Als deshalb von seiten der Volksschullehrer bei dem für Schulfragen zuständigen Reichstagsmitglied, Dr. Löpelmann, im November 1930 nach einer Antwort auf die dringenden Sachprobleme gefragt wurde, bezog dieser Studienrat in einer Weise Position, die mehr der Interessenlage der Anfragenden als der des Philologenverbandes entsprach, aber für die nachfolgende

Schulpolitik nahezu irrelevant war (Schnorbach, S. 57). Von einer achtjährigen Grundschule und der Abschaffung der höheren Schule zugunsten einer vierjährigen Berufsschule war die Rede, von einer Ablehnung des Konkordats und der Konfessionsschulen, von einer Lehrerausbildung an den Universitäten etc. Dennoch blieb der Kommentar der Lehrerzeitung, unter Hinweis auf die praktische Schulpolitik des Dr. Franzen, frostig. Die geschickte Anpassung an die Forderungen des größten Lehrerverbandes – der »NS-Lehrerbund« wurde 1929 als »Kampfgemeinschaft« innerhalb des »Deutschen Lehrervereins« gegründet (Hellmann, S. 40) – berücksichtigte die Tradition in der Volksschullehrerschaft, allgemeinpolitische Optionen in starkem Maße von berufspolitischen Interessen bestimmen zu lassen. Die gesichertere soziale Position der Philologen hingegen ließ diese ihre politische Neutralität betonen, die freilich eher auf der Ablehnung der demokratischen Parteien beruhte, bei eindeutig nationalistischen Grundanschauungen. Wenn sie, ebenso wie die Sozialdemokraten, eine »Entpolitisierung« der Schule forderten, verstanden beide selbstverständlich etwas grundsätzlich Verschiedenes darunter (a. a. O., S. 320).

Die Anfälligkeit beider Lehrersparten gegenüber dem Nationalsozialismus ist eher auf ihre ideologische Orientierung, ihren erzieherischen Geltungsanspruch und, als Kehrseite, auf ihren Mangel an Bereitschaft zurückzuführen, die Entwicklung einer pluralistischen Gesellschaft als Folge der einsetzenden Demokratisierung in Kauf zu nehmen. In verschiedener Weise berührten die Entkonfessionalisierung der Volksschule, die Ermöglichung von Übergängen zu den Angeboten weiterführender Bildung, aber auch die Abstinenz der Kinder von Arbeitern in den industriellen Ballungsgebieten in der Wahrnehmung weiterführender Bildungsangebote (Küppers, S. 27) und die geringe Verbindung zwischen dem Bildungssystem des Landes mit dem der Stadt die Interessen der Lehrerverbände (Bölling, 1983, S. 105f.; Cloer, 1975, S. 95). Die Wahrheit, daß man politisch nicht »neutral« bleiben konnte, wenn man unter dem Druck dieser Probleme Schul- und Standespolitik betreiben wollte, haben dann die Nazis für sich zu nutzen gewußt, indem sie den Zusammenschluß der Verbände zu einer »Deutschen Erziehergemeinschaft« betrieben. Dagegen wandte sich am 18. 10. 1933 der inzwischen zum Reichsminister des Innern avancierte Dr. Frick, der angesichts des Übergewichts der Volksschullehrer in einer mächtigen Beamtenorganisation um die staatsautori-

täre Lösung der anstehenden Probleme fürchtete (Eilers, S. 111). Er bezog sich dabei auf die ursprüngliche Funktion des NS-Lehrerbundes, eine »politische Weltanschauungsorganisation der deutschen Erzieher« zu sein, die sich nicht »zu einer ständischen Einheitszwangsorganisation« aufwerfen dürfe (Feiten, S. 67). So kam es zum Zusammenschluß einer zweiten »Deutschen Erziehergemeinschaft«, der die Verbände der Lehrer an den weiterführenden Schulen, aber auch der Bayerische Lehrerverein beitraten. Schon im Dezember 1933 konnte die Parteileitung diesen Streit schlichten. Verwirrung, Resignation und staatlicher Druck führten zu einer Gleichschaltung der Lehrerverbände und ihrer Presse, die sich bis 1937 hinzog.
Doch dieser Druck ließ die Lehrer mit Überanpassung reagieren. Schon 1935 löste die Parteistatistik Besorgnis hinsichtlich des »Konjunkturrittertums« der Lehrer aus. Wenn jedes Parteimitglied, das seinen Beruf als Lehrer auswies, in der Schule tätig gewesen wäre, hätte dieser Statistik zufolge jeder 3. Lehrer das Parteiabzeichen tragen müssen (Breyvogel, 1977, S. 335).[3] Diese eilfertige Politisierung eines beachtlichen Teiles der Lehrerschaft war bei den »Philologen« »durch ihre unpolitische, gegenwartsabgewandte, wertneutrale Indifferenz bzw. deutsch-nationale Ablehnung der Demokratie« (Laubach, S. 258) vorbereitet, die bei den ihnen anvertrauten Schülern schon früher in ein Engagement für den Nationalsozialismus umgeschlagen war. Für die Volksschullehrer dürften eher schulpolitische, erzieherische und soziale Wunschvorstellungen eine Rolle gespielt haben, die sich indessen mehr und mehr als illusionär erwiesen. In den Schulen war es zweifellos die zahlenmäßig schwach vertretene jüngere Generation (Breyvogel, 1979, S. 201), die durch die Aussicht angesprochen wurde, an der politischen Erziehung der Jugend mitzuwirken – bis diesem Vorhaben deutliche Schranken gesetzt wurden.
Auf höchster Ebene war diese Phase einer »nationalpolitischen« Erziehung schon von dem Reichsminister des Innern im »Kabinett der Barone«, v. Gayl, im Juli 1932 eingeleitet worden. Kurz nach dem Gewaltstreich gegen die sozialdemokratisch geführte Regierung in Preußen richtete er einen »Schulerlaß« an die Unterrichtsminister der Länder, der wohl bewußt an den Erlaß Wilhelms II. vom 1. Mai 1889 anknüpfte (Giese, 1961, S. 194, 249). Während die Regierung durch die Aufhebung des Uniformverbots die Verschärfung der »bürgerkriegsmäßigen Auseinandersetzungen« begünstigte (Bracher, 1971, S. 484), forderte der Erlaß von den Lehrern, gegen »schrankenlose

Verhetzung der Jugend durch parteipolitische Organisationen ... in ihrer pädagogischen Haltung den überparteilichen Staatsgedanken« zur Geltung zu bringen (Giese, S. 251). Die Überparteilichkeit einer solchen Erziehung zum Staat sah dieser Fürsprecher der ostdeutschen Rittergutsbesitzer in den »Bünden« und in den Lagern des »freiwilligen Arbeitsdienstes« gewährleistet:

»Die deutsche Jungmannschaft bereitet sich dort am besten für Staat und Volk vor, wo sie sich zu schlichter schweigender Tat in gemeinnütziger Arbeit und in dem sittlichen Willen zusammenfindet, sich dienend dem Staate und Volke einzugliedern« (a. a. O).

Die reaktionäre Negierung der industriegesellschaftlichen Entwicklung, die pädagogisch auf die Vorbilder des Heeres und Beamtentums fixiert war, konnte sich in der Tat mit der »Sehnsucht« in der mittelständischen jungen Generation nach einem autoritären, »werterfüllten« Staat verbünden. Pädagogisch-theoretischen Ausdruck fand diese Phase in Gerhardt Giese: »Staat und Erziehung«. In diesem 1930 konzipierten, 1933 erschienenen Buch brauchte er nur noch seinen konservativ-idealistischen Staatspatriotismus dem Totalitätsanspruch der NS-»Bewegung« konform zu machen: »Die ›Überparteilichkeit‹ ist in die nationalsozialistische Staatsgesinnung aufgegangen« (Giese, 1933, S. 149; dazu Lingelbach, 1970, S. 62f.). Die »nationalpolitischen« Einrichtungen des preußischen Kultusministers Bernhard Rust konnten an diese Bündnisbereitschaft konservativ-jugendbewegter Strömungen anknüpfen (Scholtz, 1973, S. 36f.).
Wo indessen die bisherigen Machthaber die Flucht aus den innenpolitischen Problemen in einen neuen nationalistischen Aktivismus für die Stärkung der Staatsmacht zu nutzen versuchten, wurde ihnen deutlich gemacht, daß die Machtübergabe vom 30. Januar 1933 einen solchen Machtzuwachs nicht mehr zuließ. Das »Reichskuratorium für Jugendertüchtigung«, am 14. 9. 1932 unter dem Vorsitz v. Gayls eingerichtet, um der Polarisierung in den Wehrverbänden entgegenzuwirken und die Sportverbände, auch die Schulen zur Durchführung von »Geländesport« heranzuziehen (Ueberhorst, 1976, S. 48f.), konnte nicht von der Reichswehr zu der von ihr gewünschten »Reorganisation der nationalen Jugendarbeit« benutzt werden (Bernett, 1982, S. 347). Das von Hitlers Reichswehrminister v. Blomberg vorgeschlagene »Reichsministerium für die deutsche Jugend«, das die Aufgaben des »Reichskuratoriums« übernehmen sollte, kam nicht zustande. Der

Totalitätsanspruch der Hitler-Jugend auf die außerschulische Jugendertüchtigung ließ weder die Entstehung einer »Wehrjugend« noch einer »Reichsjugend« (ebda S. 361) zu.

Für v. Schirach hat sich der illegale Handstreich gegen die Geschäftsstelle des »Reichsausschusses für die Jugendverbände« am 5. 4. 1933, kurz bevor im Reichskabinett über die Einrichtung eines Jugendministeriums beraten wurde, gelohnt (Wortmann, S. 105). Aufgrund dieser Machtusurpation wurde ihm neben seiner Funktion als »Reichsjugendführer der NSDAP« im Juni 1933 auch der Titel eines »Jugendführers des Deutschen Reiches« von Hitler zuerkannt. Aus dieser Personalunion leitete er nicht nur das Recht zur Zerschlagung der Jugendverbände her, sondern auch die Legitimation zur Überbeanspruchung der HJ als Parteijugend, als Organisation für die staatliche Jugendertüchtigung und als totalitäres Kontrollorgan aller Formen des Jugendlebens. Dabei diente das Prinzip »Jugend muß duch Jugend geführt werden« zur Abwehr aller Einflüsse auf den Jugendsektor, die nicht von der »Reichsjugendführung« (RJF) kontrolliert werden konnten.

Dem Willen zur totalitären Umerziehung wuchs also durch die Krise des Weimarer Staates und die Krise auf dem Arbeitsmarkt eine Protestbewegung zu, die aus ihren Erwartungen faschistisch-omnipotenter Problemlösungen auf die Veränderung der eigenen Lebenspraxis hin abgelenkt werden mußte. Staatlich-autoritäre Problemlösungen wurden zwar in Aussicht gestellt, ihre Realisierung blieb aber dem machtpragmatischen Kalkül und dem Durchsetzungsvermögen der einzelnen Funktionsträger überlassen. Das faschistische Ordnungsprinzip williger Unterordnung im Ausnahmezustand durfte nicht die weitere Dynamik totalitärer Machtentfaltung gefährden.

3. Überblick: Phasen der Machtergreifung auf dem Erziehungssektor und die Stufen einer machtpragmatischen Instrumentalisierung der Schulpolitik

Die Veränderungen auf dem Sektor der Jugenderziehung lassen sich ohne Bezugnahme auf die Person Hitler nicht angemessen beschreiben. Für keinen Bereich der Politik konnte er sich kompetenter ansehen als für den der Menschenführung; zugleich erlaubte ihm seine Fixierung auf die Steigerung seiner Macht über Menschen nicht, die aus der gesellschaftlichen Entwicklung resultierende Differenz zwischen Heranwachsenden und Erwachsenen anzuerkennen. Nicht nur in dem oft zitierten Gespräch mit Rauschning (Hofer, S. 88), auch in öffentlichen Reden hatte er schon seit 1923 seine Wunschvorstellung geäußert, ein »unverdorbenes Geschlecht« zu erziehen, das »bewußt wieder zurückfindet zum primitiven Instinkt« (Scholtz, 1967, S. 279). So enthielt sein Anspruch, die Jugend – gemeint war damit die von ihm beherrschte zukünftige Gesellschaft – »den alten Klassen- und Standeserzeugern« zu entreißen, eine Kampfansage an die von der bürgerlichen Gesellschaft institutionalisierte Jugenderziehung, die zum Vernunftgebrauch und zur nicht nur instinktgeleiteten Kommunikation hinführen muß.

Leider lassen sich diese ebenso radikalen wie kulturell zerstörerischen Ambitionen nicht übergehen. Es wird nämlich zu zeigen sein, daß sie sich vornehmlich über Veränderungen der Struktur des Erziehungssektors in die deutsche Gesellschaft hinein vermitteln ließen, obwohl diese um ihrer Reproduktion willen entgegengesetzte Ziele durch ihr öffentliches Schulwesen verfolgen mußte. In deutlichem Unterschied zu den faschistischen Systemen, die die Beeinflussung durch die Schule im Interesse der Militärtauglichkeit der Jugend durch eine militärische Jugendorganisation ergänzten, sorgte Hitler für den Aufbau einer von der Schule ganz unabhängigen Erziehungsmacht, der »Hitler-Jugend«, die nicht nur dem Namen nach in Hitlers Sinn »erziehen« sollte. Durch die Jugendlichen selber sollte die Anpassung an die Mentalität jener jungen Leute erfolgen, die Hitler zum »Sturmbock« seiner Bewegung gemacht hatte. Das ließ sich durch unterrichtliche Unterweisung nicht erreichen. Erst der Krieg bot die Möglichkeit, größere Teile der Schule den Erfordernissen der Umerziehung anzupassen, Schule und Lager miteinander zu verbinden, die klassenreproduzierende Gliederung des Schulwesens zu nivellieren und das Privatschulwesen, insbesondere der Kirchen, aufzuheben.

Bis dahin blieb die Schulpolitik im wesentlichen ein Mittel zur Loyalitätssicherung, obwohl die Schule als Institution zum Angriffsziel rivalisierender politischer Machtgruppen wurde. Denn in ihrer inhaltlichen Orientierung wurde sie vom Ministerium darauf festgelegt, nur den sozialen Wandel nachzuvollziehen, nicht eine bestimmte sozial- oder kulturpolitische Doktrin von sich aus progressiv zu vertreten. Dadurch wurde dem Interesse vieler Lehrer an einer nur bürokratisch zu kontrollierenden Schule entsprochen. Diesem retardierenden Moment in einer ihrem Anspruch nach politisierten Gesellschaft konnten um so effektvoller jene von der NSDAP gesteuerten Organisationen entgegenwirken, die für die Integration der jungen Generation in eine noch nicht existente neue Gesellschaft eintraten: der NS-Lehrerbund und die Reichsjugendführung (RJF). Hier wird nicht, wie sonst üblich, von der HJ gesprochen, weil der »Jugendführer des Deutschen Reiches« nicht nur als Repräsentant der Parteijugendorganisation, sondern als Sprecher der jungen Generation und als Erziehungsinstanz auftreten konnte.

Nur in der Durchsetzung zweier politisch vorgegebener Ziele leitete die Schulbürokratie selber neue Entwicklungen ein: in der Aussonderung der jüdischen Schüler und in der größeren Differenzierung des Ausbildungsangebots für Jungen und Mädchen. Daraus resultierte eine freilich zum Absterben verurteilte Belebung des jüdischen Privatschulwesens (Adler-Rudel, S. 21f.), zum anderen eine Verstärkung der Ausbildungsangebote für Mädchen, wie sie in dieser Breite, besonders als Fortbildungsangebote in ländlichen Gebieten, nie zuvor gegeben waren. Die Trennung der Geschlechter an den höheren Schulen mußte allerdings zu Kriegsbeginn wieder aufgegeben werden. Auch die HJ hatte große Anstrengungen aufzubringen, um dem selbstgesetzten Anspruch gerecht zu werden, die gesamte Jugend, jedoch geschlechtsspezifisch differenziert, zu organisieren. Hitler war zu

dieser Differenzierung nichts eingefallen als der einzige Satz: »Das Ziel der weiblichen Erziehung hat unverrückbar die kommende Mutter zu sein« (M. K., S. 460).
Die skizzierten Tendenzen der Strukturpolitik gewinnen erst durch die Kenntnis der jeweils zur Entscheidung stehenden Alternativen an Profil, von denen kaum etwas an die Öffentlichkeit drang. Obwohl in der DDR lagernde Aktenbestände noch nicht zureichend erschlossen werden konnten, läßt der Stand der Forschung zu, aus vielen Einzelentscheidungen ein solches Profil herauszuarbeiten, etwa bei Kompetenzkonflikten, personellen Entscheidungen oder aus der materiellen und verwaltungsmäßigen Absicherung neuer Einrichtungen oder der zeitlichen Terminierung einer Maßnahme.
Die unmittelbaren Folgen einer solchen Strukturpolitik für die Sozialisation der Jugendlichen werden aus dem Vergleich des Erlebnishorizonts verschiedener Geburtsjahrgänge ersichtlich. Deshalb muß der an sich kurze, aber von großer Dynamik erfüllte Zeitraum der 12 Jahre nach Phasen unterschieden werden, in denen die Tendenz zur Zerstörung von Traditionen in sehr unterschiedlicher Weise in Erscheinung trat. Denn zu dem Zeitpunkt, an dem eine längere Verwicklung in den Krieg absehbar war, nach Beendigung des Frankreichfeldzuges, mündete diese Strukturpolitik in Zielvorgaben für die Gestaltung des Erziehungswesens nach dem Krieg und in Maßnahmen ein, die mit der zuvor eingehaltenen Trennung von Schul- und Erziehungspolitik nichts mehr zu tun hatten. Wie die Bindung an das »Reich« allmählich die Konturen von Staat und Partei aufgehoben hatte, so sollte jetzt die vielfältig ausgebaute Form der Lagererziehung die Konturen von Schule und »Dienst« in der Jugendorganisation auflösen. Durch die Herauslösung der Jugendlichen aus ihren sozialen Beziehungen sollten sie, auf sich selbst zurückgeworfen, dem totalitären Verfügungsanspruch hörig gemacht werden.
Diese noch zu wenig beachtete Wendung im Krieg kann nicht allein auf die Kriegsereignisse zurückgeführt werden; das wird im einzelnen nachzuweisen sein. Vielmehr legt der gewählte Zeitpunkt für diese Wendung die Vermutung nahe, daß Hitler erst der Ausnahmezustand des Krieges geeignet erschien, größere Veränderungen im etablierten Erziehungssystem vorzunehmen, die als direkte Folge der Machtergreifung zu riskant gewesen wären. Streitfragen der Schulreform sollten nicht die innenpolitische Machtsicherung gefährden. Deshalb wurden die großen, 1933 sofort eingeleiteten strukturellen Verände-

rungen auf dem Erziehungssektor 1936, mit der Konsolidierung der HJ als politisch anerkannter Erziehungsmacht neben Elternhaus und Schule im »Gesetz über die HJ«, zunächst einmal abgeschlossen. Das bedeutete nicht, daß die Machtexpansion der rivalisierenden Organisationen damit beendet war, wohl aber die Unkontrollierbarkeit von Aktionen aus der faschistischen Massenbasis heraus. Aus den strukturpolitischen Entscheidungen von 1935/36 und von 1940/41 erscheint deshalb eine Unterscheidung von drei Phasen in der Dynamik der Machtergreifung hilfreich:

- Die erste Phase bringt eine politische Aktivierung großer Teile der Lehrerschaft (230000 im NSLB, Februar 1934; ein Viertel aller Lehrer Parteimitglieder) und eines Teiles der Jugend (45 % der 10–18jährigen werden bis Dezember 1935 Mitglieder von HJ/BDM). Eine Reform des Schulsystems wird nicht in Angriff genommen, stattdessen die bestehende wirtschaftliche Notlage und die Euphorie eines politischen Neubeginns genutzt zur Entwicklung improvisierter Erziehungsformen, vornehmlich durch Einrichtung von Lagern, durch Uniformierung und entsprechend militärische Interaktionsformen. Die Erwachsenen werden dabei zu einem jugendkonformen Verhalten herausgefordert. Lehrer werden durch die Einrichtung des »Staatsjugendtages« angeregt, mit der HJ zu konkurrieren. Anstelle eines »Jugendministeriums« wird die HJ zur Staatsjugendorganisation aufgewertet und ihr »Führer« Hitler persönlich unterstellt.

Den Einschnitt bringt das Gesetz über die HJ, entsprechend Abschaffung des Staatsjugendtages, Verbot von »nationalpolitischen« Lehrgängen für Schüler und von politischer Schulung durch die Schulverwaltung auf Einspruch der HJ bzw. des NS-Lehrerbundes. Der Versuch einer Anbiederung bei den Kirchen ist rasch (1935) beendet. Die Einflußnahme der Wehrmacht auf die Wehrertüchtigung ist endgültig abgewehrt. Die RJF wird zusammen mit der »Deutschen Arbeitsfront« durch Gründung von Adolf-Hitler-Schulen schulpolitisch aktiv.

- In der zweiten Phase sind RJF und NSLB auf die Expansion ihrer Kontrollfunktionen aus. Die Schulpolitik ist durch technokratische Reformen gekennzeichnet, die in der dritten Phase in Frage gestellt werden. Weniger konsenshaltige Veränderungen (Abschaffung der konfessionsgebundenen Volksschulen) werden durch den NSLB gefördert, ebenso die Ausgliederung des Religionsunterrichts aus den weiterführenden Schulen. Soziale Mobilität bringt nicht das Bildungssystem, sondern die Aussicht auf Prestigezuwachs durch politische und berufliche Bewährung (Reichsberufswettkampf).

Eingeleitet wird die dritte Phase durch den vergeblichen Versuch v. Schirachs, das Erziehungsministerium zu Kriegsbeginn zu übernehmen (Wortmann, S. 180f.). Gleichzeitig steigt die Jugendkriminalität, die Himmler zu einer »Polizeiverordnung« veranlaßt. Im März 1940 wird vor hohen Parteifunktionären von einem »Versagen der Hitlerjugend-Führung« gesprochen (a. a. O., S. 182). Schirach ist zu dieser Zeit bei der Wehrmacht und gibt das Amt des Reichsjugendführers ab, bleibt aber als »Reichsleiter der NSDAP« Hitlers »Beauftragter für die Inspektion der gesamten Hitlerjugend«. Als solchem wird ihm (schon) am 28. September 1940 – noch während der »Luftschlacht um England« – die Organisation der »Erweiterten Kinderlandverschikkung« (KLV) übertragen (Scholtz, 1973, S. 256). Im November 1940 ordnet Hitler die Übernahme der österreichischen Hauptschule, zumindest in den annektierten Gebieten, und die Einrichtung von Lehrerbildungsanstalten an. Nach seiner Rede vor Rüstungsarbeitern am 10. 12. 1940 erleben die »Napola« eine Expansion, ihr »Inspekteur«, ein SS-Obergruppenführer, wird mit der »Ausweitung der ›Internate des Staates‹ durch ›Deutsche Heimschulen‹« beauftragt, wovon vor allem private und stiftische Internate betroffen waren.

– In der dritten, imperialistischen Phase gehen die erziehungspolitischen Initiativen auf die Parteikanzlei unter Bormann über, der unvermittelt Vorstellungen Hitlers in »Führerbefehle« umsetzt. Kleine Koordinations- und Kontrollzentralen greifen in die Kompetenzen der Behörden und Organisationen ein: Reichsleiter Bouhler übernimmt im Oktober 1940 die Kontrolle der Schulbuchproduktion (DSE II, S. 77), v. Schirach schaltet die Schulverwaltung bei der Organisation der KLV-Lager nahezu aus (DWEV, 1943, S. 350), die »Inspektion« der »Internate des Staates« bewirkt, daß die »Heimschulen« mehr und mehr zu Einrichtungen der SS werden. Die zunehmende Verlegung von Schülern in Internate und Lager erhöhen deren Verfügbarkeit, etwa im Hinblick auf die Besetzung der annektierten Gebiete. Schon im Winter 1942 wird die Einberufung der 15- und 16jährigen Mittel- und Oberschüler zur Fliegerabwehr vorbereitet; noch am Einsatzort soll Unterricht erteilt werden. Gleichzeitig waren die weiblichen Arbeitskraftreserven nicht annähernd ausgeschöpft worden (Winkler, S. 116f.).

Was sich als vom Krieg erzwungen darstellen ließ, wurde, wie im Fall der KLV, als »wahrhaft sozialistische Leistung und eine revolutionäre Schulungs- und Erziehungstat« gefeiert (DSE II, S. 98). Der Ausnahmezustand des Krieges hatte Hitler der Erfüllung seiner Wunschvorstellungen nahekommen lassen.

Erziehungspolitik

1. Phase: Machtergreifung und Machtsicherung von 1933 bis 1936

Von der Machtübernahme bis zu den Olympischen Spielen: Gesellschaftspolitische Gleichschaltung, Ansätze zu autoritärer Zentralisierung; Einschüchterung (auch der faschistischen Potentiale), Abgrenzung (besonders gegenüber Kommunisten

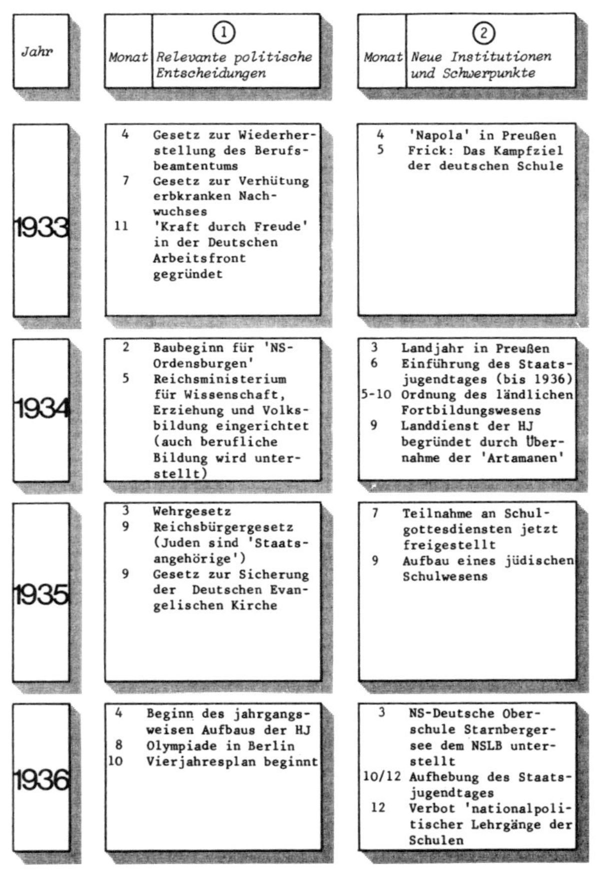

Jahr	Monat	① Relevante politische Entscheidungen	Monat	② Neue Institutionen und Schwerpunkte
1933	4	Gesetz zur Wiederherstellung des Berufsbeamtentums	4	'Napola' in Preußen
	7	Gesetz zur Verhütung erbkranken Nachwuchses	5	Frick: Das Kampfziel der deutschen Schule
	11	'Kraft durch Freude' in der Deutschen Arbeitsfront gegründet		
1934	2	Baubeginn für 'NS-Ordensburgen'	3	Landjahr in Preußen
	5	Reichsministerium für Wissenschaft, Erziehung und Volksbildung eingerichtet (auch berufliche Bildung wird unterstellt)	6	Einführung des Staatsjugendtages (bis 1936)
			5-10	Ordnung des ländlichen Fortbildungswesens
			9	Landdienst der HJ begründet durch Übernahme der 'Artamanen'
1935	3	Wehrgesetz	7	Teilnahme an Schulgottesdiensten jetzt freigestellt
	9	Reichsbürgergesetz (Juden sind 'Staatsangehörige')	9	Aufbau eines jüdischen Schulwesens
	9	Gesetz zur Sicherung der Deutschen Evangelischen Kirche		
1936	4	Beginn des jahrgangsweisen Aufbaus der HJ	3	NS-Deutsche Oberschule Starnbergersee dem NSLB unterstellt
	8	Olympiade in Berlin	10/12	Aufhebung des Staatsjugendtages
	10	Vierjahresplan beginnt	12	Verbot 'nationalpolitischer Lehrgänge der Schulen

und Juden), Bemühung um Massenloyalität (Propagierung des völkischen Staates), Sympathiewerbung bei den etablierten Mächten (Wirtschaft, Wehrmacht, Kirchen); Konflikt mit der evangelischen Kirche.

	③		④		⑤
Monat	*Schulorganisation und Lehrpläne*	*Monat*	*Lehrerverbände/ Lehrerbildung*	*Monat*	*Jugendpolitik*
2 7 8 9 12	Auflösung von Sammelschulen ('Lebenskunde' nicht mehr erteilt) Richtlinien für Geschichtsbücher Erlaß zu den Beziehungen der Schule zur HJ Berücksichtigung von Rasse und Vererbungslehre in Abschlußklass. Leitgedanken zur Schulordnung	3 5	Beginn der Gleichschaltung der Lehrerverbände 'landgebundene Hochschulen für Lehrerbildung'	4 7 12	Reichsausschuß der deutschen Jugendverbände besetzt Gliederung der HJ Berufsständische Verbände in die HJ überführt (ohne Landjugend)
10	Schulgemeinden ersetzen Elternbeiräte; Schuljugendwalter der HJ	6 8	Philologisches Landes-Prüfungsamt gegründet Schulungslager für Lehrer	4 6	1. Reichsberufswettkampf organisiert von HJ und DAF Einflußnahme der HJ auf Berufsberatung und Lehrstellenvermittlung
6 7	Erlaß: Schülerauslese an höheren Schulen (gilt bis 1942) Planung von Reichslesebüchern für Volksschulen	9	Prüfungsordnung für Lehramt an Volksschulen	5 6 7 8 9	Einschaltung der HJ bei Jugendgerichtsverfahren Reichsarbeitsdienstgesetz Übernahme der Landjugend in die HJ Einführung von Betriebsjugendwaltern Kulturamt in der RJF eingerichtet
2 4 11	Geschlechtertrennung an Höheren Schulen (bis 1939) Reduzierung von Gymnasien - Englisch 1. Fremdsprache Verkürzung der höheren Schule um die Oberprima	5	Lehrerschulung durch den NSLB	7 12	Abkommen der HJ mit Reichssportführer Gesetz über die HJ

Erziehungspolitik
2. Phase: Machtdarstellung und Kriegsvorbereitung von 1937 bis 1940 (Herbst)

Vom Beginn des Vierjahresplanes bis zum Ende der Blitzkriegsstrategie: Machtdarstellung nach innen (in getrennten Machtsphären), bei konkurrierenden Ansprüchen (Übersteigerung von Zielsetzungen); keine durchgreifenden

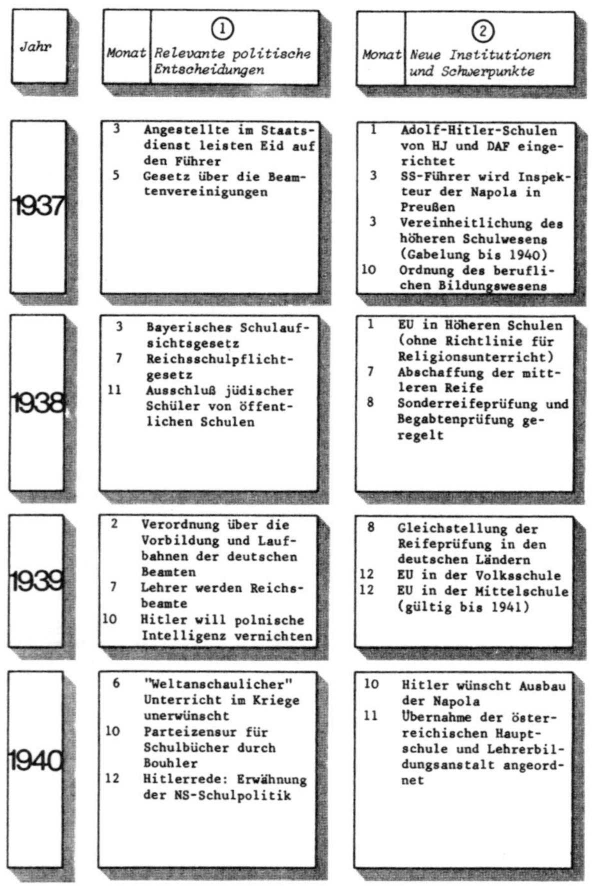

Jahr	Monat	① Relevante politische Entscheidungen	Monat	② Neue Institutionen und Schwerpunkte
1937	3	Angestellte im Staatsdienst leisten Eid auf den Führer	1	Adolf-Hitler-Schulen von HJ und DAF eingerichtet
	5	Gesetz über die Beamtenvereinigungen	3	SS-Führer wird Inspekteur der Napola in Preußen
			3	Vereinheitlichung des höheren Schulwesens (Gabelung bis 1940)
			10	Ordnung des beruflichen Bildungswesens
1938	3	Bayerisches Schulaufsichtsgesetz	1	EU in Höheren Schulen (ohne Richtlinie für Religionsunterricht)
	7	Reichsschulpflichtgesetz	7	Abschaffung der mittleren Reife
	11	Ausschluß jüdischer Schüler von öffentlichen Schulen	8	Sonderreifeprüfung und Begabtenprüfung geregelt
1939	2	Verordnung über die Vorbildung und Laufbahnen der deutschen Beamten	8	Gleichstellung der Reifeprüfung in den deutschen Ländern
	7	Lehrer werden Reichsbeamte	12	EU in der Volksschule
	10	Hitler will polnische Intelligenz vernichten	12	EU in der Mittelschule (gültig bis 1941)
1940	6	"Weltanschaulicher" Unterricht im Kriege unerwünscht	10	Hitler wünscht Ausbau der Napola
	10	Parteizensur für Schulbücher durch Bouhler	11	Übernahme der österreichischen Hauptschule und Lehrerbildungsanstalt angeordnet
	12	Hitlerrede: Erwähnung der NS-Schulpolitik		

EU = Erziehung und Unterricht

Veränderungen der gesellschaftlichen Machtverhältnisse; Radikalisierung der Judenfeindschaft, Zurückdrängen kirchlicher Einflüsse; Vereinheitlichung im Bildungswesen; Militarisierung und verstärkter Führerkult.

Monat	③ *Schulorganisation und Lehrpläne*	Monat	④ *Lehrerverbände/ Lehrerbildung*	Monat	⑤ *Jugendpolitik*
3 4 7 9	Oberschule für Jungen, für Mädchen, Gymnasium, Aufbauschule Richtlinien für Grundschule (bis Dez. 1940) Religionsunterricht soll nur noch von Lehrern erteilt werden Leibeserziehung an Jungenschulen	6 10 11	Reichsordnung für die 2. Prüfung höheres Lehramt, Lehramtsstudium für höhere Schulen beginnt an HfL Prüfungsordnung für Volksschullehrer Auflösung noch bestehender Lehrerverbände	1 2	Neuer Jugendstrafvollzug Übernahme des Leistungssports durch HJ; Ausbau der Kulturarbeit der HJ
4	Anordnung "Hilfsschule in Preußen"	3 4 10	Zentralisierung der Lehrerpresse Agitation des NSLB gegen Bekenntnisschulen Studienordnung für Lehramt der Volksschulen an HfL	1 4 4 4 12	BDM-Werk "Glaube und Schönheit" Pflichtjahr für Abiturientinnen Jugendschutzgesetz Gesundheitspaß der HJ, Tauglichkeitsuntersuchung Abkommen mit der SS zur Ausbildung von Wehrbauern
2 4	Ordnung der hauswirtschaftlichen Ausbildung in der Stadt Einheitliches Reichslesebuch abgeschlossen	2	Einrichtung von Aufbaulehrgängen für das Studium an HfL (Lehrermangel in Preußen)	1 3 9	Gesetz zur Förderung der HJ-Heimbeschaffung Jugenddienstverordnung; Einrichtung der Pflicht-HJ Einberufung zum RAD von nicht berufstätigen Frauen
3 8	Oberstufe der höheren Schulen ohne Religionsunterricht, "Organisation des Unterrichts an Höheren Schulen im Kriege" Richtlinien für landwirtschaftliche Berufs- und Fachschulen; Altstoff- und Kräutersammlungen beginnen an Schulen	11	Reichseinheitliche Besoldung der Volksschullehrer	3 9 10	Jugendgesundheitspflege für alle 6-18-jährigen "Erweiterte" Kinderlandverschickung Dienststrafordnung der HJ

Erziehungspolitik

3. Phase: Machtausweitung und innerer Zerfall 1941 bis 1945

Mobilisierung für den Imperialismus, Verkürzung der Jugendphase, Ausbreitung von Lagern und Heimschulen; Unterricht wird zum Privileg gegenüber Indienstnahme; verschärfte Konkurrenz um den Nachwuchs; Zurücktreten völkischer

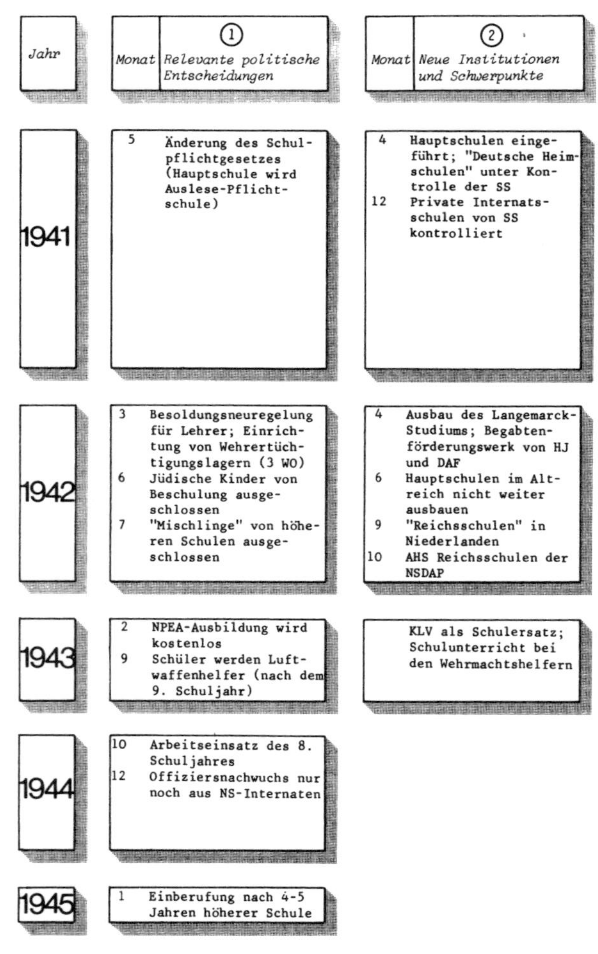

Jahr	Monat	① Relevante politische Entscheidungen	Monat	② Neue Institutionen und Schwerpunkte
1941	5	Änderung des Schulpflichtgesetzes (Hauptschule wird Auslese-Pflichtschule)	4	Hauptschulen eingeführt; "Deutsche Heimschulen" unter Kontrolle der SS
			12	Private Internatsschulen von SS kontrolliert
1942	3	Besoldungsneuregelung für Lehrer; Einrichtung von Wehrertüchtigungslagern (3 WO)	4	Ausbau des Langemarck-Studiums; Begabtenförderungswerk von HJ und DAF
	6	Jüdische Kinder von Beschulung ausgeschlossen	6	Hauptschulen im Altreich nicht weiter ausbauen
	7	"Mischlinge" von höheren Schulen ausgeschlossen	9	"Reichsschulen" in Niederlanden
			10	AHS Reichsschulen der NSDAP
1943	2	NPEA-Ausbildung wird kostenlos		KLV als Schulersatz; Schulunterricht bei den Wehrmachtshelfern
	9	Schüler werden Luftwaffenhelfer (nach dem 9. Schuljahr)		
1944	10	Arbeitseinsatz des 8. Schuljahres		
	12	Offiziersnachwuchs nur noch aus NS-Internaten		
1945	1	Einberufung nach 4-5 Jahren höherer Schule		

gegenüber rassistischer Ideologie; Polarisierung der Einstellungen gegenüber dem Regime (verstärkte Jugendopposition); totaler Krieg und Wendung zum SS-Staat.

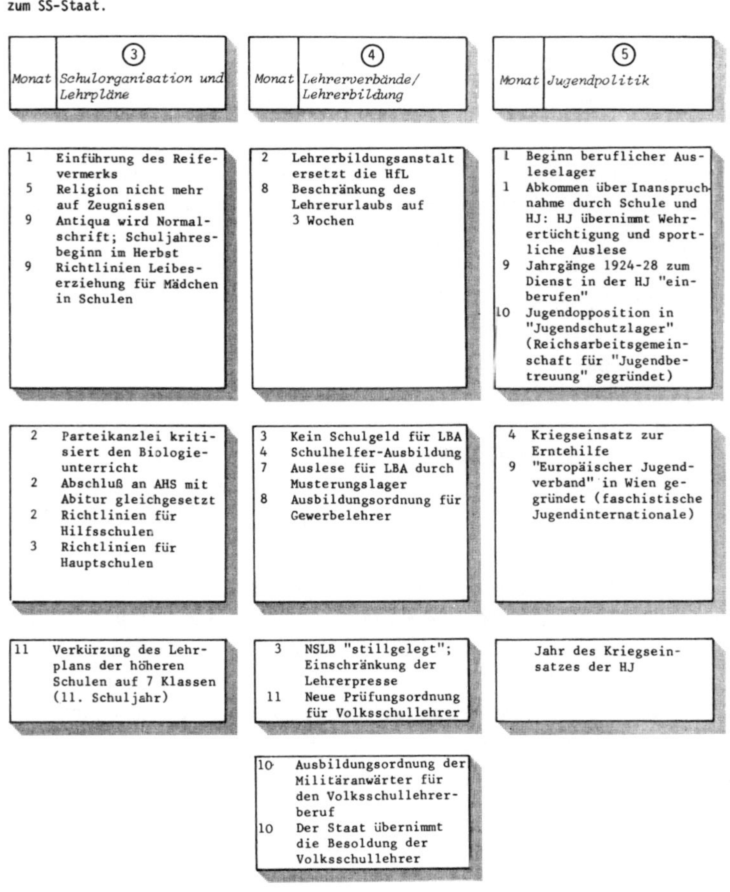

Monat	③ Schulorganisation und Lehrpläne	Monat	④ Lehrerverbände/ Lehrerbildung	Monat	⑤ Jugendpolitik
1 5 9 9	Einführung des Reifevermerks Religion nicht mehr auf Zeugnissen Antiqua wird Normalschrift; Schuljahresbeginn im Herbst Richtlinien Leibeserziehung für Mädchen in Schulen	2 8	Lehrerbildungsanstalt ersetzt die HfL Beschränkung des Lehrerurlaubs auf 3 Wochen	1 1 9 10	Beginn beruflicher Ausleselager Abkommen über Inanspruchnahme durch Schule und HJ: HJ übernimmt Wehrertüchtigung und sportliche Auslese Jahrgänge 1924-28 zum Dienst in der HJ "einberufen" Jugendopposition in "Jugendschutzlager" (Reichsarbeitsgemeinschaft für "Jugendbetreuung" gegründet)
2 2 2 3	Parteikanzlei kritisiert den Biologieunterricht Abschluß an AHS mit Abitur gleichgesetzt Richtlinien für Hilfsschulen Richtlinien für Hauptschulen	3 4 7 8	Kein Schulgeld für LBA Schulhelfer-Ausbildung Auslese für LBA durch Musterungslager Ausbildungsordnung für Gewerbelehrer	4 9	Kriegseinsatz zur Erntehilfe "Europäischer Jugendverband" in Wien gegründet (faschistische Jugendinternationale)
11	Verkürzung des Lehrplans der höheren Schulen auf 7 Klassen (11. Schuljahr)	3 11	NSLB "stillgelegt"; Einschränkung der Lehrerpresse Neue Prüfungsordnung für Volksschullehrer		Jahr des Kriegseinsatzes der HJ
		10 10	Ausbildungsordnung der Militäranwärter für den Volksschullehrerberuf Der Staat übernimmt die Besoldung der Volksschullehrer		

Graphische Gestaltung: Christa Bast, Hagen

4. Politische Entscheidungen: Agenturen zur Umstrukturierung des Erziehungsfeldes

4.1 Die Machtergreifung im Staatsapparat und der Zugriff der totalitären Bewegung auf die Schule

Die Machtübertragung in der Reichskanzlei gab das Signal für die Machtergreifung der totalitären Bewegung überall im Land. Die Zeitgenossen, soweit sie politisch nicht interessiert waren, wurden nicht nur durch die Massenkommunikationsmittel (das Radio steckte noch in seinen Anfängen), sondern auch aufgrund eigener Anschauung darüber belehrt, daß dies nicht nur ein politischer Machtwechsel mit einigen ideologischen Konsequenzen war, sondern die Machtergreifung einer Bewegung, die durch Druck und Terror ihren Protest gegen die bestehende Ordnung in der Art der Verfolgung ihrer Gegner artikulierte. Erst lokale Analysen dieses Prozesses (Allen, 1966) haben die soziale Komponente dieses Protests neben der politisch-ideologischen deutlicher herausgearbeitet. In dem »gleichzeitigen Verlangen nach Kontinuität und Veränderung« (Broszat, 1970, S. 393) ist das Motiv für die Bereitschaft, sich in diese Bewegung einbeziehen zu lassen, zutreffend beschrieben worden. Auf dieses Verlangen breiter Schichten mit einer bürgerlichen Mentalität hat sich die Machtergreifung der Nazis auf dem Erziehungssektor sowohl in den oberen Etagen der Staatsführung wie auf der untersten Ebene bald eingespielt.
Als sich der Wortführer des »Bundes Entschiedener Schulreformer«, Paul Oestreich, zur Wahl am 5. 3. 1933 äußerte, verkannte er die faschistische Massenbewegung gründlich, als er in der Zeitschrift des Bundes vor einer Revolution ›von oben‹, im Interesse des Großgrundbesitzes, der Großindustrie warnte, die von einem »lärmenden, substanzlosen Pseudo-Militarismus« veranstaltet würde. Für seinen Bund reklamierte er dagegen Zielvorstellungen, deren ideologischer Sprachgestus (»solidarische Totalität von Mensch und Volk«) für eine

nur auf das deutsche Volk bezogene Umdeutung im Sinne der faschistisch-ethnozentrischen Protestbewegung umfunktioniert werden konnte (Oestreich, 1978, S. 117). Der Deutung einer »Revolution von oben« diametral entgegengesetzt war die Infragestellung der naturgegebenen und in der Schule institutionalisierten Autoritätsbeziehungen durch einen prominenten NS-Schulpolitiker. Er vertrat diese Ansicht unter dem Pseudonym »Winfrid«, hinter dem sich der für zahlreiche Neuerungen des Preußischen Kultusministeriums zur Zeit der Machtübernahme verantwortliche Ministerialrat Dr. Joachim Haupt verbarg. In seiner Broschüre, die noch lange zum obligatorischen Bestandteil jeder Lehrerbücherei gehörte, obwohl ihr Verfasser, im Herbst 1935, kurz nach ihrem Erscheinen, von der politischen Bühne abtreten mußte (Scholtz, 1973, S. 85), war unter der herausfordernden Überschrift: »Wie lange noch Schule?« zu lesen:

»Während in der Lernschule der alleswissende Lehrer dem nicht wissenden Schüler und ›dummen Jungen‹ gegenüberstand, geht jetzt eine organisierte Bewegung der Altersklassen des Mannes und des Jungen zum gleichen Ziele hin. Wer auf ... dem Weg zum Ziel der deutschen Revolution mehr leistet als seine Umgebung, wird den Anspruch erheben dürfen, als Führer zu gelten« (Winfrid, 1935, S. 63).

Den Erwartungen, die sich in der Staatskrise der Weimarer Republik auf eine autoritäre Staatsführung richteten, wird hier die straff organisierte »Bewegung« entgegengestellt, die in dem politischen Willen zur Gleichschaltung die gesellschaftlichen Unterschiede aufhebt. Dieses Selbstverständnis der totalitären Bewegung (das im übrigen lebendig blieb) hätte dem Staat die Grundlagen für seine Machtausübung entzogen. Einer solchen Gefahr der Chaotisierung (die in der Zeit der Machtergreifung durch kurioseste Amtsanmaßungen durchaus gegeben war) suchte einer der wenigen NS-Minister in Hitlers erstem Kabinett, der für die »Grundsätze« der Bildungspolitik zuständige Reichsminister des Innern, Frick, durch eine Weiterführung des staatsautoritären Kurses v. Gayls zu begegnen. Er konnte sich dabei auf die Tatsache stützen, daß die Schulen in der Weimarer Zeit weitgehend in ihrer ideologischen Orientierung mehr den gesellschaftlich Herrschenden als den wechselnden parteipolitischen Machtverhältnissen verpflichtet geblieben waren. Durch die Heraushebung der Reproduktionsfunktion der Schule suchte er deren gefährdete Autorität gegen eine ideologisch argumentierende Nivellierung abzusichern:

»Die nationale Regierung will nicht die Politisierung der Schule, wie man dieses Wort früher verstand im parteipartikularistischen Sinne. Sie will aber unbedingt den politischen Charakter der Schule in dem Sinne hergestellt wissen, daß die Schule durch ihre Erziehung die gliedhafte Einordnung der Schüler ins Volksganze herbeiführt, damit der geschlossene politische Wille auch für die Zukunft eine starke und dauernde Grundlage im Volke findet« (9. 5. 1933, zit. nach Gamm, 1964, S. 78).

Die erfolgreiche Durchführung dieses Erziehungsauftrages wurde abgesichert durch Maßnahmen nach dem Muster der in Thüringen und Braunschweig praktizierten Politik. Das Gesetz, das beanspruchte, das »Berufsbeamtentum« gegenüber parteilicher Bevorzugung »wiederherzustellen« (Eilers, S. 70), mußte sich in der Zeit größter Arbeitslosigkeit, im April 1933, als Instrument des Gesinnungsterrors darstellen, zumal es sich nicht nur gegen politische Gegner, Dissidenten und Juden richtete, sondern jegliche Willkür durch Begründungen wie »dienstliches Bedürfnis« oder »Vereinfachung der Verwaltung« rechtfertigte. Frick setzte den in Thüringen eingeschlagenen Kurs auf politische Indoktrination durch den zeitgeschichtlichen und geschichtlichen Unterricht in einer Grundsatzrede, »Das Kampfziel der deutschen Schule«, fort, ohne der Forderung des Parteiprogramms nach Einführung des Faches »Staatsbürgerkunde« Rechnung zu tragen. Statt des gescheiterten »Schulgebets« machte er im Dezember 1933 über »Leitgedanken zur Schulordnung« (Froese/Krawietz, S. 222) den »deutschen Gruß (Hitlergruß)« und eine »Flaggenehrung« vor und nach den Ferien verbindlich. Durch die Setzung von Grenzen für die Inanspruchnahme von Jugendlichen durch den HJ-Dienst ging dieser Erlaß in autoritärem Gestus weit über seinen Gegenstand, die Schulordnung, hinaus.
Mit der Einrichtung des »Reichsministeriums für Wissenschaft, Erziehung und Volksbildung« im Mai 1934 hatte Frick seine Rolle ausgespielt, die vom Parteiprogramm geforderte »Zentralgewalt des Reiches« auf erziehungspolitischem Gebiet hervorzukehren. Rust, der nach dem Preußischen Kultusministerium auch dieses Reichsministerium übernahm, war in seiner Beachtung des »organischen Werdens und Wachsens« (nämlich des Machtzuwachses) ein gelehrigerer Adept Hitlers. Entgegen den Erwartungen einer durchgreifenden Schulreform, die nach den erwähnten Äußerungen Löpelmanns, aber auch Usadels in den »Nationalsozialistischen Monatsheften« (1930) berechtigt waren, zog er sich auf die Position eines pädagogischen

Traditionalismus zurück, wonach die Schule die »entscheidende Umbildung des geistigen Weltbildes« nicht einzuleiten, sondern nachzuvollziehen habe. Von der »fertigen Generation« sei »kein Wesenswandel zum selbstsicheren nationalsozialistischen Erziehen« zu erwarten; Nationalsozialist werde man überhaupt nur »durch Lager und Kolonne« (Scholtz, 1973, S. 40f.). Die gesellschaftspolitische Bedeutung einer Schulreform blieb bei einer solchen Argumentation ausgeblendet; aber besondere Notstände suchte Rust noch als preußischer Minister zu beantworten, um dabei neue Erziehungsformen entwikkeln zu können. Erst verhältnismäßig spät fanden diese preußischen Einrichtungen Nachahmung im Reich.

1. Die Umwandlung der ersten drei »Staatlichen Bildungsanstalten« (bis 1919 Kadettenanstalten) in »Nationalpolitische Erziehungsanstalten« erfolgte am 20. 4. 1933. Erst im November 1938 konnte die Berliner Zentrale dieses auf inzwischen 15 Anstalten angewachsenen Schulverbandes zur »Inspektion der NPEA im Reich« erklärt werden, ab April 1941 wurden die NPEA dann auch vom Reich finanziert (Scholtz, 1973, S. 121f.).
2. Am 1. 5. 1933 wurden die preußischen »Pädagogischen Akademien« in »Hochschulen für Lehrerbildung« umbenannt. Dadurch wurde auf die große Protestversammlung der Lehrerverbände vom 27. 11. 1932 in Berlin reagiert, die sich gegen die Schließung weiterer Akademien gerichtet hatte. Die zunächst von der NSDAP in Aussicht gestellte Eingliederung der Volksschullehrerausbildung in die Universitäten wurde so umgangen. Vielmehr suchte Preußen ihre »Landgebundenheit« zu betonen. Nicht zuletzt aus diesem Grund konnten erst 1938 für das ganze Reich verbindliche Richtlinien erlassen werden. Diese blieben dann nur zwei Jahre lang in Kraft (Ottweiler, S. 199f.).
3. Das preußische Gesetz über das Landjahr, am 29. 3. 1934 als eine Ersatzlösung für die Einrichtung eines neunten Schuljahres zur Behebung der Jugendarbeitslosigkeit erlassen, war das erste Gesetz, nach dem willkürlich Jugendliche aus wirtschaftlich oder auch »politisch-gefährdeten« Gebieten zu einer Dienstleistung »einberufen« werden konnten (Ottweiler, S. 97f.). Diese Einrichtung wurde nur von einigen Ländern übernommen (DSE I, S. 180).
4. 1934 wurden Vorstudienanstalten für Volks- und Mittelschulabsolventen mit abgeschlossener Berufsausbildung in Heidelberg und Königsberg eingerichtet, das »Langemarckstudium«. Erst 1941 er-

langte diese Einrichtung durch die Zuschreibung des Status »Ausleseschule« einige Bedeutung (Scholtz, 1973, S. 10 und 282f.).

Als die Berliner Ministerialbeamten W. Stuckart und R. Benze im August 1933 »Notwendige Reformen im höheren Schulwesen« bedachten, kam für sie eine grundlegende Veränderung des Schulsystems überhaupt nicht in Betracht (Münster, PSK 7329). Für sie waren die Grundsätze Hitlers verbindlich, nach denen die »Körper- und Willensbildung« vorrangig war, welche durch »rassen-biologische Kenntnisse« und die »deutschkundlichen Fächer Deutsch, Geschichte, Erdkunde, Zeichnen, Singen« ihre ideologische Grundlage erhalten sollte. Spätere Entscheidungen wie die Einführung von Englisch als erster Fremdsprache (eine zweite sei für das Abitur nicht unbedingt erforderlich) sowie die Reduzierung der Gymnasien – sie war schon in den zwanziger Jahren erwogen worden (Zymek, 1981, S. 276) – und die stärkere Trennung der höheren Mädchenbildung von der der Jungen waren hier schon vorprogrammiert. In den Volks- und Mittelschulen hatten langwierige Bemühungen um die Stärkung der kollegialen Verantwortung gegenüber einem obrigkeitlichen Regiment der Rektoren zu einem Erlaß geführt, der am 31. 1. 1933 gerade rechtzeitig kam, um die republiktreuen Schulleiter unter Druck zu setzen. Jedenfalls wurde er erst am 3. 4. 1934 rückgängig gemacht. War zuvor jeder Lehrer für die »gemeinschaftliche Arbeit an dem der Schule gesteckten Ziel« der Schulaufsicht gegenüber verantwortlich erklärt worden, schrieb der neue Erlaß dem Schulleiter die »alleinige Verantwortung für die Arbeit der Schule im Geiste des nationalsozialistischen Staatsgedankens« zu (Ottweiler, S. 67f.). Eine Verpflichtung zur »gegenseitigen Achtung und Duldung aller Volksgenossen« sowie auf eine Erziehung »im Geist christlichen Glaubens, zu dem sich die Eltern und die Lehrer gemeinsam bekennen«, war in der Neufassung des Erlasses nicht mehr enthalten.

Dazu ist zu bemerken, daß selbst 1938, als der Kurs der Partei eindeutig auf die Gemeinschaftsschule zuging (Eilers, S. 91), erst ein Drittel der konfessionell geprägten Volksschulen auf Antrag der Eltern in Gemeinschaftsschulen umgewandelt worden waren (DSE I, S. 70). Die Schulpolitik war zu Kompromissen genötigt, weil der Abschluß des Konkordats mit dem Vatikan am 20. 7. 1933 dem NS-Regime die erste außenpolitische Anerkennung eingebracht hatte. Dieses lange umstrittene »Reichskonkordat« stand zwar im Widerspruch zum zuvor erklärten Willen der Partei, wurde jedoch von den Nazis eher als ein Beweis für die macchiavellistische Handhabung der »hohen« Politik hingenommen, zu der Hitler auf Massenveranstaltungen immer wieder lachende Zustimmung fand. Das Scheinbündnis mit den Kirchen, am »Tag von Potsdam« und in den Massentrauungen in NS-Uniformen in der ersten Phase der Machtsicherung demonstrativ zur Schau gestellt – für die Schüler drückte es sich in der Verpflichtung zum Besuch von Schulgottesdiensten aus (Burkert u. a., S. 131 f.) –, führte schon bald zu einer Spaltung der protestantischen Pfarrer und zu Bemühungen um die Ausschaltung religiöser Bekenntnisfragen aus der öffentlichen Erziehung von seiten des Staates. Im Herbst 1935 begann der Rückzug aus der Verantwortung für die religiöse Unterweisung, als Richtlinien für den Religionsunterricht nicht zustande kamen und Lehrerprüfungen im Fach Religion nicht mehr abgenommen wurden. Damit war das Signal für das Zurückdrängen des kirchlichen Einflusses im öffentlichen Leben gesetzt. Hiermit eröffnete sich für die totalitäre Bewegung ein weites Aktionsfeld. Für Schüler, die bis dahin unter dem Einfluß autoritärer kirchlicher Traditionen gestanden hatten, ergab sich aus diesem Machtkampf nicht notwendig eine Option weder für die Erwachsenen, die diese Traditionen verteidigten, noch für die von außen einwirkende totalitäre Bewegung. Für sie gewann stattdessen die Gleichaltrigengruppe an erzieherischer Bedeutung (Galinski u. a., S. 90).

Rusts nüchterne Einsicht, daß der Nationalsozialismus nicht erzieherisch auf dem Weg doktrinärer Durchsetzung neuer politischer Inhalte wirksam werden konnte, sondern eher durch einen »Sinnwandel der formalen Bildung« (Winfrid) auf der Grundlage einer – wie auch immer motivierten – Glaubensentscheidung, bestimmte bis 1938, als nämlich die territoriale Erweiterung des Reiches eine starke Position des Reichsministeriums erforderlich machte, keineswegs die Schulpolitik aller Länder. Vielmehr hat Fricks Doktrin, die schon am 22. 6. 1933 den Versuch zeitigte, verbindliche Richtlinien für die künftigen Geschichtslehrbücher festzulegen, in Hamburg und Bayern zu entsprechenden Lehrplänen geführt (Selmeier, S. 11 f.).[4] Hier wie in anderen Aktivitäten des NSLB mußte über die Behandlung der Geschichte, der Vererbungslehre und Rassenkunde notwendig eine offiziöse Festschreibung in der Lösung politischer Probleme wie etwa der Judenfrage oder der Sterilisation erfolgen. Die schulische Lehre begrenzte die Möglichkeiten des politisch Machbaren, wenn sie Pogrome als »ganz verwerflich« bezeichnete (a. a. O., S. 13). Hieraus wird ex-

emplarisch ersichtlich, warum es nicht zu der ursprünglich geforderten Einführung des Faches »Staatsbürgerkunde« kam. Weniger die offiziellen Lehrbücher als vielmehr die leichter und billiger herstellbaren »Ergänzungshefte« (Kanz, S. 185) und vor allem die Schülerzeitschrift des NS-Lehrerbundes (»Hilf mit«) eigneten sich durch ihre geringere Verbindlichkeit besser zur Verbreitung von Hetzpropaganda (Ottweiler, S. 188f.).
Mit der ebenfalls von Rust vertretenen Einschätzung, daß nur junge Lehrer zu der gewünschten zugleich emotionalisierten wie äußerlich straffen Erziehung in der Lage seien, konnte man sich bei der Überalterung in fast allen Sparten des Lehrberufs nicht zufriedengeben. Noch 1940 waren nur 10,4 % der Volksschullehrer durch die neue Ausbildung gegangen, die das Abitur voraussetzte (Statistik Bd. 583, S. 68). Für die Situation der Studienräte ist charakteristisch, daß sie durchschnittlich bis zum Alter von 35 Jahren auf eine feste Anstellung warten mußten. Allerdings stieg auch der Anteil der Studienassessoren am gesamten Lehrpersonal kontinuierlich von 1930 (13,8 %) bis 1939 (55,7 %) (Nath, 1981, S. 286). Die höheren Schulen verfügten also bis zum Kriegsbeginn über erheblich mehr jüngere Lehrkräfte. Die Weiterbildungsveranstaltungen des »Zentralinstituts für Erziehung und Unterricht« und der Schulbehörden wurden nun zu »Umschulungslehrgängen« umfunktioniert, bei denen die Form des »Lagers« bald die »Form des früher üblichen Vortrags- und Diskussionsbetriebs« ersetzte (DSE I, S. 347). Ab 1936 war dann nur noch der NS-Lehrerbund Träger dieser Lager, in deren frisch-fröhlichem »Dienstbetrieb« sich die Lehrer beweisen sollten, selbst jugendlich geblieben zu sein (Ehrhardt, S. 131).
Die erwähnte Gleichschaltung der Lehrerverbände führte zu einer Zentralisierung der regionalen Lehrerpresse. Die lokalen und regionalen Lehrerzeitungen fielen weg oder degenerierten ab 1937 zu Beilagen der »Reichszeitung« des NSLB. Von den 203 Zeitschriften für Lehrer, die nach den Angaben des »Sperling« für die Jahre 1932–1937 überprüft wurden, gaben 90 auf, und nur 19 Zeitschriften wurden neu gegründet. Der NSLB nahm 75 Zeitschriften in Regie, die sich aber nicht alle an Lehrer wandten. Von ihnen überlebten das Jahr 1943 nur 31 (BA NS 12/567). So konnten 1956 von den 180 in der Bundesrepublik erscheinenden pädagogischen Zeitschriften noch 41 eine wenn auch eingeschränkte Kontinuität über den 20. Jahrgang hinaus geltend machen (Maskus, S. 97). 1933/34 stand in den Zeit-

schriften der Philologen die Legitimation des jeweiligen Faches gegenüber der nationalen Aufgabenstellung im Vordergrund. Die Aktivitäten insbesondere der Altphilologen, zu denen auch Minister Rust zählte, sind symptomatisch für den kollektiven Existenzkampf der einzelnen Berufssparten um ihren Anteil am Lehrdeputat (Irmscher, 1965). Die 1931 herabgesetzte Stundenzahl für die höheren Schulen wurde bereits im April 1933 wieder auf den alten Stand gebracht.

Eine Balance zwischen Kontinuität und Veränderung suchte man insbesondere im Hinblick auf die Politisierung der Schüler herzustellen. Darauf richteten sich die Maßnahmen des Ministeriums, damit die Autorität der Schule nicht beeinträchtigt wurde. Der NSLB glaubte diese Probleme durch eine Abgrenzung von Machtansprüchen zwischen ihm und der HJ, zwischen schulischer »Erziehung der Jugend im Sinne des Führers« und außerschulischer »Betreuung« lösen zu können (Abkommen vom 9. 2. 1934 in: Horkenbach, 1935, S. 855). Doch die HJ war keine Jugendpflegeorganisation. Gegen den Sog, der von der einzig noch geduldeten braunhemdigen Uniformierung in der Gleichaltrigengruppe und von den improvisierten Eigenaktivitäten der Jugend ausging, hatte die Schule als zweckgebundene Einrichtung nur wenig aufzubieten: Aktivitäten für den »Verein für das Deutschtum im Ausland« (VDA), der schon seit 1922 wieder staatliche Förderung genoß und erst 1938 gleichgeschaltet wurde, für den vom neu eingerichteten Reichsluftfahrtministerium organisierten »Luftschutz« (der erlaubte, ein System von »Blockwarten« einzurichten), für das »Winterhilfswerk«, mit dem sich die NS-Volkswohlfahrt (NSV) vor den anderen Wohlfahrtsverbänden Publizität verschaffte. Das schulische Repertoire zur Abweichung vom lehrplanmäßigen Unterricht konnte durch Feierstunden, Appelle und Kurse, insbesondere für die Schulabgänger, nach Kräften genutzt werden. Aber die Erfahrungen mit der Erteilung von »Rassenkunde« in solchen Kursen (die im September 1933 zur Pflichtforderung bei allen Abschlußprüfungen erklärt wurde) dürften aus den schon am Hamburger Beispiel aufgezeigten Gründen dazu angetan gewesen sein, daß man diesen Stoff in umfangreichen »Ausführungsbestimmungen« vom 15. 1. 1935 lieber zum Unterrichtsprinzip erklärte, das in allen Fächern (außer Religion) beachtet werden sollte (DSE I, S. 219).
Nach der Annullierung aller Relegationen, die aufgrund des Engagements von Schülern für die NS-Bewegung ausgesprochen worden wa-

ren, ging das Ministerium zur Privilegierung der in der HJ organisierten Schüler über, indem es ihnen zwei aufgabenfreie Nachmittage zubilligte (Kater, 1979, S. 588). Rust drängte außerdem auf die weitere Förderung und intensive Nutzung von Schullandheimen, in denen auf regionale Initiative hin auch bald »nationalpolitische Lehrgänge« für Abschlußklassen der höheren Schulen eingerichtet wurden (Eilers, S. 40). Dagegen erhob die HJ erfolgreich Einspruch und fand darin sogar beim NSLB Unterstützung. So wurde im Dezember 1936 die politische Eigenaktivität der Schule stark eingeschränkt.

Der Wille der HJ-Führer zum Machterwerb – die Führerzeitschrift der HJ hieß »Wille und Macht« – war gegen jede Bevormundung durch die Behörden gerichtet. Kurz bevor das Reichskabinett den Entwurf des Reichswehrministers v. Blomberg zur Einrichtung eines »Reichsministeriums für die deutsche Jugend« beraten konnte, das »die zielbewußte Arbeit an der totalen Mobilmachung der deutschen Volkskraft im Dienste des Wehrgedankens und der Wehrtüchtigkeit« vorantreiben sollte (Bernett, 1982, S. 347), entschloß sich v. Schirach zu dem erwähnten Handstreich auf das Büro des Reichsausschusses der Jugendverbände. Die dadurch entstandene neue Lage verhinderte einen Kabinettsbeschluß (Wortmann, S. 105). Für die Art des Zugriffs auf die Macht ist der von ihm selbst überlieferte Wortlaut seiner Rechtfertigung dem Reichsinnenminister gegenüber charakteristisch:

»Als Reichsleiter der Partei nehme ich Befehle nur vom Führer entgegen. Sie können jetzt als Minister nur eines machen: Mit der Polizei die Berliner Jungen da herausschießen. Aber schießen müssen Sie, denn freiwillig gehen sie nicht« (v. Schirach, 1967, S. 170).

Gegen eine Pädagogisierung des eingeübten »Dienstbetriebs« wußte sich die HJ, wenn nicht der Mangel an geeigneten Organisatoren allzu gravierend war (wie bei der rasch anwachsenden Organisation für die Kinder, insbesondere für die Mädchen oder auf dem Land) durch die Ablehnung des Anerbietens von Lehrern, Führungsfunktionen zu übernehmen, zur Wehr zu setzen. Ausgerechnet Kurt Petter, der in der RJF für die Zusammenarbeit mit der Schule zuständig war und später die von der HJ geführten »Adolf-Hitler-Schulen« (AHS) einrichten sollte, argumentierte 1935 gegen die Verbindung der Rolle des Lehrers mit der des HJ-Führers: der Lehrer könne keine enge Gemeinschaftsbindung eingehen und diese Gemeinschaft auch nicht aus dem »Kampf« erwachsen lassen (Der neue Volkserzieher 1, S. 546 f.).

Dennoch waren, nach den Berechnungen von M. Kater, noch im Frühjahr 1936, 5,8 % aller Lehrer und 12,5 % aller Lehrerinnen für die HJ tätig (1979, S. 603). Das Motto der »Selbstführung«, das sich vorzüglich dazu eignete, die Verfügungsgewalt der RJF über die Gestaltung der politisch relevanten Jugendaktivitäten gegen jeden Eingriff von außen abzuschirmen, konnte in der Phase der Durchsetzung des Organisationsmonopols (und um nichts anderes ging es bei der Ausbreitung der HJ) noch nicht zum leitenden Prinzip erhoben werden. Schirach gab deshalb in seinem 1934 geschriebenen programmatischen Buch: »Die Hitler-Jugend. Idee und Gestalt«, die Selbstführung noch als eine »Notlösung« aus, weil die anderen NS-Organisationen Führungskräfte nicht entbehren könnten (Die HJ, S. 59).
Als eine besonders hilfreiche Einrichtung zur Durchsetzung dieses Organisationsmonopols kann die Einrichtung des »Deutschen Tages« (so die Formulierung Hitlers nach Wortmann, S. 128) oder auch »Staatsjugendtages« angesehen werden, die zwischen 1934 und 1936 (Erlaß des Gesetzes über die HJ) viel organisatorische Turbulenz in die Schulen trug (Mushardt-Tietjen, 1934, S. 57). Dieser Tag räumte sowohl den »nationalpolitisch« engagierten Lehrern ein Aktionsfeld außerhalb der HJ ein, wie er den Zulauf zur Kinderorganisation »Deutsches Jungvolk« und »Jungmädel« verstärkte. Der Samstag sollte für alle 10–14jährigen Schülerinnen und Schüler schulfrei sein, sofern sie in der HJ organisiert waren. Die anderen, mit Ausnahme der jüdischen Schüler, hatten in meist zusammengelegten Klassen »nationalpolitischen Unterricht«, dazu Werkunterricht und Leibesübungen oder führten Wanderungen durch. Um keinen staatsbürgerlichen Unterricht aufkommen zu lassen, sollte das »Staatsjahr« (eine Vorwegnahme des späteren »NS-Feierjahres«) die Unterrichtsfolge bestimmen (Preiss, 1936). Eine Zeitzeugin, die nie in den BDM eintrat, urteilt über die ihr angebotene »Indoktrination«:

»Diesem ›staatspolitischen Unterricht‹ verdanke ich es, daß ich vermutlich genauere Kenntnisse über das Programm der NSDAP, die Geschichte der NSDAP und ihre Lieder besitze, als es ehemalige Angehörige der HJ tun« (Christine Brückner in Platner, S. 106).

Die »Deutschlandberichte der Sozialdemokratischen Partei Deutschlands« (»Sopade«) bieten eine differenzierte und zugleich distanzierte Beschreibung der Situation und der Mentalität der Kinder und Jugendlichen in jenen Jahren. Über die Kinder wird im Juni 1935 berichtet (2. Jg., S. 710):

»Der Nationalsozialismus sitzt in den Kindern nicht tief. Sie können sich darunter nicht viel vorstellen. Für sie ist es Tamtam, einschließlich Hitlerlegende. Es lockt sie das Wichtiggenommenwerden. Wer in die Nazi-Jugendorganisationen hineinkommt, streift rasch das Kindliche ab. Das Kind ist dann nicht mehr Kind. Die Kinder werden teilweise herrisch«.

Ein Jahr zuvor wurde über die Jugendlichen berichtet (1. Jg., S. 117):

»Die Jugend ist nach wie vor für das System; das Neue: das Exerzieren, die Uniform, das Lagerleben, daß Schule und Elternhaus hinter der jugendlichen Gemeinschaft zurücktreten, all das ist herrlich. Große Zeit ohne Gefahr. Viele glauben, daß ihnen durch die Juden- und Marxistenverfolgung wirtschaftliche Wege geöffnet sind. Je mehr sie sich begeistern, umso leichter sind die Examen, umso eher gibt es eine Stellung, einen Arbeitsplatz. Die bäuerliche Jugend lebt in der HJ und in der SA zum ersten Mal mit dem Staat. Auch junge Arbeiter machen mit: ›Vielleicht kommt doch eines Tages der Sozialismus, man versucht ihn eben auf eine neue Art, die anderen haben ihn bestimmt nicht gebracht. Volksgemeinschaft ist doch besser als unterste Klasse sein‹, so etwa denken sie. Die neue Jugend hat nie viel für Lesen und Bildung übrig gehabt. Jetzt wird nichts mehr verlangt, im Gegenteil, das Wissen öffentlich verurteilt.« (Ähnlich beurteilte noch 1941 die Meinung der jungen Arbeiter: Walter Ulbricht 1953, S. 258).

Für die Jugendlichen, denen man in den Schulen und Betrieben keinen freien Wochentag für den »Dienst« einräumen konnte, wurde ein »Sommerlager« angeboten. Für die Teilnahme an einem solchen Lager war den beruflich Tätigen ein Anreiz durch die »Urlaubsrichtlinie« der »Deutschen Arbeitsfront« (DAF) und der HJ gegeben. Sie sah für alle Jugendlichen im HJ-Alter 18 Urlaubstage vor, wenn sie mindestens 10 Tage an einem HJ-Lager teilnahmen. Noch 1937 wies eine Umfrage bei den Teilnehmern am »Reichsberufswettkampf« aus, daß diese Urlaubsrichtlinie nicht beachtet wurde. Die Wirtschaft (die landwirtschaftlich Tätigen hatte man nicht in die Berechnung einbezogen) gewährte durchschnittlich nur 9 Urlaubstage (Axmann, 1938, S. 257). Im »Jugendschutzgesetz« vom 30. 4. 1938 wurde dann die Urlaubsrichtlinie zur gesetzlich festgelegten Norm. In den weiterführenden Schulen ließ sich durch eine statistische Erhebung über die Zugehörigkeit zu den Jugendorganisationen, die bis 1940 beibehalten wurde, eher Druck ausüben. Erst wenn 95 % der Schüler erfaßt waren, »durfte« die jeweilige Schule die HJ-Fahne hissen.[5]

Während an der Basis durch die massiven Werbemaßnahmen für die HJ deren Konkurrenz zur Inanspruchnahme der Jugendlichen durch die Schule verstärkt wurde, was zu Klagen über die Verminderung der Leistungsbereitschaft führte, wurde in den Chefetagen um Einfluß auf die Mittel zum – unumstrittenen – Ziel der »Erfassung« der gesamten Jugend durch jenes »weltanschauliche« Trainingsprogramm gekämpft, das nach Hitlers Vorstellungen die »Volksgenossen« zu »Reichsbürgern« und vor allem zu guten Soldaten machen sollte (Wortmann, S. 141). Der Minister meldete durch seinen »Wehrsport«-Experten Dr. Krümmel den Anspruch an, »aus der Parteijugend eine Staatsjugend zu machen und die RJF in den Staatsapparat einzuspannen« (Bernett, 1982, S. 359). Hitler ließ am 16. 11. 1935 Rust wissen, daß er ihn nicht mit der Aufgabe der »körperlichen Jugendertüchtigung« betrauen werde, sondern den »Jugendführer des Deutschen Reiches«. Krümmel hatte von dem Erziehungsstrategen Dr. Usadel ein Gesetz entwerfen lassen, das für einen »Reichsjugendtag« eine Ergänzung der Schulpflicht durch die »Jugenddienstpflicht« vorsah (a. a. O., S. 364). Schirach konterte mit der »Absicht des Führers, die gesamte deutsche Jugend sich selbst zu unterstellen« (a. a. O., S. 365). Dem Selbstverständnis der HJ als »Parteijugend« widerstrebte die Preisgabe des Prinzips des »freiwilligen« Eintritts, doch gab es dazu nur die Alternative einer Trennung von »Reichsjugend« und »Hitler-Jugend«. Das Ergebnis im »Gesetz über die HJ« war ganz im Sinne Hitlers: die Unterstellung der Jugendverbände unter das Reichserziehungsministerium wurde aufgehoben, die HJ verlor ihre Identität als »Parteijugend« und war in der Person Schirachs nur noch Hitler persönlich unterstellt. Der ließ seinen Gefolgsmann in dem Glauben agieren, ihm sei »die Jugenderziehung« nun persönlich anvertraut. Dem Reichsverkehrs- und Reichspostminister kostete sein Einwand, er stimme dem Gesetz nur unter der Voraussetzung zu, »daß die HJ, entsprechend der Zusage des Führers, nicht das an religiösen Werten vernichten werde, was das Elternhaus in die Herzen der Jugend pflanze«, den Posten (Broszat, 1969, S. 294).
Diese Entwicklung in der Phase der Machtsicherung erfordert, die von Hitler am 30. 10. 1931 verfügte Einrichtung einer »Reichsjugendführung« als Befehlszentrale für die damaligen Verbände NSD-Studentenbund, HJ, NS-Schülerbund, sowie v. Schirachs Ernennung zum »Reichsleiter der NSDAP« im Mai 1932 und schließlich die zum »Jugendführer des Deutschen Reiches« am 17. 6. 1933 nicht nur als Häu-

fung von Titeln anzusehen, die der Aufwertung der Parteijugendorganisation zugute kam. Vielmehr ist in der Befehlszentrale »RJF« eine totalitäre Organisation zu sehen, für deren Machtergreifung der Unterschied zwischen Partei und Staat seit dem Juni 1933 keine Rolle mehr spielte, während es für das Selbstverständnis der HJ bis zu den Konsequenzen des HJ-Gesetzes in den Durchführungsbestimmungen vom 25. 3. 1939 von Bedeutung war, daß sie sich als politisch engagierte Jugendorganisation ausgeben konnte und keine Zwangsveranstaltung des Staates zur Ableistung der »Jugenddienstpflicht« war. Andererseits war es von Anfang an für ihre Angehörigen kein Problem, als Träger staatlicher Macht aufzutreten. Mangelndes Rechtsbewußtsein wurde durch »Kampfgeist« ersetzt und durch das Verhalten der Staatsorgane bestätigt. Symptomatisch für diese illegale Gewaltanwendung durch HJ-Angehörige war die unmittelbar an die Ernennung v. Schirachs zum »Jugendführer« des Reiches anschließende Aktion gegen den »Großdeutschen Bund«. Sie wurde von Hitler dem Reichspräsidenten von Hindenburg gegenüber damit entschuldigt, daß die Jugend »aus ihrer überwältigenden Masse heraus kein Verständnis für eine weitere Aufrechterhaltung der Zersplitterung der Jugend« aufbrächte (Wortmann, S. 109).
Die RJF konnte die Entwicklung zu einem Jugendstaat im Staat einschließlich der Übernahme jugendpolizeilicher Funktionen durch den »HJ-Streifendienst« (ab 1934) so lange vorantreiben, wie es ihr gelang, den »Kampfgeist« der HJ auf innergesellschaftliche Ziele zu lenken; der Verfall ihrer Macht im Krieg hatte auch politisch-psychologische Ursachen. Dieser Jugendstaat diente nicht der Integration der Jugend in die bestehende Gesellschaft, sondern zur Transformation der gesellschaftlichen Verhältnisse, bei der die Jugend eine bedeutende Rolle zu spielen meinte. Tatsächlich war die HJ in weiten Bereichen aber nichts anderes als das Exekutivorgan der Machtansprüche der RJF nach Maßgabe der zwischen den Machthabern in den Chefetagen ausgehandelten Einflußsphären.
So löste man die dahinkümmernden »NS-Jugendbetriebszellen« auf, dafür richtete die »Deutsche Arbeitsfront« ein »Amt für Jugendfragen« ein, das wiederum dem »Sozialen Amt« in der RJF die inhaltliche Kontrolle über den »Reichsberufswettkampf« überließ. Dieser zog schon 1934 eine halbe Million Teilnehmer an, mußte aber organisatorisch weitgehend von der DAF bewältigt werden (Wolsing, 1977, S. 508). Seine politische Bedeutung läßt sich daran erkennen, daß noch

1936 17,5 % der männlichen und 24,4 % der weiblichen jugendlichen Teilnehmer nicht politisch organisiert waren (Axmann, 1938, S. 141). Beauftragte des »Jugendführers des Deutschen Reiches« zogen in die Verwaltungen des Reiches, der Länder und Provinzen, aber auch in die Berufsberatungsstellen der Arbeitsämter ein; in den Schulen wurde ein »Schuljugendwalter« ernannt, der bei Konflikten zu vermitteln hatte. Auch in der Jugenderholung wurde die RJF aktiv, indem sie eine stetig steigende Zahl von Kindern in bäuerliche Pflegestellen vermittelte: 1935 waren es 620000 (Schirach: Die HJ, Anhang). Hier wie in den Reihenuntersuchungen von HJ-Mitgliedern wurden die umfassenderen Aktionen des Jahres 1940, die »Erweiterte Kinderlandverschickung« und die gesundheitliche Überwachung aller Kinder und Jugendlichen zwischen dem 6. und 18. Lebensjahr, schon erprobt. Die Doppeldeutigkeit jedes Angebots, jeder Forderung breitete sich in allen Lebensverhältnissen der Jugendlichen aus: Erholung und »Erfassung«, Fürsorge und Aussonderung, Leistungsanforderung und Gesinnungskonformismus waren nur für denjenigen unterscheidbar, der den neuen Autoritäten mit Skepsis gegenüberstand.
Aus der Sicht der HJ gehörten 1933 43 % der organisierten Jugend Verbänden an, die durch ihre weltanschauliche Orientierung der HJ fernstanden: 21,8 % in katholischen, 11,6 % in evangelischen, 8,5 % in »marxistischen« und knapp 1 % in bündischen Gruppen (Die Hitlerjugend, 1933–43, S. 10). Die Tendenz der Jugendlichen in der Krise, sich militant zu organisieren, hatte auch die linken Jugendorganisationen stark anwachsen lassen: die »Roten Falken« von 100000 auf 125000 zwischen 1929 und Mitte 1932; der kommunistische Jugendverband verdoppelte sich in dieser Zeit auf etwa 50000 Mitglieder, dessen Kinderorganisation der »Pioniere« wuchs von 20000 Mitgliedern im Juli 1931 auf 70000 im Januar 1933 (Geschichte der Arbeiterjugendbewegung, S. 455 und 463). Ihr Ausschluß wie der der jüdischen Verbände aus dem »Reichsausschuß« verstand sich nach dem Verbot der Arbeiterparteien für Hitlers Regierung nahezu von selbst. Anders verhielt es sich mit den zwar zahlenmäßig schwächsten, aber hoch angesehenen bündischen Gruppen, die Schirach durch die erwähnte Aktion zerschlug. Hitlers Scheinargument wirkte, obwohl die konfessionellen Jugendverbände noch keineswegs gleichgeschaltet waren, offensichtlich sogar bei dem »Führer« des Dachverbandes der Bündischen, dem Admiral v. Trotha, der mit Rückendeckung durch das »Reichskuratorium für Jugendertüchtigung« diesen Dachverband

im März 1933 zustande gebracht hatte, um einer Vereinnahmung durch die HJ entgegenzutreten; jedenfalls ließ er sich 1936 zum »Ehrenführer« der Marine-HJ ernennen (Brandenburg, S. 172).
Das Fazit einer fast dreijährigen Einflußnahme auf die Jugend sah wohl nicht ganz zufällig so aus wie das Wahlergebnis für die NSDAP am 5. 3. 1933: 3,94 Millionen Jungen und Mädchen, 45,2 % ihrer Altersgruppen, gehörten im Dezember 1935, kurz vor der großangelegten Kampagne zur Verpflichtung des Geburtsjahrganges 1926 am »Geburtstag des Führers«, den Gliederungen der HJ an (Kater, 1977, S. 170). Die Beteiligung der Jugendlichen war nach dem Grad der Schulausbildung, dem Geschlecht und der Region recht unterschiedlich. Über das Eintrittsalter liegen keine Angaben vor, doch darf angenommen werden, daß es für die Geburtsjahrgänge ab 1926 mit zunehmend größeren Konflikten verbunden war, sich der deklarierten »Pflicht« zur Organisierung zu entziehen. Mit einem Minimum an finanziellem Aufwand – noch 1939 hatte die HJ nur 8017 hauptamtliche Funktionäre, aber schon 1935 403 000 ehrenamtliche »Führer« (Die Hitler-Jugend 1933–43, S. 13 und 40) – hatte sich der schwächste Teil der deutschen Gesellschaft in einem Umfang uniformieren lassen, wie es noch keinem Staat in der Welt gelungen war. Daraus resultierte ein Selbstbewußtsein bei den Jugendlichen, das Hitler in seinen Parteitagsreden an die Jugend jedoch immer wieder auf das Vorbild der »Alten Garde« der Partei verwies. Herkunft, Stellung, Vermögen und auch das »sogenannte Wissen« sollten der Jugend gleichgültig werden, wenn sie nur an ihn glaubte: »Das deutsche Herz hat sich mir erschlossen und hat sich nun Deutschland hingegeben!« (Reichsparteitag 1936). In diesem Sinne bekräftigte das Gesetz über die HJ deren Anspruch, die »gesamte deutsche Jugend« außer in Elternhaus und Schule »körperlich, geistig und sittlich im Geiste des Nationalsozialismus zum Dienst am Volk und zur Volksgemeinschaft zu erziehen«.

4.2 Die Rolle des Schulwesens 1936–1941

In der zweiten Phase suchte sich das »Dritte Reich« als Beginn eines »tausendjährigen« Reiches darzustellen. Gleichzeitig mit der internationalen Anerkennung, die das Regime durch die Austragung der Olympischen Spiele erfuhr, schien auch eine politische Ordnung hergestellt, in der die neuen Machtfaktoren auf dem Erziehungssektor wie der NSLB und die RJF ihren Einfluß als gesichert ansehen konnten. In dieser Situation, in der sich die »Totenstille der Diktatur« ausbreitete, schien die Zeit für Reformen gekommen. Die Ressentiments der totalitären Bewegung gegen die bestehenden Verhältnisse waren durch die Machtergreifung so weit abreagiert worden, daß sie für die Herrschaftssicherung nur noch begrenzt funktional waren. In der zweiten Phase mußten deshalb im Machtkampf der Apparate neue, zukunftsbezogene Motive für die Massenbasis der Bewegung hergestellt werden. Doch für die Erweiterung des totalitären Verfügungsanspruchs über diese Massenbasis waren Reformen ein zweischneidiges Mittel, weil sie die Interessenkonflikte neu beleben mußten; innerhalb des NSLB sprach man 1937 von einem »bevorstehenden Kulturkampf« (Kanz, S. 162). Die soziale Motivation auf den imperialistischen Krieg hinzulenken, war aus außen- wie innenpolitischen Gründen nur indirekt möglich, durch die Stärkung des Überlegenheitsgefühls in der Jugend. In späterem Zusammenhang wird deshalb nachzuweisen sein, daß in dieser Phase nicht so sehr die Motive eines kriegerischen Revanchismus als vielmehr die Weckung von Bedürfnissen nach sozialer Mobilität im Vordergrund standen. Über einen Umweg, durch eine vielversprechende, aber keineswegs radikale Reformpolitik, suchte man das Vertrauen in das Regime zu stärken. Dadurch wurde eine bessere Voraussetzung für den späteren Einsatz der Jugend im Krieg geschaffen als durch ihre Militarisierung, die lediglich durch »körperliche Ertüchtigung« vorbereitet worden ist. Nur wenn diese von der HJ durchgeführt wurde, war die gleichzeitige ideologische Beeinflussung garantiert. Erst dann war gesichert, daß später der Krieg in einen weltanschaulichen Kampf umgedeutet werden konnte. Eines der seltenen Besprechungsprotokolle zu erziehungspolitischen Entscheidungen zeigt, daß Hitler auch im Jahr des «Hoßbach-Protokolls« an seinen erziehungspolitischen Einsichten aus der frühen »Kampfzeit« festhielt. Am 28. 4. 1937 notierte man im Reichsfinanzministerium:

»1. ›Vormilitärische‹ Ertüchtigung im eigentlichen Sinne will der Führer nicht.
2. Unter keinen Umständen Soldatenspielerei.«

Die Wehrmacht sollte kein Geld für »Wehrsport oder dergl.« ausgeben (Bernett, 1982, S. 371), vielmehr sollten die Mittel dafür der RJF zufließen. Der »Reichssportführer« v. Tschammer wurde vom »Jugendführer des deutschen Reiches« mit der »körperlichen Ertüchtigung der gesamten deutschen Jugend« beauftragt, was ihm den Rang eines HJ-Obergebietsführers einbrachte (Ueberhorst, 1976, S. 116). Organisiert wurde sie aber tatsächlich von zwei Ämtern in der RJF, dem »Amt für Leibesübungen« und dem »Amt für körperliche Ertüchtigung«, das für den Gelände- und Schießsport verantwortlich war, also eindeutig der »Wehrertüchtigung« diente. Dieses Amt organisierte auch die Motor-, Flieger-, Marine-, Nachrichten- und Reiter-HJ sowie den Luftschutz innerhalb der HJ. Die »waffenlose Ausbildung« erlaubte die Unterscheidung von »soldatischer« und »militärischer« Erziehung durch die damaligen Apologeten der deutschen Erziehungspraxis im Ausland (Scholtz, 1973, S. 144) und bot später die Basis für v. Schirachs Verteidigung im Nürnberger Prozeß.

Was in der Schulpolitik in dieser Phase geschah, interessierte Hitler nur, wenn er seine Rolle als Vermittler zwischen Konkurrenten nutzen konnte oder wenn er um die Erhaltung der Massenloyalität besorgt sein mußte. Erst im Herbst 1940 schien ihm eine erneute Weichenstellung auf dem Erziehungssektor zur Durchsetzung seines Verfügungsanspruchs möglich und erforderlich. Deshalb ist der Einrichtung eines mit seinem Namen verbundenen Schulverbandes (»Adolf-Hitler-Schulen«) am 15. 1. 1937 keine besondere allgemeinpolitische Bedeutung beizumessen. Hierbei handelte es sich um das dürftige Ergebnis eines Versuchs des Reichsorganisationsleiters der NSDAP, Dr. Robert Ley, der zugleich finanzkräftiger »Führer der Deutschen Arbeitsfront« war, durch den Bau von »Gemeinschaftshäusern« in den Gemeinden und die Nutzung von »Kreisburgen« und »Gauburgen« als Schulen ein parteieigenes Schulsystem aufzubauen (Scholtz, 1967, S. 294). Schon 1936 wollte er durch diesen Plan seinen Glauben bezeugen, daß das »tausendjährige Reich« bereits begonnen habe. Am 5. 1. 1941 untersagte ihm der inzwischen zu größerer Macht gelangte Martin Bormann, sich weiterhin in die Schulpolitik einzumischen. Die Phantasmagorie von einer bereits begonnenen Zukunft konnte so lange eine propagandistische Funktion erfüllen und die totalitäre Bewegung neu stimulieren.

Leys wirklichkeitsferner Fanatismus ließ ihn rasch scheitern; doch die von ihm angesprochenen Wunschträume der Massen nach einer neuen Gesellschaftsordnung, in der zur Führungsschicht zählen sollte, wer sich durch Leistungen in einer permanenten Auslese bewährt hatte, sicherten seinen Planungen einen hohen Stellenwert sogar noch in historisch-kritischen Darstellungen des NS-Systems. Nachweise von D.

Schoenbaum (1967, S. 277, Neuausgabe 1980, S. 331f.) und des Verfassers, daß es sich bei diesen Einrichtungen nicht um die »Bildung einer neuen Elite« (Bracher, 1969, S. 255 und 289) handeln konnte, sondern allenfalls um die Perfektionierung der genauen Kenntnis über junge Menschen, über deren Einsatz flexibel verfügt werden konnte, haben gegen die Nachwirkungen der NS-Propaganda noch wenig ausrichten können.[6] Sogar für die SS-Junkerschulen ist bestätigt worden, daß von den seit 1934 dort ausgebildeten 15000 SS-Führern kaum einer in die höchsten Führungspositionen gelangte, während sie um so besser disponiert waren, »zum Kriegshelden« zu avancieren (Wegner, S. 151f.). Die Nachwuchsförderung war also politisch nur insoweit interessant, als sie die Bedürfnisse nach sozialer Mobilität ansprach, den Idealismus förderte (weil das Streben nach »Karriere« moralisch verurteilt wurde) und eben deshalb den Führungsanspruch der relativ jungen Machthaber während der zwölfjährigen Herrschaft nicht gefährden konnte.

Was die Privilegierung von Internatsschulen politisch interessant machte, war weniger das propagierte Ziel einer Förderung des politischen Nachwuchses, sondern die Modellfunktion einer solchen Einrichtung für die Umgestaltung der weiterführenden Schulen zum Zweck der Nazifizierung der Jugend und der propagandistische Effekt, der sich aus diesen »Musterstätten« oder »Versuchsinstituten« (Rust nach Scholtz 1973, S. 42) ziehen ließ. Statt die geringe Zahl von Schulen (1939: 32) und Schülern (1939 war die sechsfache Zahl in politisch nicht privilegierten Internaten und Schülerheimen untergebracht, a. a. O., S. 288) zu erweitern, blieb man bei diesem relativ geringen bildungsökonomischen Aufwand, um in der dritten Phase diese »Muster« auf eine weit größere Zahl von Internatsschulen anwenden zu können, die teils »gleichgeschaltet«, zum größeren Teil aber neu eingerichtet wurden. Unter erziehungssystematischem Aspekt wurde einigermaßen zutreffend von »besonderen Hochformen der Lagererziehung« (Messarius, 1939, S. 69) gesprochen.

Das zunächst improvisierte »Lager«, das sich teils aus zivilisationskritischen Ambitionen herleitete (John Hargrave: Stammeserziehung, London 1918, deutsch Berlin 1922), teils aus der Notlage der Arbeitslosigkeit der Jugendlichen, aber auch von Junglehrern in der Form von »Arbeitsdienstlagern« Gestalt annahm (V. Hoffmann, 1980), stellte sich mehr und mehr als das angemessene Mittel zur Nazifizierung der Jugendlichen und jungen Erwachsenen dar: »Die nationalsozialistische Lagererziehung ist das Symbol der werdenden Volksgemeinschaft«, meinte ein NS-Pädagoge schon 1934 (A. Dietrich, 1934). Diese Neuerung entlastete die bestehenden Erziehungsinstitutionen vom Druck der Reformerwartungen; zumindest wurde ihr diese Funktion vom Chef des Amtes Erziehung im Ministerium zugeschrieben:

»Der Angriff des nationalsozialistischen Erziehungswillens richtete sich ... nicht in erster Linie auf die Institutionen und zwar darum, weil sich neben den Schulen und den Einrichtungen der Volksbildung fast unvermerkt ein neues in sich geschlossenes System der Jugenderziehung gebildet hatte, in dem der junge Deutsche in den Tugenden des Handelns innerhalb der Gemeinschaft geübt wird, und in denen konkretes politisches Denken an praktischen Situationen geweckt und entwickelt wird ... Es hat einen tiefen Sinn, daß die deutsche Jugend nicht ein Programm von Adolf Hitler verlangt hat, um etwa davon ihre Gefolgschaft abhängig zu machen ... Die Erziehung sichert den Bestand der Nation und die Gestalt, die ihr der Führer gegeben hat ... durch eine Verstetigung jener männlichen Zucht- und Lebensformen, die sich aus dem Kampf selber entwickelt hat« (Holfelder, 1935, S. 9f.).

Der Verzicht auf die Bindung an eine politische Programmatik, die Fixierung des politischen Denkens auf die Veränderung der Lebenspraxis wurden zwar auch beim »Dienst« in den NS-Formationen eingeübt, gewannen aber erst im »Lager« den Anschein einer »Lebensform«, die auch das Alltagshandeln mehr und mehr bestimmen sollte. Denn das »Lager« war in seiner Abgehobenheit von der Normalität des zivilen Alltags gerade keine Einrichtung, die »stetig« praktiziert werden konnte. Um so mehr wurde ihm die Aufgabe zugeschrieben, Normorientierungen und Verhalten so zu prägen, daß es die »Kampfbund«-Mentalität der totalitären Bewegung reproduzierbar machte.

Diesem offiziell vertretenen Primat der Umerziehung konnte der Unterricht trotz aller Bemühungen, den neuen Anforderungen an das Verhalten durch neue Wertorientierungen die ideologische Begründung nachzuliefern, nichts gleichwertiges entgegensetzen, weil der praktizierte Irrationalismus kein organisierendes Prinzip für die schulische Unterweisung hergab. Diese Divergenz von Umerziehung und Jugenderziehung, die erst im Krieg mehr und mehr zuungunsten der Jugenderziehung aufgehoben wurde, blieb den differenzierter Denkenden nicht verborgen:

»Der lebendige Vorgang der Volkserziehung selbst und die institutionellen Veranstaltungen des Staates, um die junge Generation planmäßig leistungsfähig und lebenstüchtig zu machen, decken sich nicht ohne weiteres« (Wilhelm, 1942, S. 691).

Diese dezent angedeutete Inkongruenz bezeichnet das Dilemma faschistischer Erziehungsbemühungen, welche primär zur Aufopferungsbereitschaft motivieren, aber auch die Brauchbarkeit verbessern wollten. Dieses Dilemma wirkte sich aus motivations- und kognitionspsychologischen Gründen, die noch näher zu erläutern sind (Kap. 5.3), für die Jugendlichen, die eine »höhere« Bildung anstrebten, nicht so gravierend aus wie für die Volksschüler. Deren geringe Motivation, ihre Brauchbarkeit zu verbessern, blieb in der zweiten Phase ein ungelöstes Problem. Hierzu trug auch das deutlich größere Interesse des Ministeriums bei, die Erziehungsprobleme zunächst einmal für die »Leistungsschicht« auf den höheren Schulen zu lösen, wobei Legitimationsinteressen gegenüber dem an Schulfragen interessierten Bildungsbürgertum sicher keine geringe Rolle spielten. Eine wichtige Ursache für das pädagogische Dilemma der Volksschule war deren ökonomische Benachteiligung. Dagegen konnte der von Volksschullehrern weitgehend beherrschte NSLB wenig ausrichten, nicht einmal der auf diese Benachteiligung zurückzuführende Nachwuchsmangel in der Volksschullehrerschaft, der sich in einer Zeit bemerkbar machte, in der die Volksschule nahezu 90 % eines Jahrgangs ausbildete.
Da die Darstellung der Volksschule durch O. Ottweiler diese Benachteiligung nicht behandelt, müssen hier dazu einige Nachweise erbracht werden. 1941 wurde den Lehrern in der zentralen Zeitung des NSLB »Der deutsche Erzieher« (S. 201) ein Vergleich der Finanzierung der Schularten in Preußen zwischen 1927 und 1937 ermöglicht. Dieser Artikel bezog sich auf eine Untersuchung (Lerche, 1940), die für einen Schüler im Schuljahr 1937 (einschließlich des für weiterführende Schulen zu zahlenden Schulgeldes) folgende Ausgaben auswies:

Volksschule:	155,46 RM		
Mittlere Schulen:	279,– RM	Landjahr:	493,54 RM
Höhere Schulen:	650,87 RM	NPEA:	2533,– RM

Die Ausgaben für die Schüler an höheren Schulen bezogen die Kosten für die NPEA mit ein, die nur 1 % der höheren Schulen ausmachten, aber den vierfachen Teil des Etats beanspruchten (Scholtz, 1973, S. 64). Das Regelschulwesen war auch 1937 für die öffentliche Hand (in

Preußen) noch weitaus weniger eine Belastung als vor der Staats- und Wirtschaftskrise, wobei die gleichzeitige Geldentwertung mitbedacht werden muß. Im Vergleich zu 1929 (= 100) wurden ausgegeben:

Jahr	Volksschule	Mittlere Schule	Höhere Schule
1933	68,2	47,6	61,0
1937	76,3	54,5	71,2

Für das »Altreich« (in den Grenzen von 1937) ist eine wachsende Belastung der Volksschullehrer und gleichzeitig eine Entlastung der Studienräte nachzuweisen:

Durchschnittliche Klassenstärke in den Schularten

Jahr	1926	1931	1936	1941 (ges. Reichsgeb.)
Volksschulen	35,3	38,8	41,0	41,9
Mittlere Schulen		28,9(1937):	31,1	
Höhere Schulen	26,8[a]	27,6	26,3	

a Angabe bezieht sich nur auf Jungenschulen

Verhältnis hauptamtlicher Lehrer zu Schülern

Jahr	1921	1926	1931	1936(37)[b]	(1940)[b]1941
Volksschulen	45,4	35,7	39,9	42,7	42,8
Mittlere Schulen	25,6	20,5	19,9	b: 28,4	b: 24,8
Höhere Schulen	17,0	18,3	17,3	15,8	14,5

Die Statistik der Volksschulen im Sudetenland von 1939 weist andere Verhältnisse auf: Klassenfrequenz 34,4 und Lehrer-Schüler-Verhältnis 28,6. Diesen Lehrern stellte sich das »Dritte Reich« nicht als lehrerfreundlich dar (Fiedler in Keil, 1967, S. 110f.). Zwar wurden die Volks- und Hauptschullehrer 1939 rechtlich zu Beamten des Reiches, doch übernahm das Reich erst 1944 auch ihre Besoldung.

Deutlich unterschieden sich die knapp gehaltenen »Grundsätze« zu »Erziehung und Unterricht in der Volksschule« vom Dezember 1939 von den zuvor herausgegebenen umfangreichen Richtlinien für die höheren Schulen. Dadurch ergab sich für die Volksschuldidaktiker, aber auch für regionale »Stoffpläne« ein Anreiz zu unterschiedlicher

Füllung des vorgegebenen Rahmens. Nur Bayern erließ am 23. 7. 1940 umfangreiche »Ergänzungsrichtlinien«, welche für dieses Land die »große Freizügigkeit in der Stoffauswahl«, die »einer gewissen Planlosigkeit Vorschub leiste«, beseitigte (Ottweiler, S. 170f.). Hier wurde also die staatsautoritäre Linie von Frick weitergeführt. Die einzige erwähnenswerte Leistung, die von der Zentrale für die Volksschule erbracht wurde, ist das 1934 bis 1939 vom Zentralinstitut für Erziehung und Unterricht zusammen mit dem NSLB erarbeitete Lesebuch gewesen, das zunächst in 25 regionalen Ausgaben erschien; im Krieg wurde dann dieser »Regionalismus« zurückgenommen (Hasubek, 1972).

Obwohl der überwiegende Teil der Volksschüler auf dem Land wohnte (1940 kamen aus Landkreisen 65,6 % der Schüler) und einer der ersten Erlasse der neuen Regierung eine stärkere Berücksichtigung der Situation des Landlehrers versprach (Zentralblatt zum 18. 2. 1933), ist bis zum Beginn der dritten Phase wenig für die Landschule getan worden. Der Anteil von wenig gegliederten ein- bis dreiklassigen Volksschulen blieb zwischen 1931 und 1940 im »Altreich« ziemlich konstant bei 73 %. Noch 1942 besuchten 65,5 % der Volksschüler koedukativ geführte Klassen, obwohl schon ab dem 2. Schuljahr ein Unterrichtsangebot vorgesehen war, das nach Geschlechtern differenzierte (DSE I, 173). Die regionalen Unterschiede im Volksschulwesen wurden erst 1941 von den Statistikern problematisiert (Statistik Bd. 594, S. 9; den Vergleich mit der höheren Schule ermöglicht DSE I, S. 148). Ein Beispiel soll die damalige Bildungsbenachteiligung von Kindern aus ländlichen Regionen illustrieren.

	Volksschulen auf 10000 Einwohner	Kinder auf 10000 Einwohner	Anzahl der Klassen je Schule	Schülerfrequenz je Klasse
Hamburg	2,0	753	10,5	35,5
Pommern	12,6	1241	2,3	42,5
Statist. Mittel Volksschulen 1938	7,5	1116	3,7	40,2
Statist. Mittel höhere Schulen 1938	–,–	97,0	11,2	25,7

Vergeblich wandten sich Lehrer, die nach ihrem Austritt aus der Kirche auch die Dienstleistungen als Organisten aufgekündigt hatten, wegen einer finanziellen Entschädigung an die Parteileitung (BA NS 22/739). Unentgeltlich, wie es im Dienst der Partei üblich war, sollten sie indessen verstärkt »Dorfkulturarbeit« betreiben (Söhngen, 1950, S. 53). Erst 1941 sah es der NSLB als seine Aufgabe an, die Landlehrerwohnverhältnisse zu verbessern. Die zweite Aufgabe sah er, konträr zu dem von Adolf Reichwein gesetzten Beispiel (»Schaffendes Schulvolk«, 1937), in der »inneren Verbäuerlichung der Landschule« (Kircher in DSE II, S. 54), allerdings unter der Devise: »Aufrüstung des Dorfes«.

Diese Vernachlässigung der Volksschule wurde selbstverständlich nicht für den von Wirtschaft und Wehrmacht beklagten Leistungsrückgang verantwortlich gemacht (Wolsing, S. 327), den sowohl NSLB wie HJ bestätigten (Scholtz, 1980, S. 39). Während eben jener NSLB-Funktionär, der die »Verbäuerlichung der Landschule« propagierte, für die Senkung des »Leistungsniveaus der Jugend« [!] die »eine Zeitlang völlig hemmungslose Anpöbelei jeden ernsthaften Lernens« verantwortlich machte (Kircher in: Der deutsche Erzieher November 1941, S. 322), führte der HJ-Publizist Albert Müller (1943, S. 35) »Lücken im Elementarwissen und geringe geistige Beweglichkeit der Schulabgänger« zurück auf »mangelnde Muße der lernenden Jugend, auf die Überfülle von Eindrücken, die sich in seelischer Verflachung und abnehmender Gedächtniskraft« niederschlugen, aber auch auf Einschränkungen des Unterrichts, die außerschulische Beanspruchung der Lehrer, den wachsenden Lehrermangel (der sich 1938 bemerkbar machte) und die Vergrößerung der Klassen. Noch deutlicher bezeichnete ein Aufsatz in der »erziehungswissenschaftlichen Monatsschrift« des NSLB das pädagogische Dilemma (Wegmann, Juli 1940). Den Klagen über den Leistungsverfall begegnete er mit der Kritik, hier würden »fehlende Überleistungen« gefordert. Auf die Öffnung der Schule zum öffentlichen Leben hin, die jetzt durch die Legitimationsinteressen des Regimes »in Ausnahmezeiten« erzwungen wurde, war die Didaktik der Volksschule in keiner Weise vorbereitet, denn in der Weimarer Zeit waren die »Lebensgemeinschaftsschulen« mit ihrem gesellschaftsbezogenen Ansatz weithin auf Ablehnung gestoßen. Die nationalpädagogischen Forderungen, denen die Lehrer zugetan waren, konnten deshalb nicht mit den schulischen

Lernanforderungen vermittelt werden und führten nur zu einer »Überspannung« der Ansprüche:

»Wer unsere deutsche Schule kennt, ... der wird bei einigem guten Willen zugeben müssen, daß wohl zu keiner Zeit die Schule ihr Ohr mit solcher Bereitwilligkeit dem Getriebe des Lebens öffente wie in der unsrigen, der wird aber auch bekennen müssen, wie wohl noch nie die Tagesereignisse, die Zeitungsneuigkeiten, der Funk, die völkische Feier, der nationale Film und das politische Gespräch der Straßen und Plätze mit einer stärkeren Unmittelbarkeit selbst in die verlassenste Schulstube hereinbranden durfte als heute. Man zeige uns doch den erziehungs- und volksbegeisterten Erzieher, der die große Bedeutung und Notwendigkeit einer solchen schulischen Grundhaltung gerade in Ausnahmezeiten des völkischen Lebens verkennen möchte, aber man zeige uns dann auch jenen leistungsbeflissenen Lehrer, der auch wiederum gerade heute die Gefahr übersehen dürfte, die durch eine unbedachte maßlose Überforderung und Überspannung dieses an sich so guten Prinzips über unser Kind heraufbeschworen werden kann« (S. 266).

Zwar sorgte eine Flut von Erlassen dafür, daß Interesse für die Wehrmacht, insbesondere für die Luftwaffe, für Vierjahrsplan, Winterhilfswerk, Verkehrserziehung usw. geweckt wurde (DSE I, S. 28), doch blieb die entsprechende Umorientierung auf einen projektbezogenen Unterricht aus. Das offiziell geforderte Fach »Werken« wurde eher als Unterricht im Flugmodellbau adaptiert; erst während des Krieges konnte sich die von der DAF propagierte »Einfachstschulung« durchsetzen (Mager, S. 143). Die offizielle Förderung des »Schulgartens« gab darüber hinaus der Förderung der Arbeitserziehung Auftrieb. Für die Mädchen wurde in der Volksschule ein hauswirtschaftlicher Unterricht verbindlich gemacht, der sich in der »Oberschule hauswirtschaftlicher Form« in »Fächer des Frauenschaffens« differenzierte. Berücksichtigt man, daß Erblehre und Familienkunde, »Rassenkunde« und Bevölkerungspolitik bei jeder Gelegenheit betrieben und die Gesundheitspflege bei der »Leibeserziehung« betont wurde, ergibt sich eine Umgewichtung hinsichtlich der schulisch zu vermittelnden Inhalte, für die eine »Lernschule« nicht mehr adäquat war. Doch da »der Glaube an die verbindlichen Methoden verblaßt« war und der »Spontaneität« vor der »Didaktik« der Vorzug gegeben wurde (Wenke, 1937, S. 52), kann von einer methodisch kontrollierten Umorientierung nicht die Rede sein. Erst aus den »Bestimmungen über Erziehung und Unterricht in der Hauptschule« vom 9. 3. 1942 ist eine deutliche Stellungnahme für einen »erziehenden

Unterricht« in Abgrenzung von der Lernschule, aber in deutlicher Bezugnahme auf die Arbeitserziehung zu ersehen, weil die Aufgabe dieses neuen Schultyps darin gesehen wurde, »frühzeitig eine nationalsozialistische Berufshaltung vorzubereiten« (DWEV, 1942, S. 128). In der zweiten Phase, in der die schulpolitischen Initiativen noch beim Ministerium lagen, wurde streng zwischen Allgemeinbildung und den Berufsschulen zugewiesener Berufsvorbildung unterschieden.
Der folgende Überblick über die Erlasse des Ministeriums zur inhaltlichen Gestaltung des Unterrichts in den Schulstufen und Schularten[7] weist aus, daß die »Stärkung der Zentralgewalt des Reiches«, die das Programm der NSDAP gefordert hatte, nicht der besseren Erfüllung der gesellschaftlichen Funktionen des Schulwesens zugute kam. Von einer planmäßigen Gestaltung des Schulwesens kann nicht die Rede sein. Statt des zu erwartenden »Reichsschulgesetzes«, das in dreimaligen Anläufen in der Weimarer Repbulik an den Gegensätzen der Parteien gescheitert war, kam nur das »Reichsschulpflichtgesetz« vom 6. 7. 1938 zustande (Text mit Ergänzungen in: Stiefel, 1942, S. 101f., Kurzfassung in: Giese, 1961, S. 288f.). Es legte die Volksschulpflicht auf 8 Jahre fest, während in Bayern und Württemberg noch 7 Jahre die Regel waren und in Hamburg und Schleswig-Holstein eine neunjährige Schulbesuchspflicht bestand. Die anschließende Berufsschulpflicht erstreckte sich über 3 Jahre, für die landwirtschaftlichen Berufe auf 2 Jahre, wodurch die noch junge Entwicklung des landwirtschaftlichen Berufsschulwesens abgesichert wurde. Die Schulpflicht für alle Kinder und Jugendlichen deutscher Staatsangehörigkeit beinhalte, so wurde behauptet, »die Erziehung und Unterweisung der deutschen Jugend im Geist des Nationalsozialismus«. Am 16. 5. 1941 wurde dieses Gesetz durch die Einfügung einer Bestimmung zur Manipulation des Rechtes der Eltern benutzt, über den Bildungsweg ihres Kindes zu entscheiden:

> »Volksschulpflichtige Kinder, bei denen die für die Aufnahme in die Hauptschule erforderlichen Voraussetzungen vorliegen, sind zum Besuch der Hauptschule verpflichtet«.

Die im wesentlichen von der Parteikanzlei konzipierte Hauptschule sollte zur »Pflicht-Ausleseschule« für alle werden, die von der Schule und auch von der Partei als zur Auslese gehörig bezeichnet wurden, denn der Schulleiter einer Hauptschule konnte – anders als bei höheren Schulen – das »Rassepolitische Amt der NSDAP«, den Schularzt und den »Hoheitsträger der Partei« zur Begründung seiner Entscheidung heranziehen (DSE II, S. 185).

Reichserlasse von Richtlinien für Lehrpläne

a) Richtlinien für das berufliche Schulwesen

1934–1936	wurden schon Richtlinien für den Ausbau der ländlichen Fortbildungsschulen entwickelt. Veröffentlicht im Amtsblatt des Reichsministeriums »Deutsche Wissenschaft, Erziehung und Volksbildung« (DWEV, 1935, S. 413; 1936, S. 388 und 468).
29. 10. 1937	erfolgte eine Anordnung über einheitliche Bezeichnungen im beruflichen Bildungswesen: Berufsschulen, Berufsfachschulen, Fachschulen (DWEV, 1937, S. 500f.).
1. 2. 1939	Das »hauswirtschaftliche Erziehungswesen in der Stadt« wird geregelt (DWEV, 1939, S. 86f.).
ab 1940	kommen »Reichslehrpläne« für die einzelnen Berufssparten an Berufsschulen heraus (vgl. Kümmel, 1980, S. 283).
6. 8. 1940	Erziehung und Unterricht an den Landwirtschaftlichen Berufs- und Fachschulen (Verlag Beltz, Langensalza).

b) Richtlinien für allgemeinbildende Schulen

10. 4. 1937	Richtlinien für die unteren Jahrgänge der Volksschule (gültig bis 15. 12. 1939) (DWEV, 1937, S. 199–203).
14. 9. 1937	Leibeserziehung an Jungenschulen (Verlag Weidmann, Berlin).
29. 1. 1938	Erziehung und Unterricht in der Höheren Schule (Verlag Weidmann, Berlin).
15. 12. 1939	Bestimmungen über Erziehung und Unterricht in der Mittelschule (Sonderdruck des Zentralverlages der NSDAP, Berlin).
15. 12. 1939	Erziehung und Unterricht in der Volksschule. Veröffentlicht als Beilage zu DWEV, aber auch in Kommentaren.

22. 9. 1940	Richtlinien für die Leibeserziehung der Mädchen in Schulen (Verlag Weidmann, Berlin).
18. 2. 1942	Erziehung und Unterricht in der Hilfsschule (Sonderdruck Zentralverlag der NSDAP, Berlin).
9. 3. 1942	Bestimmungen über Erziehung und Unterricht in der Hauptschule (DWEV, 1942, S. 127–130: Grundsätzliches. Vollständig veröffentlicht in: E. Pax/F. Zehler/T. Keil/J. Raffauf: Die deutsche Hauptschule. Sammlung der Bestimmungen, Heft 1, Halle 1942).

Das Berufs- und Fachschulwesen war erst 1934 mit der Einrichtung des Reichsministeriums für Wissenschaft, Erziehung und Volksbildung aus der Verantwortung verschiedener Ministerien in die der neuen Zentralverwaltung übergegangen. Bis dahin blieben, entgegen der in der Reichsverfassung (Artikel 145) deklarierten Pflicht zum Besuch der »Fortbildungsschulen«, mindestens 25 % der 14–18jährigen ohne Berufsschulunterricht (Kümmel, 1980, S. 276). Der Ausbau des ländlichen Fortbildungswesens und der hauswirtschaftlichen Schulen war also keineswegs nur ideologisch motiviert. Von der Verwirklichung der in Parteikreisen weiterhin aktuellen Absicht, über Berufsfachschulen den Weg zur Hochschulreife zu eröffnen, blieb man auch im Krieg noch weit entfernt (Scholtz, 1973, S. 273 f.). Das Ministerium rückte »von dem Gedanken der früheren ›Einheitsschule‹ ab«, wie ihn der NSLB vom Allgemeinen Deutschen Lehrerverein übernommen hatte, und paßte sich den Tendenzen in den weiterführenden Schulen an, »die Schularten durch Ausrichtung auf ein besonderes Bildungs- und Berufsziel stärker voneinander« zu scheiden (Zitate nach Benze, DSE I, S. 37). Die »Einheit« werde »in der weltanschaulichen Gleichrichtung und Geschlossenheit aller Erzieher und aller Schularbeit gefunden.« Aufnahme- und Abschlußprüfungen würden daher von jeder weiterführenden Schule »selbständig« durchgeführt, Übergänge wurden nicht erleichtert.

Erst in der dritten Phase meldete die Partei gegenüber dieser Tendenz zur Isolierung der Schularten ihr Interesse an der Belebung der sozialen Motivation der Massen zur Loyalitätssicherung und an der Beteiligung ihres Kontrollapparats an Entscheidungen über den schulischen Aufstieg an. So erklärt sich die kurze Geltungsauer der Erlasse über die Volks- und Mittelschulen, die durch die Einrichtung der »Deutschen Hauptschule« konterkariert wurden. In einem demokratischen

System wäre ein Minister aus diesem Anlaß zurückgetreten. Hier aber konnte die Irritation nur durch den Volkswitz abreagiert werden. Ihm zufolge hat das tausendjährige Reich eine neue Zeiteinheit eingeführt, ein »Rust«. Dies sei die Zeitspanne zwischen einem Erlaß und seiner Aufhebung. Noch am 3. März 1938 war die 1931 eingeführte »Mittlere Reife« wieder abgeschafft worden, die man auch auf einer höheren Schule erwerben konnte. Jetzt galt für diese nur noch das Ziel der Reifeprüfung, was die Position der sechsjährigen Mittelschule stärken mußte, die nach preußischem Muster auch in den süddeutschen Ländern eingeführt wurde.

Die »Führerentscheidung« für die Einführung der Hauptschule, welche auf vier Jahre konzipiert war und damit der Berufsausbildung vor der weiterführenden Bildung von Vorrang gab, suchte das Miniserium durch das zusätzliche Angebot von zwei »weiterführenden Klassen« zu einer breiter fundierten Mittelschule ohne Verpflichtung zur Zahlung von Schulgeld umzudeuten. Darüber kam es zu einem heftigen Streit zwischen der Parteikanzlei und dem Ministerium. Im September 1943 wandte sich Bormann schließlich in einem Brief an Rust gegen die langjährig geübte Praxis eines »mittleren Schulabschlusses«, der vorgebe, den Bedürfnissen einer »mittleren Bevölkerungsschicht« zu entsprechen: »Das deutsche Schulwesen darf nach derartigen ständischen Gedankengängen nicht aufgebaut werden« (Scholtz, 1973, S. 271). Unser Geschichtsbewußtsein schreibt in der Tat der Zeit des NS-Regimes die Stabilisierung der Dreigliedrigkeit des Schulsystems zu; spezifisch »nationalsozialistisch« ist sie nicht, wie das Votum Bormanns ausweist. Vielmehr handelte es sich um die Weiterführung einer aus der Weimarer Zeit übernommenen Tendenz, durch die Mittelschule die Nachfrage nach dem »Abitur« zu verringern.

Die Parteikanzlei war freilich auch in der letzten Phase nicht so mächtig, wie sie sich darzustellen suchte. Die Reichsfinanzverwaltung nämlich lehnte es ab, die Gemeinden als Träger der Hauptschulen zu entlasten. Den Gemeinden ging durch die Einrichtung von »Pflichtschulen« aber das Schulgeld verloren, sie wurden weiter dadurch belastet, daß der Einführungserlaß eine gute Ausstattung und niedrige Klassenfrequenzen verbindlich machte. Dagegen war ihre Einflußnahme auf die Anstellung von Lehrern ausgeschlossen, seit diese Reichsbeamte waren (Zehler, 1942). Aus der Mißachtung kommunaler Interessen ist zu erklären, daß die Ausbreitung des neuen Schultyps im »Altreich« nur wenig, vornehmlich im Südwesten, vorankam und am 5. 5. 1943 als »nicht kriegswichtig« eingestuft wurde. Es kam zu dem erwähnten Streit über die Möglichkeit einer sechsjährigen Ausbildung in »weiterführenden Klassen«, der bis zum Kriegsende nicht entschieden wurde. Die Verantwortung für dieses Desaster im Altreich (in den annektierten Gebieten wurde von Anfang an die »Hauptschule« für die Deutschen eingerichtet) lag allein bei Bormann, wenn seine Schilderung der »Führerentscheidungen« in dem Brief vom 5. 1. 1941 korrekt ist (BA NS 22/739). Für die Erkenntnis, daß sich Bormann aus der eilfertigen Vorerfüllung der Vorstellungen Hitlers einen Machtzuwachs versprach, der die »Parteikanzlei« zur wichtigsten Agentur schulpolitischer Veränderungen machte (nicht »die Partei« schlechthin, denn Ley sprach er im selben Brief das Recht ab, sich mit »Fragen der Schulreform« zu befassen), ist der Wortlaut des Schreibens so wichtig, daß diese »Führerentscheidungen« ausführlich zitiert werden müssen:

»1.) Mit der Neufassung der Schulbücher wurde Reichsleiter Bouhler beauftragt; von der Fassung der Schulbücher hängt weitgehendst die gesamte Reform der Schule ab, denn die Fassung der Schulbücher bestimmt die Lehrpläne (!).

2.) Der Führer hat ferner die sofortige Einführung der ostmärkischen Hauptschule in den neu zum Reich gekommenen Gebieten angeordnet (!); nach dem Krieg soll die ostmärkische Hauptschule im gesamten Reichsgebiet eingeführt werden. Zwangsläufige Folge der Einführung der ostmärkischen Hauptschule ist die sonstige Umgestaltung des gesamten Schulwesens (!).

3.) Der Führer ordnete ferner an, daß in den neu zum Reich gekommenen Gebieten sofort die ostmärkische Lehrerbildung einzuführen sei; weiter ordnete der Führer an, nach dem Krieg (sic!) sei auch die Lehrerbildung nach ostmärkischem Muster einzurichten; die bisherigen Hochschulen für Lehrerbildung seien entsprechend umzugestalten.

4.) Der Führer ordnete ferner an, nach dem Krieg (!) seien zur Entlassung kommende Kapitulanten der Wehrmacht in großem Umfang kurzfristig zu Lehrern auszubilden.«

Sämtliche für die Zeit »nach dem Krieg« vorgesehenen Maßnahmen sind sofort eingeleitet worden, aber nur die Einrichtung der »Lehrerbildungsanstalten« konnte tatsächlich realisiert werden (Scholtz, 1983).

Erst aus dem Vorgriff auf die dritte Phase wird ersichtlich, in welchem Maß die staatliche Schulpolitik in der vorausgegangenen Phase auf die Wahrung von Kontinuität, auf möglichst wenig Anstoß erregende

Strukturreformen aus war. Unter vorgeblich geordneten Verhältnissen sollte die Schule der totalitären Bewegung umso leichter geöffnet werden. Nicht nur der »Staatsjugendtag« spricht dafür, sondern auch die konsequent durchgehaltene Judenfeindschaft. Schon vor der Verabschiedung der »Nürnberger Gesetze« erließ Rust am 10. 9. 1935 eine Verfügung über die Rassentrennung an den öffentlichen Schulen, die nach der Pogromnacht des 8. November 1938 noch dahingehend verschärft wurde, daß auch die Kinder der 8,5 % Juden christlichen Glaubens nur noch die jüdischen Schulen besuchen durften (Helmreich, S. 253f.). Diese wurden am 30. 6. 1942 geschlossen. Freilich stieß eine Aktion des NSLB, die die Pogrome als Rechtfertigung dafür benutzen wollte, daß Lehrer die Erteilung von Religionsunterricht verweigerten, »da wir eine Verherrlichung des jüdischen Verbrechervolkes nicht länger dulden können«, nicht auf Zustimmung im Ministerium (Eilers, S. 26).[8] Das Ministerium war sich mit dem »Stellvertreter des Führers« darin einig, daß eine solche Entscheidung nicht als eine politische, sondern nur als persönlich-weltanschaulich begründet ausgelegt werden durfte, waren doch 1938 nur 3 % der Volksschullehrer »ohne Religionsbekenntnis«, 1939 allerdings schon 6,75 %. Am Interesse des Ministeriums, den Einfluß der Kirche auf die Schule ganz auszuschalten und nach Möglichkeit den Religionsunterricht aus der Schule zu verdrängen und ihn der Verantwortung der Kirche zu überlassen, kann nach der Kehrtwendung in der Kirchenpolitik 1935/36 kein Zweifel bestehen. Aber die Einführung eines »Weltanschauungsunterrichts« als Ersatz für den Religionsunterricht blieb auf Württemberg begrenzt; selbst die von der RJF geleitete AHS begnügte sich mit einer konfessionell neutralen »Religionskunde«. Die Säkularreligion der Nazis sollte nur im Kult praktiziert, aber nicht gelehrt werden.

Das Reichsministerium, das es im übrigen nicht leicht hatte, sich insbesondere gegenüber Bayern und Württemberg Autorität zu verschaffen, sorgte für Loyalitätssicherung durch die Ausschaltung innenpolitischen Zündstoffs auf dem Wege technokratischer Reformen. Wenn sich ihm aber Probleme stellten, wie der Mangel an Volksschullehrern, dessen Ursachen Holfelder schon im Dezember 1937 zutreffend beschrieben hat (Scholtz 1983, S. 700), wurden sie zunächst verdrängt. Denn dem Ministerium fehlten die Möglichkeiten zur Einflußnahme auf die Strukturpolitik des Systems. Erst in der Zuspitzung der Probleme der Volksschullehrerausbildung sah sich das Ministerium zur

Preisgabe der Kontinuität gedrängt. Seine Kehrtwendung hin zur »Lehrerbildungsanstalt« von 1941 war für die Volksschullehrerschaft schockierend: der »Reichswalter« des NSLB sah sich zu dem Verbot genötigt, »die zweckmäßigste Art der Lehrerbildung« weiter zu diskutieren (a. a. O., S. 699).
Als erfolgreiche technokratische Reform kann die »Vereinheitlichung des höheren Schulwesens« angesehen werden (Erlaß vom 20. 3. 1937 in DWEV 1937, S. 155). Sieben Formen der höheren Schule, die in den Ländern verschiedene Bezeichnungen trugen, wurden durch die Reform von 1937 auf vier Formen reduziert, indem eine Gabelung der Oberstufen in den beiden Hauptformen, der Oberschule für Jungen und der Oberschule für Mädchen, vorgesehen wurde. Die 1932 unter den größten Ländern getroffene Vereinbarung (8 kleinere hatten sich nicht angeschlossen), Französisch zur ersten Fremdsprache zu machen, wurde schon 1936 zugunsten des Englischen wieder aufgehoben, wodurch die Übergangsmöglichkeiten zwischen Mittel- und höheren Schulen sich verbesserten (Lundgreen, 1981, S. 89).
Die Oberschule für Jungen war keineswegs eine Weiterführung der »Deutschen Oberschule« mit dem Schwerpunkt auf den deutschkundlichen Fächern, sondern bot, wie zuvor das »Reformrealgymnasium«, Latein als zweite Fremdsprache an. Zwei oder drei Fremdsprachen blieben weiterhin die Hauptmerkmale für die Erteilung des Reifezeugnisses mit einer Ausnahme: auf der Oberschule für Mädchen konnte in der Oberstufe ein hauswirtschaftlicher Zweig gewählt werden, der ohne zweite Fremdsprache ebenfalls zum Abitur führte. Gymnasien konnten nur beibehalten werden, wenn es am Ort noch eine Oberschule gab. Die Reduzierung ihrer Zahl von (1931) 455 auf (1938) 206 hatte nicht nur die Schattenseite, daß die Mädchengymnasien wegfielen, sondern trug auch zur Erhöhung des Prestiges dieser Schulform bei (DSE I, 116). Wer sich vom Parteiprogramm der NSDAP einen verstärkten Ausbau der Aufbauschulen versprochen hatte, wurde durch die Stagnation in diesem Schulangebot enttäuscht. Diese Strukturreform läßt weder ein kultur-, noch ein sozialpolitisches Profil erkennen. Nur ein Grundsatz war bestimmend: Mädchen sollten, an welcher Schulform auch immer, auf ihre Rolle als Hausfrau und Mutter vorbereitet werden. Ansonsten wurde technokratisch eine Kompromißlösung angestrebt, die jedoch alsbald (1940) in zwei Punkten revidiert werden mußte. Die Kombination der Forderungen nach kleinen Schulen (mit nur einer Parallelklasse) und nach einer

»Gabelung« in der Oberstufe ließ sich nicht durchführen, außerdem war der Anteil von Naturwissenschaften und Mathematik zu gering ausgefallen (Eilers, S. 57f.). Der andere kritische Punkt war die Geschlechtertrennung an den höheren Schulen. Der Handarbeitsunterricht, der Mädchen an Jungenschulen anstelle von Latein erteilt worden war, wurde ab 1940 nur noch zusätzlich angeboten (DWEV 1940, S. 212).

Die für das Reich verbindliche Festlegung der zu vermittelnden Bildungsinhalte begann 1938 mit den Richtlinien für die höhere Schule. Ihr ging die »Einführung von Richtlinien für die unteren Jahrgänge der Volksschule« voraus, doch bezog sich auch diese ausdrücklich auf die »Verkürzung der Unterrichtszeit der höheren Schule«, weil 1937 die »Oberprima« gestrichen worden war. Die Auseinandersetzung um die vierjährige Dauer der Grundschule wurde dadurch freilich nicht noch einmal, wie vor dem Reichsgrundschulgesetz von 1920, geführt; die Verkürzung ging voll zu Lasten der höheren Schulen (Ottweiler, S. 89f.; Lundgreen, S. 84). »Erziehung und Unterricht in der Höheren Schule« stellte sich als das zentrale Lehrplanwerk nicht nur durch eine ausführliche Grundsatzerklärung dar, sondern auch durch die Gliederung in »Ziel«, »Weg«, »Stoff« für jedes der konventionellen Unterrichtsfächer, deren »Kanon« nicht angetastet wurde. Eine Einigung über den Religionsunterricht war allerdings nicht erreicht worden. 1940 wurde er auf die Zeit der Volksschulpflichtigkeit begrenzt. Eine Begründung der Einteilung in Fächergruppen wurde nicht gegeben. Als Fächer der »Deutschkunde« wurden Deutsch, Geschichte, Erdkunde, aber auch Kunsterziehung und Musik, ja in einem Fall auch Handarbeit angesehen, die man sonst zu den »Fächern des Frauenschaffens« rechnete. Der Religionsunterricht war keiner Fachgruppe zugeordnet, ab 1941/42 wurden die Leistungen in diesem Fach nur noch auf einem gesonderten Blatt beurteilt.

Diese Lehrplanrevision stellte organisatorisch den Versuch dar, das bisherige Schulangebot in Richtung auf eine erzieherisch verstandene gleichmäßige Förderung aller Kräfte zu korrigieren. Dieser nicht am gesellschaftlichen Bedarf orientierte Ansatz kam der reformpädagogischen Argumentation entgegen und versprach zugleich eine plausible Aufteilung des Zeitbudgets auf die Fächergruppen (s. Graphik). Die Aufwertung der »wehrwichtigen Unterrichtsgebiete Mathematik und Naturwissenschaften« von 1940 hielt sich in den Grenzen einer von Harmonievorstellungen bestimmten und daher von der Nachfrage weitgehend abgekoppelten Organisation des Bildungsangebots. Daß es sich hier um eine Lösung des Mittelmaßes handelte, kann freilich nur auf der Grundlage einer Zusammenfassung der musischen Fächer mit der Leibeserziehung nachgewiesen werden. Nur in diesem Punkt folgt die graphische Darstellung nicht der damaligen Fächergruppierung. Das Schaubild weist die Summe der Wochenstunden innerhalb der vollen Schulbesuchsdauer aus, die für die einzelnen Fächergruppen zur Verfügung standen. Für 1956 wurden die Stundentafeln von Schleswig-Holstein zugrunde gelegt.[9]

Diese technokratische Reform trug insofern zur Aufspaltung in Machtsphären bei, als sie die »höhere Bildung« isoliert von allen übrigen Qualifizierungsangeboten und Ansprüchen an die Jugendlichen perfekt zu organisieren suchte. Eine wechselsweise Bezugnahme auf die inhaltlich oft parallel laufenden Aktivitäten in Schule und Hitler-Jugend (Leibeserziehung, musische Aktivitäten etc.) war nicht vorgesehen. Die Separierung der Schularten war gegen die Erhöhung sozialer Mobilität gerichtet. Sporadisch wurde in den Lehrerzeitungen des NSLB aufgrund empirischer Untersuchungen auf diese soziale Ungerechtigkeit aufmerksam gemacht (z. B. Deyerler, 1936; Neugebauer, 1939). Die als »Kernstück der nationalsozialistischen Schulreform« ausgegebenen Bestimmungen über die »Schülerauslese an höheren Schulen« (27. 3. 1935) hatten dagegen nur die »charakterliche« und die »völkische« Auslese neu eingeführt und die Gesichtspunkte für die »Aussonderung« betont, aber über die sogar im Parteiprogramm erwähnte Förderung der Begabten kein Wort verloren. Diese wurde nur als eine Frage der finanziellen Unterstützung angesehen (DSE I, S. 24). Deshalb war es zutreffend, die Einführung der Hauptschule als »Anstoß zu der nunmehr eigentlich erst beginnenden Schulreform« zu bezeichnen (Keil in: Pax, 1942, S. 8). Wie wenig der technokratische Schematismus geeignet war, auf aktuelle gesellschaftliche Bedürfnisse zu reagieren, wurde schon vor den großen Veränderungen des Jahres 1941 deutlich, als im Frühjahr 1939 »Aufbaulehrgänge zur Vorbereitung auf den Besuch der Hochschulen für Lehrerbildung« und ein »Musisches Gymnasium« in Frankfurt/Main eingerichtet werden mußten.

In einem Rückblick hat der Schulverwaltungsexperte Dr. Löffler die Jahre 1933 und 1934 als eine Zeit charakterisiert, in der von den Schulbehörden »das Hauptaugenmerk auf eine Durchdringung des Unterrichts und der Erziehung mit nationalsozialistischem Geiste und

Zeitbudget für Fächergruppen im historischen Vergleich

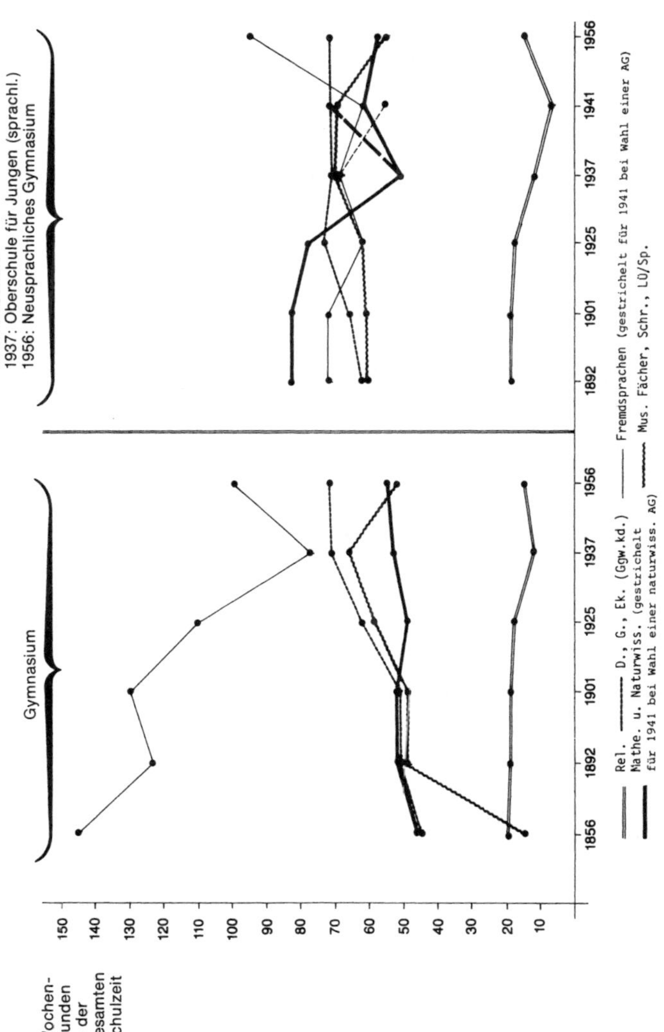

auf eine innere und äußere Neuausrichtung der Lehrerschaft gerichtet war« (DSE I, S. 62). Diese politische Kontrollfunktion übernahm in der zweiten Phase der NSLB im Auftrag der Partei. Personalunionen zwischen Abteilungsleitern im Berliner Ministerium und der Leitung von Fachschaften im NSLB wurden aufgelöst (Eilers, S. 131), dafür die Personalunion von Amtsträgern der Partei (vor allem im »Schulungsamt«) mit NSLB-Funktionen verstärkt. Ohne dem »angeschlossenen Verband« hoheitliche Rechte, also unmittelbare Einwirkungsmöglichkeiten auf das Schulwesen einzuräumen, weil der NSLB dabei berufsständische Interessen hätte zur Geltung bringen können, gelang es durch diese Konstruktion der Personalunionen dennoch, über parteigebundene Schulfachleute »die schulpolitischen Belange der NSDAP bei den Behörden zu vertreten, die politischen Gutachten für Lehrer zu erstellen und die Wünsche der NSDAP bei Stellenbesetzungen durchzusetzen« (a. a. O.). Deshalb fanden die Auseinandersetzungen der Parteikanzlei mit der Schulpolitik des Ministeriums nicht in direkten Weisungen an das Ministerium ihren Niederschlag, sondern in Briefen an den Reichsorganisationsleiter der NSDAP, dem das »Amt für Erzieher« unterstand. Für die Situation des Lehrers resultierte daraus, daß er im Fall politischer Konflikte weniger auf die Solidarität in seiner Standesorganisation bauen konnte als auf die Loyalität der Schulbehörde. Zumeist dürfte er jedoch einem doppelten Anpassungsdruck ausgesetzt gewesen sein.
Ob die Aktionen des NSLB, etwa zur Niederlegung des Religionsunterrichts oder zur Durchsetzung der Gemeinschaftsschule, tatsächlich »der Konsolidierung der verbandspolitischen Autonomie dienen sollten« (Feiten, S. 145) oder dem Willen von Parteiinstanzen entsprachen, läßt sich angesichts der Verquickung von Partei- und Verbandsfunktionen wohl kaum klären. Auch wenn der NSLB nicht imstande war, auf die Verbesserung der sozialen Situation der Lehrer von sich aus hinzuwirken (Broszat/Fröhlich, S. 531), sollte man seine Bedeutung für die NSDAP nicht unterschätzen. Durch ihn vermittelte sich die totalitäre Bewegung inhaltlich in die Schulerziehung über die »Durchführung der politisch-weltanschaulichen Ausrichtung und fachlichen Schulung aller Lehrer« (Johanny, 1943, S. 107) und die ihm überlassene Gutachterfunktion. Dabei waren die Lehrer-Funktionäre äußerst produktiv im »wissenschaftlichen Untermauern« des Nazi-Glaubens, den man (Ley zufolge, dem die Kontrolle des »Hauptamtes Erzieher« oblag) »nicht lernen und nicht lehren kann«, sondern »be-

stenfalls, wenn der Glaube vorhanden ist, wissenschaftlich untermauern oder durch die geeigneten Methoden exerzieren oder üben kann« (Zitat nach Scholtz, 1967, S. 282).

Der Aufgabe, die Symbole des Glaubens (Volk/Rasse/Gemeinschaft-Fahne/Führer/Reich) mit Realitätsgehalt zu füllen, sind die Schulpädagogen und Didaktiker meist mehr als die Fachwissenschaftler nachgekommen, in den einzelnen Fachgebieten jedoch mit recht unterschiedlichem Erfolg (Nachweise für Geschichte: Selmeier, S. 251 und 326; für die alten Sprachen: Irmscher, S. 242f.). Bezeichnenderweise waren die Didaktiker gerade in dem Bereich, der nach dem erwähnten Gutachten von Stuckart/Benze über »Notwendige Reformen« für die rationale Legitimation des neuen Glaubens zentral war, aus der Sicht der Partei nicht sehr erfolgreich: in der Biologie. Das geht aus einer vernichtenden Kritik der Parteikanzlei an der Lehrplanentwicklung für dieses Fach in den einzelnen Schularten hervor, die am 13. 1. 1942 gegenüber dem »Reichsorganisationsleiter« geltend gemacht wurde (BA NS 22/738; vgl. Scholtz, 1978, S. 971). Zu dieser Zeit befand sich das »Reich« in einer ideologischen Legitimationskrise, weil sich der Imperialismus nicht mehr aus der Bedeutung Hitlers für die Rettung der Nation rechtfertigen ließ. Die Ideologieproduzenten mußten dazu angehalten werden, eine »einheitliche Ausrichtung« zu gewährleisten, zu der der bis dahin benutzte Nationalismus nicht mehr ausreichte. Die zentralen Passagen dieser Kritik lauten:

»Soweit es den weltanschaulichen Gehalt betrifft, stehen in diesen angegebenen Unterrichtszielen vier Begriffe nebeneinander: Naturverbundenheit, Einsicht in die Lebensgesetzlichkeiten und Ehrfurcht vor dem Schöpfer oder Ehrfurcht vor der Natur. Ein begrifflicher Bezug auf nationalsozialistisches Gedankengut ist ausschließlich in der Zielsetzung des Hauptschullehrplanes genommen, wenngleich auch bloß durch eine Anwendung der Formel ›Blut und Boden‹. Damit bestätigt sich, daß weder eine einheitliche noch eine klare eindeutige weltanschauliche Zielsetzung in den bestehenden Lehrplänen für das Unterrichtsfach Biologie (Lebenskunde) gegeben ist.«

Erziehungshistorische Analysen der Funktionen des Schulwesens für das NS-Regime werden demnach den Beitrag von Kenntnissen zur Festigung der »Weltanschauung« nach Sachgebieten differenziert beurteilen müssen und dabei jenen Bereichen größere Bedeutung für eine Mentalitätsprägung im Sinne der totalitären Bewegung zuzumessen haben, in denen die ideologische Deutung praktischen Handelns ein-

geübt werden konnte. Leibeserziehung, musische Erziehung (insbesondere Musikerziehung, vgl. Günther, 1967) und Arbeitserziehung werden sich bei der Analyse der Beeinflussungsmethoden als effizienter herausstellen als die Nutzung von Geschichte oder Deutsch. Diesen Fächern wurde von der Forschung mehr kritische Aufmerksamkeit gewidmet als etwa der Biologie (Zmarzlik, 1970). Unter der Fragestellung nach den Agenturen der Veränderung ist diese Gewichtung insofern von Bedeutung, als sich nachweisen läßt, daß auch scheinbar ideologisch neutrale Fächer wie die Mathematik von Bemühungen nicht unberührt blieben, sich in den Dienst von Veränderungen zu stellen. Elke Nyssen hat am Beispiel der Mathematik auf die berufsbedingte Nötigung der Fachlehrer zum Kampf um ihren Anteil am Stundendeputat hingewiesen (Nyssen, S. 94f.).[10]
Von ihrer sozialen Position her gerieten die Wissenschaftler nicht unter den gleichen Legitimationsdruck, wenn auch an den Universitäten die Politisierung der Studenten und der Druck des NS-Dozentenbundes, der hier die gleiche Art Parteikontrolle ausübte wie der NSLB, nicht unterschätzt werden dürfen. Deutlicher noch als in der Schulpolitik trat in der Wissenschaftspolitik die Autarkiebestrebung der Ministerialbürokratie zutage, gegen Einflüsse des Parteiapparats den Standpunkt, Herr im Haus zu sein, zu vertreten (z. B. Kelly, 1980, S. 65f.). Das bedeutet nicht, wie noch einmal zu betonen ist, daß die Ministerialbeamten keine treuen Gefolgsleute Hitlers gewesen wären. Die Aufspaltung der Lebenszusammenhänge in Machtsphären erlaubte vielmehr den Streit um Kompetenzen zur Wahrung uneingeschränkter Vollmachten im eigenen Machtbereich, solange nicht des »Führers« Autorität die Befehlsstrukturen grundlegend veränderte. Das öffentliche Schulwesen konnte seine Kontinuität vorspiegelnde Rolle auch gegenüber der totalitären Bewegung nur behaupten, bis der Ausnahmezustand, aus dem und für den diese Bewegung lebte, wiederum lebensbestimmende Wirklichkeit geworden war. Auf diese Weise hat die Schule im Kampf um die Behauptung ihrer Autorität als Erziehungsinstitution wie als Instrument zur Loyalitätssicherung in den Jahren 1935/36 bis 1941 wesentlich zur Stabilisierung des NS-Systems beigetragen.

4.3 Die politische Aufwertung der Jugend und die Perfektionierung der Kontrolle über die Jugendlichen 1937–1940

Drei Jahre hatte die HJ Zeit, sich auf ihre Rolle als »Staatsjugend« umzustellen. Am 20. 4. 1940 wurden alle Zehnjährigen im »Altreich« »pflichtmäßig für die HJ erfaßt« und gleichzeitig alle 17jährigen zur Erfüllung ihrer »Jugenddienstpflicht« nach der Durchführungsverordnung zum Gesetz über die HJ vom 25. 3. 1939 aufgerufen. Bis zu Beginn dieser Zwangsmitgliedschaft mußte die Attraktivität der Zugehörigkeit zur HJ aufrechterhalten, wenn nicht erhöht werden. Dazu war eine Machtergreifung in Permanenz erforderlich, die immer wieder auf neue Bereiche ausgriff. Aus der temporären Entgegensetzung von »Dienst« oder »Lager« zum zivilen Alltag mußte mehr und mehr eine Verquickung der sozialen und kulturellen Bedürfnisse der Jugendlichen mit der politisch begründeten Dienstleistung werden, weil der Anreiz des Neuen, der Uniformierung und des politischen Kampfes verblaßte. Das Motiv »Wehrertüchtigung«, das von seiten des Regimes im Vordergrund stand, konnte nicht allein über die Routine des vorprogrammierten »Dienstbetriebs« und der immer weniger »romantischen« Massenlager hinweghelfen. Außerdem fiel das Motiv weg, zur politischen Avantgarde des neuen Staates zu gehören, seit die Staatsgewalt die Konkurrenz anderer Jugendverbände beseitigt hatte. Die HJ konnte es sich zum 1. 4. 1937 leisten, die Zugehörigkeit zu einem der vom Reichskonkordat geschützten katholischen Jugendverbände als mit der Mitgliedschaft in der HJ unvereinbar zu erklären. Prozesse, die das Ansehen solcher Jugendverbände in der Öffentlichkeit fragwürdig machen sollten, und Schikanen wie das Verbot, mit mehr als drei Personen auf Fahrt zu gehen, wenn es sich nicht um eine HJ-Veranstaltung handelte, zielten mehr auf Konformität als auf politische Profilierung von »Überlegenheitsgefühlen« ab. Die HJ-Mitglieder sollten sich mit der Machtausübung identifizieren lernen und gegenüber Außenstehenden jene Fairness verlernen, die ihnen als Gebot absoluter Kameradschaftlichkeit *innerhalb* der HJ abverlangt wurde (vgl. Galinski u. a., S. 89).

Die RJF stand mit ihrem totalitären Machtanspruch vor dem Problem, nach der Beseitigung der Staats- und Wirtschaftskrise das Problem der

Motivation ihrer Gefolgschaft zu lösen. An die Stelle des parteiischen Affekts gegen die Weimarer Verhältnisse setzte sie die Vorstellung, einen Staat der Jugend im Staat schaffen zu können. Damit bestätigte sie die in der faschistischen Massenbasis ohnehin wirksame Tendenz, sich nicht als Partei zu verstehen, die ihren Willen in die bestehenden gesellschaftlichen Verhältnisse hinein zu vermitteln hatte, sondern den organisierten Menschen als Repräsentanten einer neuen Ordnung anzusehen, welcher sich die Verhältnisse schon fügen würden. Da sich insbesondere das Selbstgefühl und Weltverständnis von Jugendlichen durch Erfahrungen formen läßt, die sich aus sozialen Interaktionen ergeben, mußten die Sozialbeziehungen zwischen den Gleichaltrigen in einer Weise organisiert werden, die das Neue als nahezu selbstverständlich erscheinen ließ: keine Berücksichtigung sozialer Unterschiede in der zu organisierenden »Gemeinschaft«, Ernennung von »Führern«, keine Willensbildung durch Abstimmungsverfahren, Trennung von Führungs- und Sachkompetenz. Durch diese Prinzipien war die organisierte jugendliche Bezugsgruppe mit den Erwachsenenorganisationen »gleichgeschaltet« (zutreffender müßte man sagen, daß sich beide auf Organisationsformen festlegen ließen, die am meisten militarisierten Verhaltensformen junger Männer entsprachen). Insofern waren neben den Klassen- und konfessionellen Unterschieden tatsächlich auch die Standesunterschiede nivelliert.

Eine Staatsjugendorganisation muß die Jugend als eine soziale Einheit ansprechen, muß an idealistische Motive appellieren, weil sie ihr Monopol bei der Organisation jugendspezifischer Aktivitäten nur durch Bezugnahme auf das Gemeinwohl rechtfertigen kann. Bei ihrer Einmischung in die Bewertung gesellschaftlicher Aufstiegschancen verliert das Kriterium der Parteilichkeit deshalb notwendig an Kontur. So erklärt sich der geringe Grad politischer Bewußtheit bei den Jugendlichen und ihre Bereitschaft, sich mit einem totalitären Anspruch zu identifizieren, der dem Anschein nach universell- oder zumindest für die eigene Nation allgemeingültige Normen geltend macht. Führt man in einer Staatsjugendorganisation den Zwang zur Mitgliedschaft ein, was bisher nur die Nazis taten, wird dadurch der Anspruch bekräftigt, die Interessen aller Jugendlichen vertreten zu können, doch zehrt der Zwang zum Konformismus an den Motiven zum eigenen Engagement. Deshalb können die Interessen des Apparats der RJF nicht mit denen der HJ-Organisation gleichgesetzt werden.

Der totalitäre Anspruch des Managements (RJF) war umfassender als der seiner Massenbasis (HJ). Er richtete sich auf

- die organisatorische Erfassung: hier trat die RJF als Staatsgewalt im Bündnis mit Polizei und Sicherheitsdienst auf;
- die Konformität des Verhaltens: HJ als Erziehungsautorität;
- die Verfügbarkeit über Vertrauen: HJ als Einrichtung der Jugend zur Selbsterziehung;
- die Ausschaltung gesellschaftlich-politischer Konflikte: RJF als Standesvertretung der Jugend zur Wahrung des von der Diktatur definierten Gemeinwohls.

Die Machtergreifung in der organisatorischen Erfassung der jungen Generation betraf nicht allein die schon organisierte Jugend (durch Verbote oder Gleichschaltung der Jugendverbände) und ab 1936 die jüngsten, noch entscheidungsunfähigen Jahrgänge der Zehnjährigen, sondern richtete sich auch auf die »nationalpolitischen« Einrichtungen des Staates wie das Landjahr (Niehuis, S. 363f.) oder die NPEA, ohne diese aber in Regie nehmen zu können. Am längsten konnte charakteristischerweise die »Reichsschule der NSDAP« in Feldafing ihre Schüler der HJ entziehen: bis 1941 (Scholtz, 1973, S. 302)!
Als am 15. 2. 1938 eine »Anordnung zur Durchführung des Vierjahresplanes über den verstärkten Einsatz von weiblichen Arbeitskräften in der Land- und Hauswirtschaft« getroffen wurde, nach der ein »Pflichtjahr« bis zum 25. Lebensjahr vor der ersten Anstellung als Arbeiterin oder Angestellte abzuleisten war, hatte das der BDM schon durch eine verstärkte »hauswirtschaftliche Ertüchtigung« vorbereitet; im Krieg wurden auch »Lager« für »Pflichtjahrmädel« eingerichtet (Miller, 1980, S. 180; Klaus, 1983, S. 93). Durch das am 19. 1. 1938 gegründete »BDM-Werk Glaube und Schönheit« für 17–21jährige wurde der Einfluß der »NS-Frauenschaft« eingegrenzt und den jungen Frauen statt des schematischen »Formationsdienstes« »Arbeitsgemeinschaften« angeboten (Klaus, S. 83, 95). Das war um so dringender, als den Mädchen nicht in gleicher Weise wie den Jungen »Sondereinheiten« zur Förderung spezieller Interessen zur Verfügung standen (Klaus, S. 71). Der BDM richtete als Schulträger über 40 Haushaltungs- und auch einige Landfrauenschulen ein.
Der Anspruch, die Jugend des Reichsgebietes »körperlich, geistig und sittlich« zu erziehen, wurde auch inhaltlich extensiv ausgedeutet. So nahm 1938 jeder 10. der 14–18jährigen Jungen das Angebot der Motor-, Flieger-, Marine- oder Nachrichten-HJ wahr (insgesamt

243000), über 100000 Jungen und Mädchen waren außerdem in »Spielscharen« oder im Gesundheitsdienst tätig (Hitler-Jugend 1933–43, S. 37; Jahrgangsstärke DSE I, S. 150), 73500 der Jungvolk-»Pimpfe« nahmen an Modellflugarbeitsgemeinschaften teil. »Werbewochen« waren erfolgreich in der Weckung von Bedürfnissen, wie sie etwa 1937 unter dem Motto »Lernt Instrumente spielen« durchgeführt wurden. Allmählich sollte jede organisierte Freizeitbetätigung Jugendlicher von der RJF gefördert und unter ihre Kontrolle gebracht werden. Sogar für die sportlichen Wettkämpfe zwischen Schulen erklärte sich der »Jugendführer des Deutschen Reiches« für zuständig; dadurch konnten z. B. Privatschulen, an denen die HJ deutlich weniger Resonanz fand, unter Druck gesetzt werden. »Vormilitärische Ertüchtigung«, Gesundheitskontrolle und »Leibeserziehung«, »hauswirtschaftliche Ertüchtigung« und »Kulturarbeit« ließen sich selbstverständlich nicht allein nach dem »Selbstführungsprinzip« durchführen. Die Unterscheidung von Führungs- und Sachkompetenz verhalf der RJF dazu, ihren Apparat gegenüber jedem Zugriff gesellschaftlicher Mächte abzusichern.
Schwierigkeiten bereitete die Nachwuchsgewinnung für den eigenen Apparat, wenn man die Fakten ernst nimmt und nicht die Propaganda, die mit dem Slogan »Jugendführer als Beruf« getrieben wurde. Das Verhältnis von fast einer Dreiviertelmillion (720000 Ende 1938) ehrenamtlicher zu 8000 hauptamtlichen Führern war weitaus mehr auf Ausbeutung freiwilliger Dienstleistungen abgestellt als in anderen NS-Organisationen.[11] Für die starke Motivation dieser Jungen und Mädchen zur Machtausübung spricht, daß eher von einer »Führerauslese« als von ihrer Ausbildung die Rede sein konnte. Im »Bann« (Kreis) erfolgte die Führerschulung in Wochenendlehrgängen, in den »Gebieten« durch drei- bis vierwöchige Lehrgänge, und für das hauptamtliche »Führerkorps« waren ebenfalls drei Wochen »Reichsführerschule« und das seit 1936 alljährliche »Reichsführerlager« als Grundlage für das Management der Aktivitäten von Zehntausenden offenbar ausreichend (Schultz, S. 17f.). Jedenfalls wurde die Forderung Blombergs nach einer »Akademie für Jugendführung« erst fünf Jahre später durch die »Ausbildungsordnung für das höhere Führerkorps« vom 18. 2. 1938 beantwortet, welche für eine zwölfjährige Dienstverpflichtung eine einjährige Ausbildung an einer solchen Akademie in Aussicht stellte. Die vergleichbare, 1927 gegründete »Accademia Fascista« sah dagegen eine dreijährige Ausbildung für

die Jugendführer der »Gioventù Italiana del Littorio« (nach abgeschlossener Sekundarschulausbildung) bei gleichzeitiger Qualifizierung als Turn- und Sportlehrer vor (Stock, 1943, S. 104). Die weitere Verzögerung durch die Errichtung eines pompösen Neubaues in Braunschweig hat sich gelohnt: tatsächlich wurden während des Krieges an der »Akademie« höchstens Kurse von einer fünfmonatigen Dauer durchgeführt, die keinesfalls das Niveau einer Fachhochschulausbildung erreichen konnten. Leistungsmotivierte und flexibel einsetzbare »Parteigänger der Diktatur« (Scholtz, 1973, S. 239) wollte man hier ebenso wie in den von der RJF bestimmten AHS dadurch gewinnen, daß hier eine »gründliche Ausbildung« (Schultz, S. 189) vorgetäuscht wurde, die vielseitig, aber ohne jedes berufsfachliche Profil war.

Die HJ-Formationen, die von wenig älteren »Führern« befehligt wurden, sollten von den Jugendlichen als »die HJ« angesehen werden, in der das »Selbstführungsprinzip« galt. Indessen blieb nicht verborgen, daß der »Dienst« meist nach einem vorprogrammierten Plan ablief, den sich der Führer nicht für seine Gruppe auszudenken brauchte. Schon in den mittleren Positionen bei der Verantwortung für etwa 150 Jugendliche wurden von den jugendlichen Führern Fähigkeiten gefordert, die denen eines Schulleiters ähnlich waren (vgl. die nicht kritisch reflektierte Erinnerung in: Klose, S. 85f.). »Die Führerschaft einer solchen auf Aktivität und Leistung gedrillten Jugend bildete allmählich einen eigenen Managerstil heraus«, urteilt eine ehemalige Mitarbeiterin der RJF (Maschmann, 1963, S. 144). Die jugendlichen Führer, so hatte man bald bemerkt, eigneten sich vorzüglich dazu, den sie dirigierenden Herrschaftsapparat wenig für die Jugendlichen in Erscheinung treten zu lassen.

Hatte die HJ bei ihren Mitgliedern schon immer die Erfüllung der »Dienstpflicht« zu erzwingen gesucht, machte die Zwangsmitgliedschaft ab 1940 den HJ-Führer vollends zum Büttel der Obrigkeit. Eine gegenüber der Disziplinarordnung von 1936 wesentlich verschärfte »Dienststrafordnung« wurde eingeführt, dazu der »Jugendarrest«, schließlich »Jugendschutzlager« (Hasenclever, S. 128). Eine von Himmler ausgehende »Polizeiverordnung zum Schutze der Jugend« vom 9. 3. 1940, die offensichtlich von den Erlassen der bayerischen Militärbefehlshaber aus dem Jahr 1916 inspiriert worden war (vgl. Hellwig, 1919, S. 114), signalisierte auch für die Jugend, daß mit dem persönlichen Wechsel in der RJF – v. Schirach tat für einige Monate

Dienst in der Wehrmacht, wurde anschließend Gauleiter von Wien, blieb aber weiter Hitlers »Beauftragter für die Inspektion der gesamten Hitlerjugend« (Wortmann, S. 182f.) – eine Machteinbuße der RJF einherging. Schirachs Pläne zur Übernahme des Erziehungsministeriums von Rust dürften dabei für Hitler keine geringe Rolle gespielt haben. Ob der Krieg oder der stärker ausgeübte Zwang gegenüber der Jugend das Ansteigen von Jugendkriminalität und Jugendopposition bewirkte, mag dahingestellt bleiben (Klönne, Münster 1981, S. IX). Tatsache ist, daß sich ab 1939 repressive Maßnahmen und Jugendopposition gegenseitig verstärkten.
Bevor die HJ zum »Betrieb« für Kriegshilfsdienstleistungen degenerierte, hatte sie auf wirkungsvolle Weise begonnen, die Interessen der berufstätigen Jugendlichen zu vertreten. Der rigorose Terror gegen die Reste der Arbeiterjugendbewegung sollte durch die Weiterführung der Tradition des »Reichsausschusses für die Jugendverbände« ausgeglichen werden, der in der Durchsetzung seines sozialpolitischen Programms von 1925 nicht sehr erfolgreich gewesen war (Giesecke, S. 159f.). Das Engagement der RJF für den »Reichsberufswettkampf« verschaffte ihr Einfluß auf die Berufsausbildung. Sie beteiligte sich an der Berufsberatung der Arbeitsämter (Hitler-Jugend, 1933–43, S. 19) und wurde in den Schulen durch die Benennung von HJ-Angehörigen als »Jugendwalter« tätig, deren Funktion ab 1938 nur noch Lehrer als »Vertrauenslehrer« einnahmen (Eilers, S. 124). Wenn der »Reichsberufswettkampf« von v. Schirach zum »Symbol« der HJ erklärt wurde, während die Fahrt das Symbol der Bünde gewesen sei (Die HJ, S. 49), so klang das aus seinem Mund wenig glaubwürdig. Es widersprach seinem persönlichen Stil, der für die auf ihren »Führer« fixierte HJ von einiger Bedeutung war. Doch auch die politisch nicht Organisierten sollten durch ihre Einbeziehung in Wettkämpfe an das System gebunden werden.
Die RJF konnte durch ihr frühes Bündnis mit der DAF 1935 die Einsetzung von »Betriebsjugendwaltern« erreichen und die Wettbewerbe auf den Einzelhandel (»Schaufensterwettbewerb«) und die Handwerker ausdehnen. Die »freiwillige Berufserziehung« fand 1936 selbst bei der Landjugend Anklang (Hitler-Jugend, 1933–43, S. 32). Über die DAF konnte Druck auf Betriebe ausgeübt werden, die sich am »Leistungskampf« beteiligten, um so eine Verbesserung der Ausbildungs- und Arbeitsverhältnisse für die Jugendlichen zu erreichen. Zwar kam das 1934 von der RJF entworfene »Berufsausbildungsgesetz« nicht

zustande, dafür aber 1938 das »Gesetz über Kinderarbeit und über die Arbeitszeit der Jugendlichen« (Jugendschutzgesetz), das freilich für die Land- und Hauswirtschaft keine Geltung hatte und schon zu Kriegsbeginn »eine Lockerung erfuhr« (Hasenclever, S. 139). Von den Betrieben verlangte die RJF, Zeit für Leibesübungen einzuräumen. In das schon bestehende »Berufserziehungswerk« der DAF konnte sich der »Jugendführer des Deutschen Reiches« erst durch die Gründung des »Begabtenförderungswerkes des Deutschen Volkes« einfädeln, für das er 1939 die Trägerschaft übernahm (Hehlmann, 1942, S. 31). Dadurch wurde die Basis für die Umstellung des Mammutapparates »Reichsberufswettkampf« (1939: 3,5 Mill. Teilnehmer) auf kleinere »Ausleselager« geschaffen, die ab 1941 die Aufgabe der beruflichen Begabtenförderung in sehr bescheidenem Umfang (bis 1943: 4624 Teilnehmer) übernahmen. 1944 wurde dann noch einmal ein »Kriegsberufswettkampf« durchgeführt (Wolsing, 1977, S. 516).
Unter Berufung auf die Erfolge der »freiwilligen Berufserziehung« plädierte die Führerzeitschrift »Wille und Macht« am 15. 12. 1938 für die »Selbstverantwortung der Jugend in der Schule« als »Schlüssel zur Lösung der Schulfrage und damit der Leistungssteigerung in der Schule«. Das »freiwillige Leistungsbekenntnis« setze indessen eine »neue Unterrichtsgestaltung« und »Beweglichkeit des Erzieherberufes« voraus. Auf die Dauer würden sich Partei und Staat »keine verschiedenen, womöglich noch entgegengerichteten Erziehungssysteme finanziell leisten können« (S. 13). Der Widerspruch der Lehrerschaft gegen diese Herausforderung blieb gedämpft; selbst in den für Erziehungsfragen sensiblen »Sopade«-Berichten schlug er sich nicht nieder. Die »Reichszeitung« des NSLB brachte nur in ihrem Regionalteil eine Erklärung der Münchener Lehrer vom 28. 2. 1939 (Heft 6, 1939, S. 142), die in dem Satz gipfelte: »Die völlige Selbstverantwortung der Jugend in der Volksschule lehnen wir aber als dem Führerprinzip widersprechend ab.« Die Lehrer resignierten angesichts der Tendenz der HJ, »den gesamten Erziehungsbereich zu beanspruchen und den Bereich des Schulischen möglichst einzuengen«, wie aus dem Erziehungsministerium verlautete (Wortmann, S. 142). Die »Sopade«-Berichte beurteilten im März 1939 die Kräfteverhältnisse zutreffend: »In dem Kampf zwischen Reichsjugendführung und NSLB ist die erstere die stärkere, die aggressivere und die hemmungslos auf den Machtanspruch des Nationalsozialismus eingestellte Organisation« (6. Jg., S.

308). Doch diesen rivalisierenden Apparaten wurden in der dritten Phase kleine Befehlszentralen übergeordnet, die in neuen Einrichtungen dem Anschein nach die »Einheit der Erziehung« herstellten. Vergleichbares geschah in der Arbeitseinsatzlenkung (Broszat, 1969, S. 379). In »Lagern« und »Heimen« sollte der Ausnahmezustand den Jugendlichen konkret fühlbar, den Erziehern die Improvisation zur Gewöhnung werden. So präpariert konnte die »bedingungslose« Unterwerfung unter den Verfügungsanspruch erst erreicht werden.

4.4 Die Realisierung des totalitären Verfügungsanspruchs 1941–1945

Die Maßnahmen, die der oben zitierte Brief Bormanns vom 5. 1. 1941 zusammenfaßte (vgl. S. 84), und die folgenden Initiativen der Parteikanzlei auf dem Erziehungssektor zielten nicht in erster Linie auf die Lösung erziehungspolitischer Probleme ab, also auf eine Zentralisierung der Schulbuchzensur, eine Angleichung zwischen dem Schulwesen des Altreichs und den österreichischen Traditionen oder eine Behebung des Mangels an Volksschullehrern. Vielmehr dienten sie Bormann dazu, seine Position und die des Parteiapparats zu stärken (vgl. W. Schäfer, 1957, S. 50). Gleichzeitig aber verfolgte Hitler das von ihm bereits in »Mein Kampf« (S. 655) vertretene Konzept, eine Neuverteilung der Macht in einem kleinen Kreis von »Wagemutigen« für den Fall vorzusehen, daß die Massenbewegung durch ihre Verklammerung mit »egoistischen« Motiven den Fanatismus ersticken könne. Diese Strategie kam durch die Entmachtung der großen Apparate der RJF, des »Hauptamtes für Erzieher« als Spitze des NSLB und des Rustschen Ministeriums zum Zuge. Mächtig wurden jetzt kleine Befehlszentralen, die Parteikanzlei, die »parteiamtliche Prüfungskommission«, die »Dienststelle Reichsleiter v. Schirach« (für die »Erweiterte KLV«), die »Dienststelle Heißmeyer« (für die »Ausweitung der Internate des Staates«, die den Interessen der SS entsprach). Zudem schienen diese Maßnahmen Perspektiven für die Entwicklung »nach dem Krieg« zu eröffnen, die auf einen »Sozialstaat« hindeuteten (Freiheitskampf, 1942, S. 361). Diesen hat Hitler bei einer in dieser Zeit gehaltenen Rede vor »Rüstungsarbeitern« in Aussicht gestellt (10. 12. 1940). Von den Ansätzen in den wenigen »nationalsozialistischen Schulen« her das Ziel eines Staates glaubhaft zu machen, »in

dem Geburt gar nichts ist und Leistung und Können alles«, sollte die Kriegsanstrengungen rechtfertigen. Die Schulpolitik darf also auch in dieser Phase nicht nur als Mittel zur Nachwuchssicherung beurteilt, sie muß mindestens ebenso als Instrument zur Loyalitätssicherung der Massen angesehen werden.
Unter diesen allgemein-politischen Gesichtspunkten bot sich die »Hauptschule« als Hebel für die »Umgestaltung des gesamten Schulwesens« an, die jedoch keineswegs realisiert wurde. Um sie einzuleiten, wandte sich die Parteikanzlei gegen die vom Ministerium verfochtene »Autarkie« der Schularten, gegen die Mittelschule und gegen die Verlängerung der Schulzeit für diese »Auslese«. Für die annektierten Gebiete brachte die Einrichtung von Mittelpunktschulen in der Tat eine Verbesserung in der Schulversorgung. Das Schulpflichtgesetz ermöglichte, ihren Besuch zu erzwingen und die Partei bei der »Auslese« einzuschalten. Wie wenig Anklang diese Abkehr von der Mittelschule im »Altreich« fand, ist bereits erwähnt worden. Denn es handelte sich keineswegs nur um eine verkürzte Mittelschule. Die von der Parteikanzlei vorgegebene pädagogische Struktur sah die »Übertragung von Führungsaufgaben« auf die Schüler vor und betonte eine »praktisch-politische Erziehung«, die »vom praktischen Leben auszugehen und zu ihm zurückzuführen« habe. Wenn das Ziel des Unterrichts darin gesehen wurde, »daß die Schüler wirklich zu einer ihrer Reife entsprechenden abschließenden Erkenntnis über die Grundlagen und Lebensbedingungen von Volk und Reich kommen«, so war darin dieselbe Aufforderung zur Ideologisierung des Verhältnisses zur Wirklichkeit enthalten, wie sie in bezug auf den »Lebenskunde«-Unterricht bereits dargestellt wurde.
Durchsetzbarer war dagegen die Kehrtwendung in der Lehrerbildungspolitik. Die 19 »Hochschulen«, deren Kurzausbildung von drei Semestern das Abitur voraussetzte, konnten den Bedarf an Volksschullehrern um so weniger decken, als diese Ausbildung für einen Beruf von noch immer geringem Sozialprestige auch nach ihrer 1940 erfolgten Verkürzung auf ein Jahr nur wenig gefragt war (1943: 1189 Abiturienten, Scholtz, 1983, S. 696). Die Einrichtung von 257 Lehrerbildungsanstalten (LBA) zwischen 1940 und 1943 mit einem großen personellen und finanziellen Aufwand kann keineswegs als »kriegsbedingt« angesehen werden. Dann hätte man verstärkt »Schulhelfer« ausbilden können, die jedoch in der Lehrerschaft noch mehr auf Ablehnung stoßen mußten als die Rückkehr von der »Hoch-

schule für Lehrerbildung« zum vermeintlichen »Lehrerseminar«. Daß das alte Seminar nicht wiederauflebte, dafür sorgte vor allem der Einfluß der HJ. Sie war maßgeblich an der Werbung für die LBA beteiligt, führte die »Musterungslager« durch und nahm über die »Selbstführung« wesentlichen Anteil an der Erziehung der Jungen und »Mädel« (DSE II, S. 44). Doch ihrer Ambition, die »in den AHS begonnene Revolution der Erziehung« in den LBA fortzusetzen, wurde von höchster Stelle (die Parteikanzlei bezog sich auf eine Stellungnahme Hitlers) Einhalt geboten: das in den LBA zwischen Lehrern und Schülern nach dem Muster der HJ üblich gewordene Du sei nicht auf den Schulbereich zu übertragen (Scholtz, 1973, S. 281), die Umdefinition des Lehrers zum »Kameraden« sollte gestoppt werden.[12] Da andererseits von der Parteikanzlei gefordert worden war, daß in Zukunft Leiter und Erzieher der LBA »grundsätzlich HJ-Führer sein« sollten, entlarvte sich hier die Vorspiegelung einer »Selbstführung« von selbst.

Nur durch die Parteikanzlei hatte die HJ ihren Führungsstil in den LBA durchsetzen können; das Ministerium hatte die Napola zum Modell für die LBA machen wollen (Nachweise a. a. O., S. 279). Auf Bormann ist zurückzuführen, daß die LBA ihren Absolventen freistellte, »sich künftig als Lehrer und Hitler-Jugend-Führer zu betätigen oder sich neben seinem Lehrerberuf zur Dienstleistung einer anderen Gliederung oder der politischen Leitung der NSDAP zu verpflichten« (DSE II, S. 45). Demnach gab es keine Alternative zur Übernahme politischer Funktionen. Die entsprechende Passage in dem für das Ministerium maßgebenden Rundschreiben Bormanns (Nr. 111/1941 in: BA NS 22/739) lautete:

»Ein unbedingter Zwang, HJ-Führer zu werden, wird auf den Junglehrer nicht auszuüben sein. Vielmehr ergibt sich aus dem Grundsatz der Freiwilligkeit [!] in der Parteiarbeit, daß es auch dem Lehrer offensteht, sich in einem anderen Parteidienst [!] als dem HJ-Dienst zu bestätigen. Vielfach wird es sogar notwendig sein, daß er als Politischer Leiter eingesetzt [!] wird.«

Entgegen dem in den Anstalten weithin vorherrschenden Selbstverständnis, Lehrer auszubilden, muß denjenigen Beteiligten Recht gegeben werden, die rückschauend die LBA als eine »Führerschule« bezeichneten (Scholtz, 1983, S. 707).
Der NSLB hatte in dieser für ihn zentralen Frage nichts mehr mitzureden.[13] Er erschöpfte sich in Propagandatätigkeit, Einsatz für den Luftschutz und in der Organisation des Unterrichts in den KLV-Lagern.

Trotz dieses beträchtlichen Engagements wurde der Verband auf Anordnung Bormanns am 18. 2. 1943 »stillgelegt«, praktisch aufgelöst; andere »Bünde« (für Ärzte, Juristen, Dozenten) blieben von dieser »kriegsbedingten« Maßnahme jedoch verschont (Feiten, S. 199). Dem »Reichswalter« des NSLB blieb nichts übrig, als sich von dem »Beauftragten des Führers« für die KLV, v. Schirach, zum »Beauftragten für die Schulerziehung in der KLV« ernennen zu lassen (a. a. O., S. 192). Die Vertretung berufsständischer Interessen ist politisch so erfolgreich unterbunden worden, daß die Lehrer schließlich kaum noch wahrnahmen, wie mit der Auflösung ihres Verbandes in den vom Regime befohlenen Aktionen der KLV auch ihr beruflicher Auftrag seine Konturen verlor und auf den geistig wenig anspruchsvollen Nenner der Kinderbetreuung gebracht wurde.
In der »Erweiterten KLV« konnten sich die durch den Stabsleiter Möckel bestimmende RJF mit dem NSLB und der NS-Volkswohlfahrt darauf verständigen, daß in der Notlage (die schließlich zur Nötigung verschärft wurde) nicht die Eltern, sondern das »Reich« für das Überleben der Kinder zu sorgen habe. »Erleichtert wurde die gesamte KLV-Arbeit dadurch, daß dieses Hilfswerk in der breiten Öffentlichkeit jenseits aller Aspekte des Staates oder der Partei als gut und notwendig betrachtet wurde« – auf diese Weise wird das unkritisch-obrigkeitsgläubige Verständnis dieser Aktion noch heute tradiert (vgl. Dabel, 1981, S. 16). Hitler habe sie »völlig unvorbereitet und spontan improvisiert verfügt« (S. 296); doch wird ein Zusammenhang mit der – von Rust sehr unterstützten – Schullandheimbewegung eingeräumt. Übersehen wird, daß am Ausbau der Jugendherbergen von 1933 an intensiv gearbeitet wurde: 1939 standen 1700 Jugendherbergen zur Verfügung, davon waren 288 neu eingerichtet worden (Hitler-Jugend 1933–43, S. 24). Das Jahr 1937 war zum »Jahr der Heimbeschaffung« für die HJ erklärt worden mit dem Ergebnis, daß 1071 »Erziehungsstätten, die in jeder Weise nationalsozialistischen Anforderungen entsprachen«, fertiggestellt wurden (a. a. O., S. 30). Die Ablösung der Schule als »Erziehungsstätte« durch das »Lager« oder »Heim« war vorbereitet. Warum die Jugendlichen in die »zum Teil sehr weit entfernten Aufnahmegebiete«, nicht nur »nach dem Osten unseres Vaterlandes« verschickt wurden, sondern in die polnischen Beskiden und ins Wartheland, nach Ungarn, Rumänien, Bulgarien, ins partisanenbedrohte Jugoslawien und in die Slowakei, nach Böhmen und Mähren und Luxemburg, will die »Dokumentation« mit der Versorgungslage

und Fehlen von geeigneten Unterbringungsmöglichkeiten erklären (Dabel, S. 42). Tatsächlich konnte die Präsenz des Reiches sowohl in den annektierten wie in den verbündeten Ländern demonstriert werden; nur in Dänemark wurde auf ein uniformiertes Auftreten verzichtet (a. a. O., S. 263). Gelernt werden sollte, daß das »Reich« den Kindern große Erlebnisse vermittelte – statt Unterricht. Ab Januar 1944 wurde es den Eltern unmöglich gemacht, ihre Kinder der KLV durch Anmeldungen in anderen Schulen zu entziehen (Münster, PSK 7329 zum 7. 2. 1944), in vielen bombenbedrohten Städten wurde generell kein Unterricht mehr angeboten (Dokumente in Dabel, S. 33f.; zur Situation der Hilfsschüler: Höck, S. 277). Die Kinder hatten sich daran zu gewöhnen, von den Eltern getrennt zu sein, betreut, kontrolliert, verlegt, eingesetzt zu werden nach dem Gutdünken des anonym gewordenen Apparats.

Das Lagerleben, mit dem der Lehrer wie der »Lagermannschaftsführer« der HJ gleichermaßen zurechtkommen mußten, entzog den Lehrern die Sicherheit eines durch die Institution geregelten Verhaltens. Sie wurden zum ersten Mal in ihrer pädagogischen Praxis direkt mit der Praxis der HJ konfrontiert, unter Vorgaben der Regelung des Lagerlebens, die von der RJF ausgingen. Erfahrungen mit der Lager-Schule machten zwischen 1941 und 1945 in 9000 Lagern etwa 2,5 Millionen Jungen und Mädchen im HJ-Alter.[14] 1940 besuchten 4,88 Millionen jenseits des Grundschulalters allgemeinbildende Schulen im Deutschen Reich (nur Schüler ab dem 5. Schuljahr wurden in Lagern zusammengefaßt unterrichtet); die quantitative Bedeutung dieser Einrichtung sollte also nicht unterschätzt werden. Dabels Vergleich mit der britischen Evakuierungsaktion des »Women's Royal Voluntary Service« (Dabel, S. 8) ist jedoch die damalige Würdigung der Aktion nicht als Notmaßnahme, sondern als »eine wahrhaft sozialistische Leistung und eine revolutionäre Schulungs- und Erziehungstat, als eine einzigartige Schulung für das Leben« (Wallrabenstein in DSE II, S. 98) entgegenzuhalten.

Gleichzeitig mit der Einrichtung dieser Lager für Kinder aus den industriellen Ballungsgebieten ging die am 12. 2. 1941 befohlene »Ausweitung der Internate des Staates« einher. Wie hier »Staat« aufzufassen war, geht daraus hervor, daß Bormann die »Deutschen Heimschulen« als »Mittel zur Verwirklichung des totalen staatlichen Erziehungsanspruchs« ansah (Scholtz, 1973, S. 288). Dagegen konnten die AHS, die mittlerweile als »Reichsschulen der NSDAP« anerkannt waren,

nur zwei weitere Schulen, in einem konfiszierten Kloster im Glatzer Bergland (Wartha) und in einem HJ-Heim in Iglau, eröffnen, aber noch für den 1. Februar 1945 war eine neue Schule im »Wartheland« vorgesehen (a. a. O., S. 405)! Kurz vor Kriegsende ereilte nämlich die bis dahin konkurrierenden »Ausleseschulen« die Gleichschaltung durch den Befehl Hitlers vom 7. 12. 1944, den Offiziersnachwuchs für Wehrmacht und Waffen-SS »in NPEA, AHS, der Reichsschule Feldafing und weiteren vom Reichsführer SS zu bestimmenden Heimschulen« zu erziehen (a. a. O., S. 403).
Faktisch war die Ausbildung an den Oberschulen schon seit 1943 nicht mehr über das Niveau der Mittelstufe hinausgelangt. Der radikale Bruch mit der Schultradition, den v. Schirach schon bei Kriegsbeginn den Deutschen zumuten zu können glaubte, als er seinen »Kriegsplan für die Schulen« zur Rechtfertigung seiner Anwartschaft auf das Erziehungsministerium ausarbeitete, wurde nach drei Jahren mehr und mehr Realität:

»alle Kinder sollten erst mit sieben Jahren zur Schule gehen, die Grundschulzeit um ein Jahr verkürzt werden. Danach sollten die Kinder entweder bis zum 13. Lebensjahr die Mittelschule besuchen und dann eine Lehre beginnen oder bis zum 16. Lebensjahr aufs Gymnasium gehen« (Wortmann, S. 180).

Angesichts solcher Überlegungen zur Reduktion der Schulzeit für die große Mehrzahl auf sieben Schuljahre kann die Entscheidung für den Einsatz der Mittel- und Oberschüler nach dem 9. Schuljahr als »Wehrmachtshelfer« nicht mehr als Beweis dafür gewertet werden, daß man den Krieg als verloren ansah und deshalb 1943 die Jungen als Reserve mobilisiert hat. Rust argumentierte gegen eine solche Maßnahme mit der Nachwuchssicherung für die Zukunft noch vor der Katastrophe von Stalingrad am 12. 11. 1942:

»Wenn die Schüler der höheren und mittleren Schulen von der Vollendung des 15. Lebensjahres ab bis zur Einberufung zum Wehrdienst für den Kriegshilfsdienst bei der Luftwaffe herangezogen und die Klassen der betroffenen Schulgattungen geschlossen werden, so bedeutet dies, daß Wehrmacht, Wirtschaft und Verwaltung nunmehr auf insgesamt 4 Jahrgänge eines durch die höhere Schule ausgebildeten Nachwuchses verzichten müssen. Für die Führungsaufgaben auf allen geistigen Gebieten, insbesondere in der Technik, der Verwaltung, der Justiz und auf dem Gebiete der ärztlichen Versorgung werden aus diesen Jahrgängen keine durch die höhere Schule vollausgebildeten Kräfte zur Verfügung stehen, obwohl angesichts der Gebietserweiterung des Reiches und der gesteigerten Aufgaben, die dem deutschen Volk im europäischen Raum gestellt sind, der Bedarf an vollausgebildeten Kräften erheblich gestiegen ist und in Zukunft weiter steigen wird« (Nicolaisen, 1981, S. 200f.).

Diesmal schloß sich sogar Bormann den Bedenken in einem Schreiben an die Luftwaffe an (a. a. O., S. 120f.), argumentierte mit der Wirkung auf das Ausland, auf die allgemeine Kampfmoral, auf die »entstehenden Wissenslücken«. Doch er wollte damit nur erreichen, daß eine »moralische« und eine »weltanschauliche Betreuung« durch die HJ gewährleistet blieb (»Zwischen der Welt des Soldaten und der Welt der Jugendlichen besteht ein krasser Unterschied«) und der Schulunterricht auch in den Gefechtsstellungen weitergeführt werden konnte. Tatsächlich wurden 18 Unterrichtsstunden angesetzt; die Lehrer mußten den Klassen in oft weit entfernte Einsatzgebiete folgen. Die Zumutung an die Luftwaffenhelfer, Soldat, Schüler und Hitler-Junge zugleich zu sein, spiegelt das Ziel totalitärer Machtausübung wie das Ausmaß der Anforderungen an die Jugendlichen. In der Realität sanken Unterricht und HJ-Armbinde zum Dekor der Jugendphase herab. Auch hierin deckte sich der Schwindel von selbst auf, der vorgab, die Jugendphase zu schützen, während er nur ein Alibi für die Ansprüche auf emotionale Beeinflussung und Dienstleistung hergab.
Der Plan v. Schirachs zu einer Verkürzung des Schulangebots auf administrativem Weg hätte vermutlich noch bei den Schülerjahrgängen positive Resonanz gefunden, die die Schule als einen von Jugendaktivitäten abgegrenzten Bereich des Lernens erlebt hatten. Die im »Dritten Reich« aufgewachsenen Kinder dagegen wurden mehr und mehr an das Ausleben ihrer Jugend gewöhnt und vertrauten auf die ihnen versprochene individuelle Förderung. Das kann aus der größeren Nachfrage nach einer weiterführenden Schulausbildung geschlossen werden, die zu Kriegsbeginn einsetzte, aber bisher von der Bildungsstatistik nicht berücksichtigt wurde. Diese Nachfrage betrifft sowohl die Übergänge von der Volksschule zu mittleren und höheren Schulen wie die Bereitschaft der Volksschulabsolventen zum Besuch von Berufsfachschulen; hier waren vor allem Mädchen angesprochen. Der Wegfall des Schulgeldes bei den Mittelschulen ab Herbst 1942, wenn sie zu Hauptschulen umdefiniert wurden (Zehler, 1942, S. 178), und bei LBA, wenn diese außerhalb des alten Reichsgebietes lagen, dürfte diese Nachfrage noch verstärkt haben. Diese Tendenz kann hier nur knapp skizziert werden, erklärt aber die Rekrutierungsmöglichkeiten beim Ausbau der Schulinternate in der dritten Phase.

Die Reichsschulstatistik stellte 1931/32 fest, daß nach dem 4. Grundschuljahr in der Regel 87 % der Volksschüler auf der Volksschule blieben, 4 % auf mittlere und 9 % auf höhere Schulen gingen (Band 438, S. 6). Diese Regel trifft auch auf 1936 zu (1937 blieben sogar 91,3 % auf der Volksschule), nicht aber auf die Jahre ab 1940. 1942 blieben nur 75,3 % der Schüler im »Altreich« im 5. Jahr auf der Volksschule, 9,8 % gingen auf gehobene, 14,9 % auf höhere Schulen über (Band 601, S. 20). 1941 blieben im gesamten Reichsgebiet 77,8 % auf der Volksschule. Die Kontinuität in dieser Tendenz läßt sich auch an der Statistik der höheren Schulen nachweisen, wenn man die Aufnahme nach dem 4. und 5. Schuljahr zur Stärke der Schuleintrittsjahrgänge ins Verhältnis setzt (DSE I, S. 150).

Geburtsjahrgang, Stärke bezogen auf Schuleintritt	Übergänge in Prozent in die unterste Klasse höherer Schulen	Quelle: Wegweiser durch das höhere Schulwesen Bd.
1928/29	8,86 %	1939, S. 206
1929/30	9,56 %	1940, S. 190
1930/31	11,17 %	1941, S. 198
1931/32	ca. 14,9 %*	1942, S. 176

* Übergang nach 4 Jahren: 10,32 % zuzüglich Erfahrungswert des Übergangs nach 5 Jahren.

1943 wurde für Kinder aus wenig gegliederten Landschulen die Aufnahmeprüfung für höhere Schulen durch einen »vorbereitenden Sonderunterricht« ersetzt, also die Nachfrage nach höherer Schulausbildung noch unterstützt (E III a 392 vom 1. 4. 1943). Für das verstärkte Interesse der Mädchen an einer weiterführenden Ausbildung spricht, daß 1943 die 44 157 Ausbildungsplätze an LBA zu 63,1 % von Mädchen und jungen Frauen belegt waren (Scholtz, 1983, S. 695). Zur selben Zeit (1943/44) studierten mit 28 378 doppelt so viele Frauen wie zehn Jahre zuvor und weit mehr, als jemals in Deutschland ein Studium aufgenommen hatten (Gamm, S. 478). Die extremen Veränderungen im Verhältnis von Jungen und Mädchen im Landjahr sind auf die Einberufung der Landjahrerzieher zurückgeführt worden. 1937 waren 39,3 % der Landjahrpflichtigen Mädchen, 1942 dagegen 87 %; insgesamt halbierte sich jedoch ihre Zahl (Niehuis, S. 67). Genauere

Untersuchungen der weiblichen Bildungsbeteiligung müßten also der Frage nachgehen, ob bei einem stärker auf Geschlechterdifferenzierung hin orientierten Bildungssystem die von Frauen geleiteten Einrichtungen während des Krieges mehr intakt geblieben sind. Die Mädchen auf höheren Schulen wurden im Juni 1943 erst im 11. Schuljahr zur Dienstleistung in KLV und NSV-Einrichtungen verpflichtet. Ohnehin hat der Krieg die Zusammenlegung auch von Jungen- und Mädchenschulen erforderlich gemacht. In den höheren Schulen, zumindest in Westfalen, wurden die Klassen, sofern sie sich nicht in der »KLV« befanden, in der Unterstufe mit 55, in der Mittelstufe mit 45 Schülern belegt. Schon seit 1941 wurden täglich nur noch 4 Stunden zu 50 Minuten Unterricht erteilt. Trotz der Überbelegung der Klassen erhöhte sich die Pflichtstundenzahl der Lehrer auf 30 Wochenstunden. Die Lehrer konnten auch in Fächern und Klassen eingesetzt werden, für die sie keine Lehrbefähigung besaßen (Münster, PSK 7329, 6. 4. und 15. 7. 1944). Die Privilegierung der höheren Schule nahm also ein rasches Ende. Auch wenn sich die Schüler nicht in Lagern oder Heimen befanden, kann der Erfolg des Unterrichts unter diesen Umständen nicht hoch veranschlagt werden.

5. Reichweite der Umerziehung: Hebel zur Umfunktionierung von Erziehungs- und Ausbildungsprozessen

Der Überblick über den Zusammenhang der politischen Eingriffe in den Erziehungssektor rechtfertigt, von einer absichtlichen Instrumentalisierung der Funktionen von Erziehung und Unterricht für die Zwecke der Machtsicherung des Regimes zu sprechen. Wer von der Notwendigkeit der Diktatur und des nationalen Ausnahmezustandes überzeugt war, dem konnte eine »Erziehung im Schlepptau der Politik« (Wilhelm 1959) als Gebot der Stunde erscheinen. Den nachfolgenden Jahrgängen waren dann nur noch die einmal getroffenen Entscheidungen akzeptabel zu machen. Das Ethos einer Pädagogik, die zur Selbstbestimmung hinführen wollte, wurde preisgegeben. Die unterschiedlichen »ideologischen« Rechtfertigungen, die freilich jeder Systematisierung widerstreben (Schulz 1974, S. 157; vgl. dagegen Gamm, S. 19) und deshalb hier als Ideologeme bezeichnet werden, sollen nicht noch einmal referiert werden (Flessau spricht von »Begriffsmythen« 1977, S. 45). Von größerer Bedeutung für die Erziehungsprozesse war, daß die Erziehungsverhältnisse, soweit sie als politisch relevant angesehen wurden, durch die jeden einzelnen direkt ansprechende Propaganda in Machtverhältnisse umdefiniert werden konnten. Die daraus resultierende Auflösung der institutionalisierten Erziehung wurde weithin von der Jugend begrüßt, eröffneten sich ihr dadurch doch Möglichkeiten zu eigener Machtausübung.

Wer nur das Faktum der Verfügbarkeit junger Menschen sieht, übersieht deren Motive, sich mit Freude und Eifer in den Herrschaftsapparat einspannen und für eine ideologisch-imperialistische Kriegsführung nutzen zu lassen. Der Optimismus, mit dem diese Propaganda aufgegriffen wurde, und die Kapitulation der Pädagogen vor einer Machtergreifung organisierter »Selbstführung« ist aus zwei Quellen verständlich zu machen: aus einer überzogenen Erwartung gegenüber der Politik, auch in bezug auf das Leben des einzelnen, und aus dem Selbstbewußtsein der Jugend als sozialer »Stand«, das historisch zurückgeführt werden kann auf die Ausprägungen, die der Jugendkult im wilhelminischen Bürgertum gefunden hatte; darauf ist in späterem Zusammenhang zurückzukommen.

Die totalitäre Bewegung will durch Politik eine kollektive Selbstbehauptung erreichen, in der für sie auch das Heil des einzelnen beschlossen ist, nicht die Sicherung des Überlebens, sondern ein darüber hinausgreifender Sinn. Deshalb wird die Selbstbestätigung in der Teilhabe an der Machtausübung gesucht. Ihr ist das Interesse an der Erfüllung spezieller Funktionen zur Erhaltung der Gesellschaft untergeordnet, Sachkompetenz der »Führung«. Für die Heilserwartung ist sekundär, wie sie inhaltlich gefüllt wird. – An der Wendung der Politik im 2. Kriegsjahr ist bereits gezeigt worden, daß darin eine Gefahr für die Dynamik der Bewegung gesehen wurde: sie kann durch die Einlösung von Wunschvorstellungen erlahmen. Deshalb setzte eine stärkere Dogmatisierung utopischer Vorstellungen (z. B. Züchtungsideen) während der zweiten Hälfte des Krieges ein. – Aus der notwendigen Begrenztheit der Teilhabe an der politischen Machtausübung zur Realisierung der Heilserwartung ergibt sich eine Dialektik aus Machtstreben und vertrauensvoller Unterwerfung unter den Führer, auf den die eigenen Omnipotenzphantasien projiziert werden. Was der Volksmund widersinnig formulierte: »Genießt den Krieg, der Friede wird furchtbar«, kennzeichnete nicht nur eine Bonzenmentalität, sondern war präziser Ausdruck der Angst vor einer Ernüchterung, die in jedem Fall der Illusion schrankenloser Machtausweitung folgen mußte.

Es versteht sich von selbst, daß der Unterricht wenig zur Einbeziehung der Jugend in diesen magischen Zirkel der Machtanbetung beitragen konnte. Zwar ist schon auf die Übersteigerung von Ansprüchen an die Schüler als Merkmal totalitärer Machtausübung hingewiesen worden, doch war dabei immer eine Umwertung der für die Schule als Institution kennzeichnenden Wertsetzungen im Spiel. Am Beispiel der Beanspruchung der Luftwaffenhelfer ist gezeigt worden, worauf sie hinauslief. Situationsbedingt ließ die vitale und emotionale Beanspruchung keine Konzentration auf kognitive Lernprozesse mehr zu. Darf jedoch von diesem Extremfall auf eine absichtliche Störung von theoretisch-orientierendem Lernen, kraß gesagt auf Verdummungsabsichten geschlossen werden?

Von Anfang an hat die Hitlerbewegung ein Menschenbild propagiert, das den Menschen als leib-seelische Einheit interpretierte; ihre Polemik gegen den Intellektualismus in der Erziehung konnte der positiven Resonanz bei den »kulturkritisch« eingestellten Teilen der vermittelnden Intelligenz sicher sein. Doch Hitlers Technik der Collage fand auch gegenüber dem propagierten Menschenbild Anwendung. Kulturkritik und Reformpädagogik hatten psychische Gesundungsprozesse des frei entfalteten Individuums in einer neu zu konstituierenden Gemeinschaft zum Ziel. Einer solchen Identifizierung mit einem kulturellen Ideal wirkte jetzt die politisch begründete Forderung nach Disziplinierung und Härte und das Leitbild des »politischen Soldaten« entgegen. Erbauung und Disziplinierung, Geborgenheit in einer »Gemeinschaft« und rationale Organisation wurden bei der Umerziehung, wie noch zu zeigen ist, so miteinander verzahnt, daß statt der »harmonischen Entfaltung der Kräfte« im Wechselspiel der Beanspruchungen eher eine Reaktion des Trotzes erzeugt wurde, die den einzelnen dazu anstachelte, die massierten Anforderungen möglichst gut zu überstehen. Individuelle Ziele fanden unter den Nazis keine Anerkennung. Vielmehr wurden Dienstbereitschaft, Uneigennützigkeit, Idealismus (ohne Ideale) propagiert und in Anspruch genommen. Erworbene Rechte sollte es im System der Umerziehung nicht mehr geben (Picker, S. 191), dafür sorgte das Schlagwort vom »guten Blut«, das die Willkür in der Gunsterweisung durch die Herrschenden legitimierte. Zwar gab es auch für zukünftige »Führer« Ausbildungsgänge, doch ist bereits am Beispiel der »Akademie für Jugendführung« die Handhabung eines solchen Qualifizierungsangebots aufgewiesen worden; der Plan Leys von einem »Erziehungsweg bei der NS-Führerauslese« wurde von Rosenberg als »Ochsentour« bezeichnet, die nicht ernst zu nehmen war (Scholtz, 1973, S. 397). Die Zusammenfügung widersprüchlicher Motive für die Ausgestaltung solcher »Erziehungswege« trug in ihrem Effekt wesentlich zur Destruktion einer rational legitimierbaren Erziehung bei.
Funktional war dieser Eklektizismus nicht nur für eine willkürliche Schwerpunktsetzung durch den jeweiligen Machthaber, er erlaubte auch den Funktionären und den Teilnehmern an der Umerziehung, subjektive Erwartungen in die entsprechende Einrichtung zu projizieren, die dann freilich nicht eingelöst werden konnten. Die Einsicht, daß man eigenen Wunschvorstellungen aufsaß, ist jedoch bei den Betroffenen meist nicht aufgekommen, weil der Krieg ohnehin die per-

sönlichen Perspektiven zunichte machte. Auch erfolgte die Ausbreitung der Kombination scheinbar weiterführender Schulen mit Lagern erst mitten im Krieg.
Eine solche Manipulation von Schulzielen wäre durch eine obrigkeitlich-repressive Schulpolitik, wie sie anfangs von Frick vertreten wurde, nicht zu erreichen gewesen. Durch ihre inhaltliche Fixierung von Erwartungen hätte sie zu einer klaren Frontenbildung geführt. Dagegen gab der bezüglich der Inhalte liberalere Rust der totalitären Bewegung innerhalb der Schule weit mehr die Möglichkeit, die Machtausübung statt der Sachorientierung in den Mittelpunkt der Organisation des Schullebens und der Lernprozesse zu stellen. Wie seine Vorstellung vom »organischen Wachsen und Werden« bei der Nazifizierung mittels der Schule mit den in der Hitlerbewegung selbst wirksamen Mechanismen korrespondierte, geht aus einer parteiinternen Denkschrift aus dem Jahr 1942 hervor (Hirschfeld/Kettenacker, 1981, S. 51f.):

»Das Prinzip des Wachsenlassens, bis der Stärkste sich durchgesetzt hat, ist sicherlich das Geheimnis der geradezu verblüffenden Entwicklung und Leistung der Bewegung.« Doch habe dieses Prinzip, das »in der Aufbauzeit sicherlich nützlich« gewesen sei, den Nachteil, daß sich die Energien der Bewegung auf die Dauer in »Kompetenzstreitigkeiten bis in die Ortsgruppen hinein« verzehrten und es politische »Despoten« heranzüchte, die »keine andere Meinung neben sich« duldeten.

Einer solchen »autoritären Anarchie« (Zitat von 1946 in Schulz, S. 154) in organisatorisch festgefügtem Rahmen bot auch die Schule eine Chance zur Ausbreitung, wenn an die Stelle der sachlichen Unterweisung die Propaganda trat und »Aktionen« die Kontinuität der pädagogischen Arbeit gefährdeten. Genau auf diese Beeinträchtigung der Effizienz des pädagogischen Geschäfts zielten die direkten Einflußmöglichkeiten der Politik auf die Schule ab. Sie waren gegeben durch die bereits dargestellten Veränderungen der Machtverhältnisse auf dem Erziehungssektor, durch Reformpolitik gegenüber den Erziehungsinstitutionen, durch die Propagierung einer Umgewichtung der Funktionen von Erziehung und Unterricht, außerdem bei der politischen Monopolstellung einer Regierungspartei durch unvermittelte Wahrung ihrer Interessen den ihr angehörenden Lehrern gegenüber. Es läßt sich zeigen, daß auf diesen vier Wegen nicht das Profil einer »nationalsozialistischen« Schule entstand, sondern sie vielmehr zur Aushöhlung einer auf Überzeugungen beruhenden Ordnung führten.

1. Die Auflösung der traditionellen Zuständigkeiten auf dem Erziehungssektor begann mit der Behebung eines Defizits. Die »Jugendpflege« des Staates, die der Erfüllung subsidiärer und fürsorgerischer Funktionen gedient hatte, wurde durch eine Jugendpolitik abgelöst. Hitler bot der Jugend an, sich ihrer Gemeinsamkeit, einschließlich der Mädchen, im Blick auf eine politische Zukunftsaufgabe bewußt zu werden und alle Einflußnahmen, die auf Integration in eine differenzierte Gesellschaft abzielten, abzuwehren. Das Zugeständnis eines Sonderstatus für die Jugend setzte darauf, daß dessen inhaltliche Ausgestaltung durch die HJ im Sinne ihres Namenspatrons erfolgte. Der RJF blieb überlassen, wie sie sich als »Erziehungsmacht« gesellschaftlich durch die Übernahme bestimmter Funktionen legitimierte. Eine Auflösung überkommener Machtstrukturen signalisierten die Einrichtungen, in denen die HJ offen mit dem Staat konkurrierte: der »Landdienst der HJ« neben dem staatlichen »Landjahr«, die AHS neben den »Napola«. Finanziert wurden diese Einrichtungen im ersten Fall von den Arbeitsämtern, im zweiten von der Deutschen Arbeitsfront. Folge des Zwanges zur Selbstlegitimation der RJF war deren Eintreten für die Belange der Jugend. Doch die Jugendphase selber wurde im Krieg immer mehr reduziert. Die Zuständigkeiten für die Erfüllung gesellschaftlich definierter Funktionen waren in einem Maß fragwürdig geworden, daß nun kleine Befehlszentralen die um Einfluß rivalisierenden Organisationen »koordinieren« konnten: Am Ende wußten die Eltern nicht, wen sie für die »Verschickung« ihres Kindes in die Slowakei verantwortlich machen sollten: die Schule oder die HJ, den NS-Lehrerbund oder die Partei, womöglich das Reichssicherheitshauptamt? Daß die Förderung von Konkurrenzen allein dem Interesse Hitlers diente, läßt sich auch an einem ganz anderen Vorgang nachweisen, nämlich an seiner Behandlung eines Gesetzentwurfes über die Stellung der Deutschen Arbeitsfront im Jahr 1938, der diesen »Verband« zu einer Art Massenpartei machen sollte (vgl. Diehl-Thiele, S. 215, Anm. 37).
2. Die Reformpolitik gegenüber den Erziehungsinstitutionen richtete sich auf deren Nutzung für die Umerziehung und, in der Schulpolitik, auf mehr technokratische als gesellschaftlich funktionale Reformen. Das Umerziehungssystem der »Lager« entsprach zwar den Bedürfnissen nach Kompensation für einen als bedrängend oder notvoll erlebten Alltag und nach Distanzgewinn zu einer differenzierten und technisierten gesellschaftlichen Umwelt in den Städten, doch wurden die

dort vermittelten Erlebnisse nicht im Sinne der Kompensation und Regeneration gedeutet, sondern als verbindliche Orientierung für das Verhalten im Alltag ausgegeben. Die Reform der Struktur des Bildungswesens diente in der beschriebenen Weise vornehmlich der Loyalitätssicherung unter den Erwachsenen, um dann unter dem Druck versäumter Antworten auf bestimmte gesellschaftliche Bedürfnisse (Facharbeitermangel, Lehrermangel, Berufsvorbereitung für das Militär) um so eher »improvisierte« Problemlösungen in Formen einer Vermischung von Schulunterricht und Lagererziehung akzeptabel erscheinen zu lassen.

3. Die Propagierung einer bestimmten Auslegung der gesellschaftlichen Funktionen von Erziehung und Unterricht ist von jeher ein legitimes Mittel der Parteien gewesen, um den Prozeß der Reproduktion einer Gesellschaft zu beeinflussen. Die NSDAP griff durch die Betonung des Körpers, des Erlebnisses und des Handelns, der Geschlechterdifferenzierung und der »rassischen« Unterschiede Probleme auf, die von der bürgerlichen Jugendbewegung als spezifische Anliegen der Jugend artikuliert worden waren. Um so besser gelang den Nationalsozialisten die Fixierung der Jugendlichen auf eine Ebene der Identitätsproblematik, die ihnen konkret anschaulich war. So wurden die zukunftsbezogenen Probleme einer Integration in die arbeitsteilige Gesellschaft, die zum Generationenkonflikt führen konnten, heruntergespielt. Nicht die Karriereaussichten, sondern ein von Wettkampf und militärischer Disziplinierung geprägtes Jungenleben, bei dem »Verantwortungsfreude« eingeübt werden konnte, sollte für eine Lebensorientierung von kürzerer Reichweite den Ausschlag geben. Die »Einberufungen« zum Arbeits- und/oder Wehrdienst entlasteten zusätzlich von der Berufsfindungs- und Identitätskrise, vor allem im Krieg. Die Beschränkung der mit dem Jugendstatus verbundenen Privilegien auf die Zeit bis zum 16. Lebensjahr traf im Krieg, gerade weil die politische Bedeutung des Jugendlebens betont und das theoretische Lernen abgewertet worden war, sogar weitgehend auf Zustimmung. Analoges gilt für die Mädchen (Klaus, 1983, S. 172), denn auch bei ihnen wurden »Einberufungen« am Ende der Jugendphase die Regel: Pflichtjahr, Reichsarbeitsdienst, Kriegshilfsdienst.

4. Wo politische Herrschaft an eine verfassungsmäßige Ordnung gebunden ist, können politische Parteien ihre Interessen an der inhaltlichen Bestimmung von politischer Erziehung niemals unvermittelt durchsetzen, wodurch die Sozialisation für die politische Partizipation

insgesamt weniger gesichert ist als etwa die religiöse oder die Disziplinierung zugunsten der beruflichen Betätigung oder des Militärs. Die Partei einer Diktatur könnte dieses Vakuum durch eine Neudefinition der Interaktionsformen und Inhalte der Schule in ihrem Sinne füllen, wenn sie an der Sicherung einer gesellschaftlichen Evolution interessiert wäre. Das NS-Regime aber stoppte den Prozeß einer Unterweisung in politischer Partizipation und stellte in den politischen Organisationen Sozialbeziehungen her, die sich von denen des Lehrer-Schüler-Verhältnisses deutlich unterschieden. Wieweit sich die Lehrer durch diese Konkurrenz zu einer Diskussion ihrer Methoden herausfordern ließen, wäre im einzelnen zu untersuchen. Als generelle Tendenz des Regimes kann eine Überbeanspruchung der Schule festgehalten werden, die keine eindeutigen Prioritäten in der pädagogischen Arbeit setzte und zudem die Lehrer mit außerschulischen, zumindest außerunterrichtlichen Anforderungen stark belastete.
Diese vier Ansatzpunkte für die Umstrukturierung des Erziehungssektors verweisen auf Arrangements für die Erziehungspraxis, durch die sich das Verhalten der Akteure im Erziehungsfeld weitgehend vorprogrammieren ließ. Die Auswirkungen dieser Arrangements auf die Erziehungsinstitutionen sind jetzt nachzuzeichnen.

5.1 Die organisierte Jugend als Multiplikator der totalitären Bewegung

Das rasche Anwachsen der HJ bedeutete zugleich eine Ausbreitung der faschistischen Massenbewegung in der Jugend. Die Zitate aus den Sopade-Berichten haben bereits deutlich gemacht, daß dieses Anwachsen nicht allein mit der Gleichschaltung allen organisierten öffentlichen Lebens zu erklären ist. Aus den dort nur angedeuteten Begründungen (»Es lockt das Wichtiggenommenwerden... Die Kinder werden teilweise herrisch... Große Zeit ohne Gefahr... Je mehr sie sich begeistern, um so leichter sind die Examen... Die bäuerliche Jugend lebt... zum ersten Mal mit dem Staat ... Volksgemeinschaft ist doch besser als unterste Klasse sein«) wie aus Schilderungen subjektiver Motive für den Eintritt in die HJ vor 1936 ergibt sich der Eindruck, daß die Förderung der Eigenaktivität der Jugend durch den Staat und für ihn attraktiv war, nicht zuletzt durch die in der »Selbstführung« gegebene Möglichkeit, sich in der Gleichaltrigengruppe von den Erziehungsansprüchen der Erwachsenen abzugrenzen. Die Negation des »Pädagogischen« war aber zugleich der Angelpunkt für die Forderung der HJ nach einer Bekehrung zum Altruismus:

»Das ist die Idee der HJ: eine Kameradschaft jener Deutschen, die nichts für sich wollen. Weil sie nichts für sich wollen, können sie alles für ihr großes Volk. Keine Jugend mit neuen Rechten – eine Generation der harten Pflichterfüllung« (v. Schirach, Die HJ, S. 16).

Dieser verbale Radikalismus brauchte in »großer Zeit ohne Gefahr« nicht ernstgenommen zu werden, zumal die Taten der RJF ihm widersprachen. Das Motiv der Umerziehung zur Selbstpreisgabe war gleichwohl stets präsent und stellte das Gegenstück zu einem ebenfalls unpädagogisch aufgefaßten »alles können für ihr großes Volk« dar. Diese doppelte Frontstellung gegen die pädagogische Tradition, die sich weder auf eine Preisgabe der Rechte des Individuums noch auf eine Bestätigung kindlicher Omnipotenzphantasien verstehen konnte, traf nicht auf den entschiedenen Protest der Erwachsenen. Da sich der Nationalsozialismus in diesem Punkt von der Erziehungspraxis anderer faschistischer und staatsautoritärer Systeme unterscheidet, muß der Grund für diesen fehlenden Widerstand gegen die gleichzeitige Verachtung des Individuums und die Vergötzung der Jugend in einer deutschen Sonderentwicklung gesehen werden. Diese kann hier nur mit dem Ziel angedeutet werden, die Angriffsflächen herauszuarbeiten, die die institutionalisierte Erziehung einer solchen Negativpädagogik bot.
Die Sonderentwicklung hatte ihren Ursprung in der Resonanz, die die Forderung Kaiser Wilhelms II. von 1889 fand, daß die Schule zur Stellungnahme gegen die Sozialdemokratie verpflichtet sei (D. Hoffmann, S. 54). Sie wurde weder positiv damit beantwortet, daß Politik zum anerkannten Unterrichtsgegenstand wurde, noch negativ, indem Ansprüche auf die Erzeugung von Gesinnungen abgewiesen wurden. Der Kaiser verlangte »Charaktererziehung« in der Schule, während für die Schule weiterhin die unterrichtlichen Leistungen ausschlaggebend blieben und im übrigen soziale Anpassung verlangt wurde. Auf diese Situation halb eingelöster Erziehungsansprüche reagierten mittelständische Jugendliche mit der Entwicklung eines Konzepts der Selbsterziehung außerhalb der Schule (vgl. Stellrecht, 1942, S. 80). Diese Eigenaktivität der »Wandervogelbewegung« wurde toleriert, soweit sie jugendspezifische Bedürfnisse artikulierte und damit ihre

»Autonomie« gegen jede Vereinnahmung durch politische oder weltanschauliche Gruppierungen verteidigte (Scholtz, 1981). Nicht auf die ihr nachfolgende, stärker politisch oder weltanschaulich geprägte »Bündische Jugend«, sondern auf die Wandervogelbewegung nahm v. Schirach Bezug:

»Die Idee der Selbstführung, die Kampfansage gegen die Auffassungen der bürgerlichen Gesellschaft, der Wille zum Volkstum, zur Heimat, zur Kameradschaft und vieles andere mehr wird von der HJ als verwandt empfunden« (Die HJ, S. 13).

Die »Kameradschaft« der Gleichaltrigen sollte jetzt auch diejenigen einschließen, die nicht von der Integration in die bestehende Gesellschaft absehen konnten und wollten, weil sie sich gesellschaftlichen Traditionen verpflichtet fühlten oder weil sie die von den »Jugendbewegten« aufgeschobene Identitätskrise in der Jugendphase bewußt ausleben wollten (Giesecke, S. 200 und 208). Die »Kampfansage« an bürgerliche Auffassungen wurde jetzt als zum Wesen der Jugend gehörig deklariert, so daß die Frage gar nicht aufkommen konnte, ob beispielsweise die von der Jugendbewegung übernommene Leugnung sexueller Bedürfnisse nicht eben diesen bürgerlichen Auffassungen verhaftet war. Soziokulturelle Orientierungen, die aus der Auseinandersetzung mit der doppelten Moral der wilhelminischen Aera hinausführen sollten, wurden von der HJ und darüber hinaus von der puritanisch getönten NS-Propaganda verallgemeinert. So wurde zur verbindlichen Norm erklärt, was eine bürgerliche Elite im »Wandervogel« zum Inhalt ihrer Selbsterziehung gemacht hatte (Busse-Wilson, 1925, S. 95). Während der wilhelminische Staat die Funktionen der Selbsterziehung durch die Gleichaltrigengruppe so begrenzt hatte, daß niemals die Illusion aufkam, die durch sie erworbenen Qualifikationen könnten zur Lebensbewältigung im Erwachsenenalter ausreichen, erhielt jetzt diese Illusion Auftrieb. Ihr argumentativ entgegenzutreten, war im NS-Staat besonders problematisch, weil die Erziehung innerhalb der Gleichaltrigengruppe für sich in Anspruch nehmen konnte, die von der Schule vernachlässigte politische Erziehung auf eine Weise zu fördern, die Hitlers Verständnis von politischer Partizipation entsprach.

In deutlicher Bezugnahme auf seine Forderungen sollte die HJ »Verantwortungsbewußtsein«, »natürlichen Ehrgeiz« und »Vertrauen in

die eigene Kraft« wecken. Gedacht wurde dabei vornehmlich an den Jugendlichen, der durch »unbegrenztes Vertrauen«, auch durch die »Methode der Suggestion« zur Übernahme von Führungsaufgaben ermutigt werden sollte (v. Schirach, Die HJ, S. 60). Die Deutung seiner konkreten Verantwortlichkeit nicht mehr nur für die Kultur der Gruppe, sondern als alltagstranszendente Verantwortlichkeit für die politische Sicherung des Reiches war faschistisch-totalitär und hatte mit der Wandervogelbewegung nichts zu tun. Freilich darf nicht verkannt werden, daß schon die Jugendbewegung ihre »Autonomie« in der Auslegung dessen, was als »jugendgemäß« angesehen werden sollte, in einer Weise verteidigte, die einer totalitären Argumentation nahekam. So haben sich 1911 die »Wandervögel« gegen die »Wehrkraftbewegung« und ihre militärischen Übungsformen gewandt, indem sie beanspruchten, in den von ihnen praktizierten Erziehungsformen nicht nur die »freie Entfaltung aller jugendlichen Kräfte« zu gewährleisten, sondern auch bei den »auf die Erfassung des ganzen Menschen gerichteten Lebensformen in allem die größere Tiefe« zu besitzen (Copalle/Ahrens, S. 64). Übersetzt man diesen »Jargon der Eigentlichkeit« (Adorno), so war hierin der Totalitätsanspruch einer Jugenderziehung in der Freizeit schon vorgezeichnet, der sich durch die emotionale Verankerung von Wertorientierungen legitimierte, welche über die Unternehmungen und Interaktionsformen der Gruppe vermittelt wurden. Diesem Totalitätsanspruch brauchte die HJ nur noch die politische Deutung hinzuzufügen.
Für die hier interessierenden Durchsetzungsmöglichkeiten der Nazifizierung gegenüber einer pädagogisch verantwortlichen Jugenderziehung ergibt sich aus der Bezugnahme auf das Erbe der Jugendbewegung, daß soziokulturelle Legitimationen für das Abkoppeln der Erziehung in der Gleichaltrigengruppe von der institutionalisierten Erziehung durch Erwachsene bereits vorhanden waren. Indem nun diese Tradition politisch aufgewertet wurde, konnte die Schule nur noch gegenüber der außerschulisch praktizierten Absolutsetzung der Jugendphase resignieren, weil sie selbst für die politische Erziehung keine konkurrenzfähigen Modelle anzubieten hatte. Von ihr her gesehen setzte sich das seit der wilhelminischen Zeit vorherrschende Nebeneinander der »Lebensformen« in Schule und Jugendorganisation bis in den Krieg hinein fort. Wenn es zu einer Öffnung der Schule kam, so mehr durch Rezeption von außerschulischen Aktivitäten als etwa durch Übertragung von Verantwortung auf die Schüler. Erst die dritte

Phase hat durch die Verschmelzung von Schule und Lager einen – jetzt oktroyierten – Wandel gebracht.

Mit Recht hat Rust 1934 »Lager und Kolonne« als diejenigen Einrichtungen bezeichnet, durch die man Nationalsozialist werden könne (Wehner, 1939, S. 104) – ein Ersatz für das »Sturmlokal« wie für die Propagandaaktivität der »Kampfzeit«, die jetzt in einen Furor des Organisierens umschlug. Im Lager darf die charakteristische Form nationalsozialistischer Machtausübung gesehen werden: totale Kontrolle über alle Lebensäußerungen, aber unter improvisierten Bedingungen und auf begrenzte Zeit (vgl. Ehrhardt, S. 127). Schon die Improvisation war ein erzieherisch wirksames Arrangement: sie setzte das Einverständnis mit den knappen Mitteln, die zur Verfügung standen, voraus, wodurch erhöhte Anforderungen an die Menschen gestellt werden konnten. Diese Anforderungen richteten sich nicht, wie bei den »Tagungen«, die von der Bündischen Jugend zu einem Bestandteil der politischen Kultur entwickelt worden waren, auf das Einbringen der politischen Kompetenz jedes einzelnen in eine Atmosphäre gegenseitiger menschlicher Achtung, sondern nur noch auf die Bewährung als »Kamerad«. Dieser hatte durch Wohlverhalten gegenüber dem ihm vorgesetzten Lagerleiter und den »Kameraden« die frisch-fröhliche Stimmung nicht zu stören, etwa durch allzu großes Ernstnehmen des politischen Tuns (zur Lehrerschulung s. Ehrhardt, S. 131). Ob Jungen-, Arbeitsdienst- oder Schulungslager für Lehrer, alle waren auf den gleichen Tenor abgestimmt, die Distanz zum Alltag auszukosten und sich in Feiertagsstimmung dem Politischen zuzuwenden, gar noch die eigene Erholung als politische Tat zu deuten. Hier wurde kalkuliert das eingeübt, was schon vor der Machtübernahme zumeist für den Eintritt in die NS-Organisationen den Ausschlag gegeben hatte: »Wir waren uns unserer Taten nie so recht bewußt, aber wir hatten unseren Spaß und kamen uns auch wichtig vor« (über den Eintritt in die HJ, 1930 in: Allen, S. 73). Politisches Verhalten sollte von der Emotion her gesteuert werden. Die Sympathien der Lagerteilnehmer richteten sich entsprechend an den Kriterien des gemeinschaftskonformen Verhaltens aus, keineswegs an einer ideologischen Kompetenz. Die Ergebnisse einer empirischen Untersuchung in RAD-Lagern referiert Lingelbach (1970, S. 138f.):

»So genoß derjenige das höchste Ansehen in der Gruppe, der durch seine physisch und psychisch robuste Konstitution wie durch seine Fähigkeit zu sach- und situationsgerechtem, beherztem ›Zupacken‹ den Anstrengungen des Lagerlebens am besten gewachsen war. Die Sympathien seiner Kameraden errang ein solcher ›Kerl‹ vollends, wenn er sein größeres Anpassungsvermögen an die Bedingungen des Arbeitslagers durch frischen Umgangston und stetige Hilfsbereitschaft den Schwächeren seiner Gruppe zugute kommen ließ.«

Daraus wird ersichtlich, daß die Zuschreibung einer politischen Bedeutung des Lagers für die Teilnehmer von sekundärer Bedeutung war: »Tamtam«, das in ihren Augen dazu diente, wichtig genommen zu werden. Daß auch in den Schulungslagern eine ähnliche Grundstimmung vorherrschte, geht aus der appellierenden Aussage eines Schulungsleiters hervor, die das Wollen der Ideologen und das Verhalten der angepaßten Mehrheit deutlich werden läßt:

»Geistige Schulung bedeutet nicht ein notwendiges Übel, das man hinnimmt, sondern bezweckt eine Aufrüttelung des inneren Menschen und ein Wachrufen seelischer Kräfte« (1937, zitiert nach Ehrhardt, S. 235).

Die Propagandisten verkannten die Situation. Nicht ihre Lehre war »aufrüttelnd«, sondern das asketisch-alternative Arrangement des Lagers. Wo es, wie in den Arbeitsdienstlagern, zu einer wohldosierten Herausforderung psychischer und physischer Kraftentfaltung kam, wurde »dem Jugendlichen der Arbeitsvorgang zum nachhaltigen Erlebnis« (Lingelbach, S. 141). Hier wurde nicht versucht, der emotional positiven Einstimmung der großen Mehrheit noch eine »geistige Schulung« hinzuzufügen, sondern man begnügte sich mit der »Steuerung seines sozialen und politischen Verhaltens durch die Einprägung bestimmter immer wiederkehrender Denkschemata und Parolen« (a. a. O., S. 143).
Diese Denkschemata hatten in der Marschkolonne ihre konkrete Entsprechung:

»Das Trittfassen und Trritthalten sind Angelegenheiten, die das Ganze der Leib-Seele-Einheit ergreifen und in einem einzigen Willen nach vorn zwingen« (Messarius, 1939, S. 72).

Die Ordnung in der »Formation« sollte Sicherheit verbürgen und die Grundlage für Aktionen abgeben, die sich in eine politische Bewegung einfügten. Die Beschränkungen des Denkens und der sozialen Aktivität kompensierte das Versprechen, an einem übergeordneten Sinnzusammenhang mitzuwirken. Dieser wurde durch Symbole repräsentiert, vor allem durch den Führerkult und die Fahne. Führer der

Formationen sollten nicht nur Befehlshaber sein, sondern auch persönliche Bindungen ermöglichen. Ein Führer hatte Aktionen zu organisieren, die das Bedürfnis nach kollektiver Selbstbestätigung (das Wichtiggenommenwerden) befriedigen sollten. Darin hatte er sich zu bewähren. Dazu gehörte, auf Disziplinierung, Sauberkeit und Gesundheit zu achten, denn im Leib sollte sich die »Seele« zeigen. Gesellschaftliche Zielsetzungen wie Hilfeleistung, Schulung oder sinnvolle Freizeitgestaltung waren demgegenüber von untergeordneter Bedeutung. Darin unterschied sich die HJ wesentlich von den sozialistischen Jugendorganisationen, von denen man die »Zucht- und Lebensform des politischen Bundes« (Holfelder) übernommen hatte. Die »Formation«, das disziplinierte, uniformierte Kollektiv war der bürgerlichen bündischen Jugend bis zu den Angleichungstendenzen in den letzten Jahren der Republik fremd geblieben. Andererseits gab es, da die Führer wohl an die Sicherung von Grundwerten, nicht aber politisch-programmatisch gebunden waren, einen größeren Spielraum zur Deutung der verbindlichen Symbole (vgl. Baeumler (1933), 1943, S. 138). Dadurch wurde die persönliche Identifizierung mit dem »Führerwillen« gefördert, weil die Einsicht in das Notwendige individuell getönt formuliert werden konnte.

Der Eintritt in eine Formation, abgegrenzt von einer Gesellschaft, in der das Tauschprinzip herrschte, stellte Anforderungen, eröffnete aber auch Perspektiven, die bei entsprechendem Vertrauen in die selbsterzeugte Heilserwartung keineswegs wie eine Negativpädagogik anmuteten. Eine hierarchisch organisierte Scheinwelt, der von Makarenko in vielem verwandt, bereitete die totale Verfügbarkeit folgendermaßen vor.

1. Das Gebot zur Einordnung in das Kollektiv: Achtung des gleichgestellten Kameraden und seine Bewertung nach den Kriterien der kollektiven Selbstbestätigung: Hochschätzung von Vitalität, Charakter, Leistungsfähigkeit; Aussonderung von vital Schwachen, Abgrenzung gegenüber Nicht-Organisierten.
2. Das Gebot der Unterordnung: Anerkennung der Befehlsgewalt des Vorgesetzten, wenn nicht seiner Autorität; Vertrauen auf die Ablösung unfähiger Vorgesetzter durch die Organisation; Bereitschaft, »Härten schweigend zu ertragen«, überhaupt »Verschwiegenheit« zu üben, sich bei gestellten Aufgaben zu bewähren, nur der eigenen Befehlshierarchie zu folgen, das »Dienstverhältnis« von privaten Beziehungen völlig zu trennen.

3. Angebote zum Prestigegewinn: Bejahung des Wunsches, nicht nur gehorchen zu müssen, sondern auch befehlen zu können. Bereitstellung von Möglichkeiten zum Wetteifern, von Angeboten zur Entwicklung spezieller, vom Staat als nützlich eingestufter Interessen; gleichzeitig Abkoppelung der Dienstleistung von persönlichen Zielsetzungen, etwa für den Beruf: Karrieredenken ist verpönt, dagegen wird die Preisgabe eigener Gestaltung der Freizeit zum Nutzen für die Gemeinschaft verlangt.
4. Verteidigung der Organisation im Vertrauen auf ihre Sicherung durch die Führung und im Glauben an die politische Bedeutung der Organisation. Deutung der Dienstleistung als Ehre zur Rechtfertigung der eigenen Unterwerfung. Aus dem Widerspruch der Gefühle der Selbstbestätigung und der Selbstpreisgabe werden Deutungen des eigenen Handelns erzeugt, die als subjektivierte Ideologie nicht direkt mit dem Handeln vermittelt sind. So entsteht ein Gefühl der Ungebundenheit an politische Doktrinen, mit denen der Verdacht, fremdbestimmt indoktriniert zu sein, abgewehrt werden kann.

Von der »funktionalen Erziehung« (Krieck) durch Bereitstellung von Organisationsformen jenseits des zivilen Alltags darf nicht auf bestimmte gleichbleibende inhaltliche Bindungen geschlossen werden. Für die Jugenderziehung ist es besonders wichtig, darauf hinzuweisen, daß sich von oben her die jeweilig mit Nachdruck propagierten Vorstellungen von politischer Ordnung, Kultur, Moral, Religion ändern ließen, ja verändert werden mußten, je nach allgemeiner politischer Lage, den Konkurrenzverhältnissen zwischen den Machthabern und dem Verschleiß, dem ein propagiertes Leitbild durch die Hektik in der Veränderung des Lebensgefühls ausgesetzt war. So wurde etwa die Ordnungsvorstellung vom »Dritten Reich« (nämlich als »Volksstaat«) 1939 zum »Großdeutschen Reich«, später zum »Germanischen Reich« hin abgewandelt. Schirach veränderte das preußisch anmutende Wort von der »Generation der harten Pflichterfüllung« 1938 zur Deutung der NS-Bewegung als einer »Revolution der Seele« in deutlichem Widerspruch zu ihren Erscheinungsformen:

»Wir deuten die nationalsozialistische Revolution als die Erhebung des deutschen Gemütes gegen die Willkür des kalten Intellekts. Ihr Sieg bedeutet den Triumpf der Seele über alles Mechanische ... Wir haben dadurch die natürliche Ordnung wiederhergestellt, nach der die Dinge für den Menschen da sind und nicht der Mensch für die Dinge« (v. Schirach, 1938, S. 195).

Als Reichsstatthalter in Wien nahm v. Schirach seine Umdeutung der Machtergreifung insofern ernst, als eine »kulturelle Opposition« gegen Hitlers Geschmacksdiktatur daraus erwuchs (Scholtz, 1973, S. 394). Die frühere Abwertung einer »universellen Bildung« revidierte er in einer vielbeachteten Rede (ebda, S. 262f.) insoweit, als dadurch das klassische »Kulturgut« auch Eingang in die politischen Rituale finden konnte. Im Krieg war »Innerlichkeit« wieder gefragt, stärkte sie doch das Bewußtsein kultureller Überlegenheit.

Die Dynamik der Hitlerbewegung lebte, das hatte ihr Führer richtig vorausgesehen, aus »Organisation und Propaganda«. Ein großer Apparat wurde aufgeboten, um die veröffentlichte Meinung zu lenken. Die erzieherisch relevante Propaganda ging jedoch weniger von der veröffentlichten Meinung als vielmehr von den Artikulationsformen der Dienstbereitschaft aus. Durch das Arrangement der Rahmenbedingungen in den »Formationen« wurden Selbstdeutungen der Träger kultureller Aktivitäten (Führung, Feiergestaltung, Sammelaktionen etc.) präformiert, die Nemitz auf eine »ideologische Anrufung« zurückgeführt hat (1980, S. 153). Eine Situation wird so organisiert, daß sich der einzelne zu ihrer Bewältigung nicht nur vorgegebener Normen für sein Verhalten, sondern auch vorgegebener Begründungen bedienen muß, die er in persönlicher Weise interpretieren kann. So ist beispielsweise der Sammeleifer von »Pimpfen« beim »Winterhilfswerk« nicht allein durch karitative Hilfsbereitschaft oder Wetteifer beim Sammeln zu erklären. Vielmehr konnten die Kinder Druck ausüben, um Gesinnung öffentlich zu machen. Der Kauf von Abzeichen, die Eintragung in die Spendenliste sollten Konformität bezeugen. Bei den jungen Sammlern förderte die Lust an der Nötigung zum Konformismus zugleich die Bereitschaft, Denkschablonen zu übernehmen (vgl. Faschismus und Ideologie 2, 1980, S. 213). Die Uneigennützigkeit ihres Einsatzes verband sich mit dem Anspruch, die Erwachsenen »erziehen« zu können.

Die »Formationserziehung« mußte notwendig durch Rituale ergänzt werden, die über das Verhalten hinaus auch das Fühlen und Denken formen sollten. Wie die Leib-Seele-Einheit postuliert wurde, um die Körper beherrschbar zu machen, so sollte auch der Geist an die Kette sozialer Akzeptanz gelegt, das »Gemüt« verhärtet und auf den Ton eines frisch-fröhlichen Optimismus, später auch »Heroismus« gestimmt werden. Als Beispiel einer Initiation in eine solche verhärtende »Charaktererziehung« (die gleichwohl Charakterfestigkeit im bürgerlichen

Sinne auszulöschen beabsichtigte) soll der »Spindappell« dargestellt werden. Bei jeder Heimunterbringung spielte er eine bedeutende Rolle; jedenfalls wurde die Ordnung in jenem schmalen Schrank auch zum Gegenstand der Werbung in Filmen über NS-Einrichtungen. Dieses Ritual wurde aus der Drillpraxis des »Kommiß« übernommen. Im Rahmen der militärischen Erziehung konnte die Überprüfung der Schränke den Sinn haben, bei Alarm die notwendigen Dinge sozusagen im Schlaf zu finden. Diese Prozedur ließ sich zur Schikane vor versammelter Mannschaft nutzen. Die Innenseite der Schranktür war, nach militärischem Brauch, der einzige Ort in den Massenunterkünften, in denen sich die Gefühle des Besitzers in Form von Andenken dokumentieren konnten. Der »Appell« bot in der Regel Gelegenheit, diesen Intimbereich öffentlich zu machen. Der Willkür des Vorgesetzten blieb es überlassen, Ordnung und Sauberkeit zu bemängeln und die vorgefundene Ordnung wieder zu zerstören. Der Schein einer funktionsgerechten Übung blieb bewahrt. Tatsächlich wurden Unterwerfung und das Durchstehen von Schikanen gelernt. Die Gruppe wurde dafür verantwortlich gemacht, daß sich jeder an das vorgezeichnete Schema von Ordnung und Sauberkeit anpaßte. Das »Heim« mochte selbst improvisiert und in einer wenig ansprechenden Umwelt angesiedelt sein – im »Inneren« sollte jedenfalls Ordnung herrschen.

Im Krieg, in den besetzten Gebieten konnte die verinnerlichte Unterwerfung unter ein Ordnungsschema mit missionarischem Eifer an die fremde Umwelt weitergegeben werden. Die »Lager«, meist für Mädchen, konnten dann als Missionszentren für »Ordnung und Sauberkeit« erscheinen, während sie tatsächlich einer gewalttätigen Machtpolitik dienten. Melita Maschmann hat das eindrucksvoll geschildert (1963, S. 76f.). Als 1941 die Parole »Aufbau in den neuen Gebieten« von Reichsjugendführer Axmann ausgegeben wurde, unterstrich er, daß es nicht Sache der Jugend sein könne, »neue politische Ideen zu schaffen«, sondern »das gewaltige Werk des Führers im einzelnen mit unermüdlichem Fleiß und mit Gewissenhaftigkeit und Sauberkeit aufzubauen, und dazu gehört es, daß man sich selbst jeden Tag aufs neue überwindet, und immer wieder seine Pflicht erfüllt« (Hitler-Jugend 1933–43, S. 52). Die Büttelfunktion der Jugend in den eroberten Gebieten war dadurch klar vorgezeichnet.

Deutungen des »politischen Kults« greifen zu kurz, die in den Ritualen nur ein Mittel zur Beherrschung der Massen sehen und nicht die in ihnen mitgegebene, wenn auch primitive, politische Orientierung. Den Aussagen auf Massenveranstaltungen und Feiern korrespondierte ein »heimlicher Lehrplan«, der dem Aufwand zur organisatorischen Vorbereitung solcher Vorhaben zu entnehmen ist. Wenn jeweils eine halbe Million Menschen in die Organisation der »Reichsparteitage« eingespannt wurde, ging dem »weltanschaulich-volklichen Glaubensbekenntnis« (Schmeer, S. 115) Auslese, Drill und die Einpassung des einzelnen in einen minutiösen Organisationsplan voraus (Burden, S. 164), in dem selbst die Haltung der Finger der Vorbeimarschierenden festgelegt war. Wenn Hitler 1937 auf einem Reichsparteitag beanspruchte, »zur Selbstlosigkeit, zur Opferbereitschaft und zur Beherrschung eines gesunden, gehärteten Körpers« zu erziehen, so entsprach dieser Rede bei seinen Zuhörern eine Realität, die sie in der Vorbereitung auf die »Heerschau der vom Nationalsozialismus eroberten Nation« (Schmeer, S. 108) selbst erfahren hatten. Der Wille zur Teilhabe an der Repräsentation von Macht und die Bereitschaft, dafür Opfer zu bringen, wird verkannt, wenn der politische Kult nur als eine Inszenierung der Herrschenden und nicht zugleich als Angebot an die Beherrschten interpretiert wird, an der magischen Beschwörung einer neuen Wirklichkeit aktiv Anteil zu nehmen (vgl. Vondung, 1971, S. 209).

Wo die Partei diese Motive nicht berücksichtigte, werden die Grenzen der Wirksamkeit des Kults erkennbar. In ihrer Ambition, die kirchlichen Traditionen an den Wendepunkten des Menschenlebens zu ersetzen durch eine immer wieder erneute »Verpflichtung«, waren die Nazis weniger erfolgreich als bei den Massenveranstaltungen, die den Teilnehmern »Opfer« abverlangten. Das darf aus dem autoritären Gestus geschlossen werden, mit dem die Parteikanzlei am 22. 3. 1942 die »Jugendweihe« zu einer allgemein verbindlichen »Verpflichtung der Jugend« umzugestalten beabsichtigte. Ihr sollte eine »weltanschauliche Vorbereitung« vorausgehen, »die zum Pflichtdienst erklärt wird« (Hallberg, S. 130). Dabei wurden »Ablösung bzw. Verbot der anderen Feiern dieses Lebensabschnitts«, also der Konfirmation, in Aussicht gestellt. Doch blieb es bei dieser Androhung. Als Religionsersatz war der Naziglaube für einen beträchtlichen Teil der Jugend nur akzeptabel, wenn er nicht verordnet wurde, sondern die Möglichkeit zur Selbstbestätigung in der aktiven Beteiligung an der totalitären Bewegung eröffnete. Die in der Schulstatistik vermerkten Kirchenaustritte (für 1942 sind die höchsten Quoten in höheren Schulen: 5,43 %

und NPEA: 52,7 % nachgewiesen) sagen über die Bereitschaft, sich in diese Bewegung zu integrieren, nur wenig aus, weil die christlichen Konfessionen nicht als Konkurrenten für eine Heilserwartung wahrgenommen wurden, welche auf die Politik bezogen war. Aus der Sicht der Herrschenden bestand durchaus ein solches Konkurrenzverhältnis, wiewohl weder Hitler noch Goebbels formell aus der katholischen Kirche ausgetreten sind, denn auch an der »Neubegründung des Pfaffenstandes«, etwa durch die SS, konnte ihnen nicht gelegen sein (a. a. O., S. 123).

Für die Jugendlichen wurde die Gewinnung sozialer Identität, die über die formalisierten Beziehungen zwischen Gleichaltrigen hinausging, durch die Propagierung wechselnder Freund-Feind-Schemata eher erschwert als erleichtert. So demonstrierte der willkürlich auslegbare Rassismus, daß Anpassungs- und Leistungsbereitschaft offenbar nicht ausreichten, um sich eine für eine aussichtsreiche Zukunft bürgende soziale Zugehörigkeit zu sichern. Bekanntlich blieb offen, ob der Mythos vom »Blut« materiell oder spirituell auszulegen sei, also Schädelindex und Pigmente oder »Haltung« und Dienstbereitschaft über die Zugehörigkeit zu den »Guten« (Volk, Rasse oder »Auslese«) entschieden. Von der Schule wurde die Tatsache, »Deutscher« zu sein, nicht mehr kulturell als Verpflichtung gegenüber einem nationalen Erbe ausgedeutet, sondern als »politische Verpflichtung« (Hopster/Nassen, S. 24). Eine Erziehung, »die vom Leibe ausgeht und die Seele ergreift« (Erziehung und Unterricht, 1938, S. 13), sollte diese Verpflichtung zunächst durch die Disziplinierung des Körpers konkretisieren. Noch mehr fixierte die HJ die Emotionalität der Kinder und Jugendlichen, statt sie zu entfalten und auszudifferenzieren, auf den Willen zur »Beherrschung eines gesunden, gehärteten Körpers«. Schirach behauptete:

»Das sexuelle Problem der Jugend gibt es bei uns nicht. Die Jugend soll sich ihrer natürlichen Triebe nicht schämen, aber sie soll sie in den Jahren der HJ unterordnen dem Gesetz der Gemeinschaft ... wo Unnatürliches erscheint, stößt die Führung als Sachwalterin der gesunden Gemeinschaft den Verirrten aus« (Die HJ, S. 63).

Die Beziehung zum eigenen Leib sollte durch die Angst reguliert werden, aus der Gleichaltrigengruppe ausgestoßen zu werden. Dafür wurden kollektive Erlebnisse mit großem Aufwand inszeniert und ein Rhythmus für die Gemeinschaftsaktivitäten vorgeplant, der freilich auch in einem öden Schematismus enden konnte. Die Bemühung, »das unendlich verwickelte Seelenleben auf wenige klare Formeln zu bringen und nach ihnen einen Typus zu bilden« (Usadel nach Preising, S. 180), forderte zu immer neuen organisatorischen Anstrengungen heraus, wenn sie nicht im bloßen Drill enden sollte. In den ersten Jahren des Regimes konnte diese Konzentration der Leib-Seele-Einheit auf den Willen zur Einordnung noch auf die einfache Formel »Gleichschritt« gebracht werden, wie ein Tondokument zur Mädchenerziehung ausweist:

»Gleichschritt – du darfst nicht so schnell gehen, wie du wohl möchtest
Gleichschritt – du darfst nicht so langsam gehen, wie du wohl möchtest
Gleichschritt – du mußt dich richten nach dem Ganzen
Gleichschritt – du darfst nicht allein an dich denken
Gleichschritt – und die Kolonne bleibt zusammen
Gleichschritt – und ihr werdet unbesiegbar sein«.

Auf Dauer ließ sich aber durch die Disziplinierung vitaler Bedürfnisse keine soziale Perspektive begründen, die mit der Anziehungskraft der traditionellen Wege zur gesellschaftlichen Integration konkurrieren konnte. Dem Bedürfnis nach differenzierter sozialer Anerkennung kamen deshalb neben dem Führersystem die Organisation von Wettkämpfen, eine große Zahl von Leistungsabzeichen und die bereits erwähnten Angebote zur Ausübung technischer und musischer Fertigkeiten entgegen. In der Freizeit einer sich selbst genügenden Jugendwelt anzugehören, war für die meisten Jugendlichen wichtiger als die Austragung politischer Konflikte. So erklärt sich der Anreiz, durch Übernahme von Führungspositionen ihr länger anzugehören, auch wenn keine Entlohnung dafür in Aussicht stand. Dem Sog, der vom Management in der Jugendführung ausging, konnte die RJF nur durch Verzögerungen in der Absicherung eines Ausbildungsweges für Jugendführer und durch Verzicht auf die Sicherung ihres Nachwuchses gegenüber der Wehrmacht entgegenwirken.

Zur Ausgestaltung einer jugendlichen Subkultur boten sowohl die politische Deutung des Betätigungsdranges der Jugendlichen in Bereichen, die ihren Fähigkeiten und Interessen entsprachen, wie auch die pseudomilitärischen Aktivitäten vielfältig Gelegenheit. Die Bereitschaft, sich der zuvor minderbewerteten, weil wenig einträglichen landwirtschaftlichen Arbeit zuzuwenden, war nicht mehr, wie noch bei den »Artamanen«, Ausdruck einer agrarromantischen Einstellung

zum »Siedeln«, sondern Ergebnis einer Erziehung, die Arbeitsleistung, Gemeinschaftsleben im Lager, Körpererziehung und politische Schulung auf eine kämpferische Haltung hin zu konzentrieren wußte (Niehuis, S. 203). Ähnliches gilt für die sozialfürsorgerische Arbeit der Mädchen, die sich von den karitativen Aktivitäten bürgerlicher Frauenverbände deutlich unterschied. Bei solchen Dienstleistungen veränderten Jugendliche bürgerlicher Herkunft notgedrungen ihre harmonistischen Vorstellungen von einer schon bestehenden Volksgemeinschaft. Unter dem Eindruck der sozialen Wirklichkeit und unter dem Einfluß ihrer weniger privilegierten Kameraden entwickelten sie eine eher aktivistische Einstellung gegenüber den in ihrem Umkreis erreichbaren Veränderungen. Eine englische Delegation sah 1937 das Land voll von »jungen Scharnhorsts und vom Steins«, weil sich die Jugend zusammen mit dem Militär als Stütze der Ordnung in einer vom Untergang bedrohten Kultur ansehe und mit der Verantwortung des »Führers« für die Zukunft der Nation identifiziere, wobei sie sich freilich seelisch wie moralisch übernähme (Scholtz, 1973, S. 145). Politisch blieb dieses Engagement jedenfalls ohne Einfluß. Der Vergleich mit der preußischen Reformära war insofern falsch, als nicht Reformpläne diese Jugendlichen beschäftigten, sondern »Taten« in einem durch Befehl und Gehorsam vorgezeichneten Rahmen.
Für Mädchen eröffnete sich ein weites Feld kultureller Betätigungen, nicht zuletzt angeregt durch die wirtschaftlichen Autarkiebestrebungen, die eigener Kreativität und sparsamer Haushaltsführung politische Bedeutung zukommen ließen. Das »Selbermachen«, das Zutrauen in eigene Fähigkeiten stärkten das Selbstwertgefühl und immunisierten die Jugendlichen gegenüber universalistischen Ansprüchen, weil sie in der Lösung der gestellten Aufgabe sich als »Selbst« verwirklicht sahen. Typisch ist die rückblickende Selbstcharakteristik einer BDM-Führerin:

»Wenn ich nun sinnend zurückblicke, möchte ich sagen, daß die Gertrud von damals ›echt‹ war. Sie verlangte, forderte, beriet, regte an, erwartete, schlug vor, plante, kritisierte, je nachdem, um was es sich handelte, nicht ohne selbst dahinterzustehen« (Klaus, 1983, S. 35).

Charakterisierungen der HJ als »Erziehungsraum, dem man sich nicht freiwillig und mit der Intention der Selbstgestaltung, sondern nur in einem Akt bedingungsloser Identifikation zuordnen konnte« (Klönne, 1982, S. 123), treffen deshalb in der Gegenüberstellung von

»Selbstgestaltung« und »Identifikation« nicht das Selbstverständnis dieser Jugendlichen, weil sie keinen Konflikt wahrnahmen und sich keineswegs als »politisch-gesellschaftlich« und »ethisch« neutralisiert vorkamen (a. a. O., S. 124). In der Wirkungsanalyse des Selbsterziehungsangebots ist deshalb zu zeigen, daß die in der Tradition der Jugendbewegung schon angelegte Überforderung, den jungen Menschen zu seinem »Wesen« kommen zu lassen, Entwicklungsmöglichkeiten blockierte und ein rigide die Autarkie betonendes Selbstkonzept förderte. Letzteres ist offenbar auch noch in der historischen Beurteilung des Phänomens »Hitler-Jugend« wirksam. Nicht in der Alternative Selbstbestimmung-Fremdbestimmung, sondern im politisch-naiven Geltungsstreben, in der Illusion jugendlicher Autarkieansprüche und im Resignieren der Erwachsenen vor einem offiziell vertretenen Jugendkult sind Ansatzpunkte für eine historisch vertretbare Kritik am Selbsterziehungsangebot der HJ zu suchen.

5.2 Unterricht unter dem Anspruch der Umerziehung

In »Mein Kampf« hatte Hitler für seinen Staat vorausgesagt, die »wissenschaftliche Schulbildung« werde »mit nur geringen Veränderungen« übernommen, aber sie sei zu kürzen und auf das »Wesentliche« zu konzentrieren, damit für den einzelnen Zeit zur »gründlichsten Fach- und Einzelausbildung« entsprechend seinem Berufsziel bleibe und schon während der Schulzeit die »Ausbildung des Körpers, des Charakters, der Willens- und Entschlußkraft« gewährleistet sei (S. 464 f.). Den »wesentlichen« Inhalt der Schulbildung sah er im Erzeugen von »Nationalstolz«, aus dem eine »verzichtfreudige Opferbereitschaft« resultieren sollte. Allgemeinbildung habe als eine »idealistische« das erzieherische »Gegengewicht« zu einer Fachausbildung zu liefern, die im »Dienst des reinen Mammons« stehe. Damit waren die Grundsätze für die spätere Strukturpolitik schon umrissen; offen blieb, wie die Verkürzung der Schulzeit durchgesetzt und die Konzentration der Schule auf die Erzeugung einer »idealistischen« Gesinnung als Grundlage für die Leistungsmotivation erreicht werden konnte. Diese Fixierung der Schule auf die Aufgabe der Erzeugung einer bestimmten Mentalität bedeutete ja keine »geringe Veränderung«, stellte vielmehr die »wissenschaftliche« Schulbildung als solche in Frage.

Zur Durchsetzung dieses Konzepts gab es zwar ansatzweise eine Rollenverteilung zwischen Schulbehörde, Partei (NS-Lehrerbund) und Jugendorganisation, aber da diese Machtblöcke, wie gezeigt wurde, nur als Teile der totalitären Bewegung mit dem Ziel der Ausweitung ihrer jeweiligen Macht funktionierten, läßt sich die konsequente Verfolgung dieses Zieles nur durch den Nachweis restriktiver politischer Eingriffe von oben beweisen. Nicht eine Befehlsgebung, die inhaltliche Ziele setzte, konnte zur Umfunktionierung des Unterrichts im Sinne des Gesamtkonzepts der Umerziehung beitragen, sondern das Offenhalten des Konflikts hinsichtlich des Zeitbudgets der Jugendlichen, durch permanente Störungen der Lernprozesse, oft auch durch Beschlagnahme der Schulgebäude. Hitler selbst hat seit der Einrichtung und Abschaffung des »Staatsjugendtages« bis zur Vorbereitung der »Erweiterten KLV« keinen Einfluß auf die Gestaltung des Schulalltags genommen. Konnte der Unterricht in dieser Zeit trotz der Abwertung seiner Bedeutung für die Lebensorientierung der Schüler noch als Mittel zum Erreichen der von ihm gewünschten Einstellungsveränderung funktionieren? Konnte die Schule als Institution den Lehrern eine so weitgehende Veränderung ihres Rollenverständnisses ermöglichen, daß nicht mehr die Vermittlungsaufgabe zwischen kindlicher Entwicklung und Sachanforderungen im Zentrum des Unterrichts stand, sondern die Festigung propagierter Vorurteile und das Trainieren einer »verzichtfreudigen« Haltung?
Zunächst müssen die Veränderungen der Rahmenbedingungen für den Unterricht in den drei Phasen grob skizziert werden. Bis 1936 hielten sich Kontinuität und Veränderungen innerhalb der Institution Schule die Waage. Die neue Rolle, die dem Unterricht während des Staatsjugendtages und bei nationalpolitischen und rassekundlichen Lehrgängen zukam, wurde 1936 zugunsten einer deutlicheren Trennung von Schulunterricht und der mit »Dienst« oder »Lager« verbundenen Schulung wieder aufgegeben. Die zweite Phase bringt die Konkurenz der HJ zum Erziehungs-, teilweise auch zum Ausbildungsanspruch der Schule voll zur Geltung. Gleichzeitig nimmt die Partei über den NS-Lehrerbund und die von ihm kontrollierte Lehrerpresse Einfluß auf die Auslegung des Erziehungsauftrags der Schule. Eine keineswegs radikale Reform der Struktur des Schulsystems läßt ebenso wie die Berufung auf eine konservative Schultheorie erkennen, daß das Ministerium die politische Bedeutung einer »weltanschaulich« begründeten Schulreform herunterspielen möchte. Noch in den Richtli-

nien von 1938 wird daran festgehalten (Erziehung und Unterricht, 1938, S. 12):

»Es liegt im Wesen der Schule als Bildungsstätte, daß sie immer in ihrer Bedeutung zurücktritt, wenn eine neue Kultur, ein neues Lebensgefühl des Menschen im Entstehen ist... Auch das nationalsozialistische Zeitalter wird die Schule hervorbringen, die Geist von seinem Geiste ist, aber wir müssen uns bewußt sein, daß wir am Anfang der neuen Bildung stehen.«

Auch die neue Schulpolitik ab 1940 bringt keine Aufwertung des Schulunterrichts, wohl aber die Tendenz zur Umfunktionierung zur Lagerschule. Gleichzeitig wird der Fachunterricht durch eine straffere Kontrolle über die Schulbücher stärker an die zentral gelenkte Propaganda gebunden, aber auch dem Gelegenheitsunterricht in der Lagersituation mehr Raum gegeben. Die schon 1937 um ein Jahr reduzierte Schulzeit für die höheren Schulen endet 1943 für die weiterführenden Schulen faktisch nach dem 15. Lebensjahr. Der NS-Lehrerbund hat als Instrument der Parteikontrolle ausgespielt; Organisationszentralen sorgen für die Flexibilität von Lehrern und Schülern bei der Mischung von Unterrichtserteilung, Lagerleben und kriegsdienlichem Einsatz. Diese letzte Phase einer Erteilung von Unterricht vor dem Hintergrund eines auch für die Kinder und Jugendlichen im HJ-Alter »total« gewordenen Krieges wird Gegenstand des Abschnitts 7.1 sein. Gerade die Zerstörung der Institution Schule ließ »Nischen« für die Übernahme persönlicher Verantwortung in der für den Unterricht noch verfügbaren Zeit entstehen. In dieser Phase der realisierten autoritären Anarchie äußerte sich Baeumler (1942, S. 103f.) folgendermaßen:

»Was der Lehrer heute ist und was er zu tun hat, muß er sich selber aus seinem politischen Auftrag deuten«. Er sei »ganz auf sich gestellt« und habe »die restlose Umwandlung der politischen Energie in scheinbar unpolitische Schularbeit« zu leisten. Eine »Gefahr« sei darin zu sehen, »im unmittelbar Politischen zu verharren«.

Das Politisieren, darin war er sich mit Rust einig, sollte aus den Schulstuben herausgehalten werden. »Restlose Umwandlung« hieß, an die Stelle der Meinungsbildung zu aktuellen politischen Problemen die »erzieherische« Aufbereitung der Inhalte des Fachunterrichts setzen. Dazu sollte in dieser letzten Phase vornehmlich das Schulbuch dienen. Es hatte die Lücke einer auf weltanschaulichen Prinzipien beruhenden

Didaktik auszufüllen. Eine solche Didaktik wäre für die Machtausübung im Führerstaat ein Hemmnis gewesen.

Aufgrund dieses Überblicks über die – in ihrer politischen Effizienz fragwürdigen – Lösungen des Problems einer Umfunktionierung des Unterrichts lassen sich andere Lösungsversuche besser einordnen, die sowohl auf der Ebene der didaktischen Publizistik wie in der Erprobung von Methoden in der Praxis von den Lehrern unternommen wurden, um den Bedeutungsverlust der Schule durch verstärkte Anstrengungen in der schulischen Erziehung aufzuwiegen. Dabei konnten die Lehrer die von Hitler gewünschte Erzeugung von »Nationalstolz« als Aufforderung mißverstehen, Gesinnungsbildung im obrigkeitlichen Sinn zu betreiben. Doch die Nazis mißtrauten der Wankelmütigkeit von Gesinnungen; ihr Ziel war das Trainieren einer »Haltung«, die sich auf den Stolz gründen sollte, den eigenen Körper zu beherrschen. In diesem Sinn suchte Rust 1934 den Lehrern ein Rollenverständnis als »pädagogische SA-Führer des Volkes« zuzuschreiben (Ehrhardt, S. 100).

In der ersten Phase der Machtsicherung mußte die Naziführung darauf bedacht sein, den Ansatz der Formationserziehung in den Vordergrund zu stellen, weil für sie die Gefahr bestand, daß sich die Gebildeten der Sprache der neuen Zeit anpassen und ihre Autorität dazu nutzen könnten, ihrer Vorstellung von »Nationalsozialismus« politisch Geltung zu verschaffen. Von der Erzeugung von »Nationalstolz« durch den Unterricht her einen Führungsanspruch zu entwickeln, wurde deshalb von dem Erziehungstheoretiker, der das Funktionieren des Systems noch am besten durchschaute (Lingelbach, 1970, S. 250), Alfred Baeumler 1936 (S. 117) folgendermaßen zurückgewiesen:

»Weder die Beschäftigung mit den großen Gehalten der Vergangenheit noch die theoretische Begabung und Schulung vermag jene politische Fundamental*haltung*[Hervorhebung vom Verf.] hervorzubringen, die Voraussetzung für jede Führerstellung im Dritten Reich ist. Daraus folgt, daß es unmöglich ist, die alte, auf dem Führungsanspruch der ›Gebildeten‹ gegründete höhere Schule irgendwie zu politisieren. Jeder Versuch einer solchen Politisierung verkennt die Lage und ist reaktionär... Die große Aufgabe der Gegenwart ist, die Schule als Erziehungsfaktor neu zu gewinnen. Dazu ist nötig, daß die Schule den Anspruch aufgibt, ihre Zöglinge auf die großen Entscheidungen des Lebens vorzubereiten, und daß sie es dafür mit ihrer eigentlichen Leistung: der formalen Bildung so streng als möglich nimmt.«

Bildung, die zur Gewinnung von Kriterien für die Verarbeitung von Erfahrungen und zur Entwicklung eines »Lebensplanes« beitragen sollte, hatte die höhere Schule nicht mehr zu vermitteln, sondern ein Training in der Instrumentalisierbarkeit des Verstandes und der Leistungsbereitschaft (vgl. Nyssen, S. 80). Baeumlers Ansprüche an »Führer« orientierten sich dagegen am Modell der soldatischen Erziehung, die autoritär Forderungen an das Verhalten stellt, ohne sich um die Entwicklung von Vorstellungen und Gesinnungen zu kümmern (Baeumler, 10. 5. 1933 in: 1943, S. 128).

Deshalb ging die Grundsatzerklärung des Ministeriums zu den Aufgaben der Schule auch nicht auf die Gesinnungsbildung durch Unterricht ein, indem sie *voraussetzte,* daß die Jugend ohne Zutun der Pädagogen und unabhängig von ihrer sozialen Herkunft schon das »neue Lebensgefühl« internalisiert und ein entsprechendes »Selbstbewußtsein« gewonnen habe. Die Entwicklung von Vorstellungen und Gesinnungen wurde damit der Propaganda zugeschrieben und, soweit die Kinder über zehn Jahre alt waren, der HJ. Dabei ist zu beachten, daß »Grundsätzliches« nicht nur die Begründung von »Erziehung und Unterricht an den Höheren Schulen« betraf (1938, S. 13):

»Die deutsche Jugend, die heute an unsere Schulen kommt, ist der Zukunft zugewandt, sie ist von einem gesunden Selbstbewußtsein, einem starken Instinkt für das Lebendige und dem Glauben an ihren Führer geleitet, der ihr Ideal verkörpert... So folgt aus dem politischen Selbstgefühl eine neue Bereitschaft zum Lernen. Das sind Voraussetzungen für das Leben der neuen Schule.«

Die Richtlinien für die Volksschule gingen aus guten Gründen keineswegs von solchen »Voraussetzungen« aus. Hier war nur von einer »Erziehung zur Gemeinschaft ... in der Gemeinschaft« unter Bezugnahme auf die »Familiengemeinschaft« die Rede und daß gelernt werden sollte, »sich als Angehöriger einer anderen größeren Gemeinschaft zu fühlen«. Doch ein Ansatz zu sozialem Lernen, zur Übernahme von Verantwortung konnte sich nicht daraus entwickeln, wenn »der Unterricht« als »das wesentlichste Mittel der Charakterbildung« an die Erreichung des »Arbeitszieles« der Volksschule gebunden blieb, »die für jeden im praktischen Leben stehenden Volksgenossen lebensnotwendigen grundlegenden Kenntnisse und Fertigkeiten sicherzustellen.« Gemeinschaftserziehung mit dem Ziel der Entwicklung von Sensibilität für soziale Prozesse gehörte aus der Sicht der Machthaber sicher nicht zum »Lebensnotwendigen«. Die Arbeit der

Schule wurde an den Erziehungsgedanken und praktische Zwecksetzungen gebunden. Nichts jedoch spricht für die Ambition, »ein enges, in sich geschlossenes Weltbild zu vermitteln« (Flessau, S. 63).[15] Genau das Gegenteil nämlich ermöglichte es der totalitären Bewegung, außerhalb der Schule eine Kompensation dafür anzubieten und zugleich innerhalb der Schule Aktivitäten zu entfalten, die der vorherrschenden Mentalität Ausdruck gaben, aber weit davon entfernt waren, ein vorgegebenes Weltbild zu reproduzieren. Das Ministerium unterstützte diese Aktivitäten eher als daß es sie eindämmte, indem es in seiner Grundsatzerklärung von 1938 urteilte, die dem Nationalsozialismus entsprechende Schule sei noch nicht vorhanden. Baeumler formulierte in einem internen Gutachten dieses Urteil noch präziser (Leschinsky, 1983, S. 282):

»Der Intellektualismus der Aufklärungsepoche, der unser Schulsystem geschaffen hat, kann durch die Einführung neuer Fächer wie Vorgeschichte und Rassenkunde nicht überwunden werden. Eine Reform unseres Unterrichtssystems von Grund auf ist noch von keiner Seite unternommen worden.«

Mit diesen Argumenten stützte er sein Eintreten für die »Waldorfschulen« als Versuchsschulen für die Umgestaltung des »Unterrichtssystems«. Die waren jedoch weit davon entfernt, die von Baeumler empfohlene Beschränkung auf die »formale Bildung« zu praktizieren. Im übrigen mußte das auch von der Volksschule als unzumutbar angesehen werden.

Die totalitäre Bewegung zielte in erster Linie auf die Verfügung über Menschen ab; entsprechend waren ihre Anhänger bereit, über sich verfügen zu lassen. Ihre Beziehung zum Unterricht war daher primär negativ, nicht auf seine Veränderung angelegt, sondern auf seine Beeinträchtigung.

- Lehrer wurden in erhöhtem Maß zu Schulungszwecken beurlaubt oder versetzt, in Widerspruch zu dem von der »Gemeinschaftserziehung« geforderten »personalen Verhältnis« zwischen Führer und Gefolgschaft;
- auch Schüler wurden vom Unterricht beurlaubt, »eingesetzt«, auf Zeit »abkommandiert«, schon 1933 beginnend mit der »Landverschickung« von Kindern durch die NS-Volkswohlfahrt;
- eine Unzahl von Sammlungen wurde durchgeführt, zugleich wurden die Lehrer mit statistischen Aufgaben belastet, die auch über den Bereich der Schule hinausgingen (vgl. Kuropka, 1981, S. 165);

– aus der nebenamtlichen Tätigkeit, die viele Volksschullehrer für die Kirche leisteten, wurde entsprechend ihrer politischen Bindung eine Vielzahl von »Ehrenämtern«, die nicht nur eine Belastung bedeuteten, sondern auch zur Sicherung der Machtstellung in ihrer Ortsgemeinde beitrugen.

Der erste Anstoß dazu, innerhalb der Schule die Konkurrenz mit den NS-Organisationen aufzunehmen, ging von der zwei Jahre währenden Einrichtung des »Staatsjugendtages« aus sowie von der Förderung, die der Aufenthalt von Klassen in den Schullandheimen genoß. Doch methodische Konsequenzen, die daraus für einen »Erlebnisunterricht« gezogen werden konnten, bei dem »Zeitgeschehnisse und Feier ... stärker in den Mittelpunkt der Unterrichtsarbeit« rückten, blieben auf vereinzelte »Versuche« beschränkt (DSE, II, S. 147). Die Emotionalisierung des Unterrichts konnte nicht zu einem Dauerzustand werden. Deshalb stand für die Schulleute, die sich als Pädagogen der totalitären Bewegung verpflichtet hatten, die Organisation der Einbeziehung der Schule in das politisch in Regie genommene öffentliche Leben als ihre Dienstleistung für die »Weltanschauung« im Vordergrund. Die Anforderung von Dienstleistungen wurde nicht nur von außen an die Schule herangetragen, sie entsprach auch dem Rechtfertigungsbedürfnis vieler Lehrer. Aktionen konnten die Dissonanz überspielen, die zwischen der eigenen hochgesteckten Erwartung an die politische Lösung von lebenspraktischen Problemen durch die Diktatur und der erlebten Beschränktheit politischer Handlungsmöglichkeiten bestand. Durch die eigene wie die von den Schülern zu fordernde Dienstbereitschaft wurden die erforderlichen Voraussetzungen für die Einbindung in den magischen Zirkel nazistischer Machtausübung hergestellt: ein Verhältnis des Menschen zu sich selber, das die eigene Leistungsfähigkeit in den Mittelpunkt stellte, und ein vertrauensseliges Verhältnis zu den Mächten, denen die Dienstleistung galt.

Diese Umsetzung eigener Erfahrungen aus der Aktivität in der totalitären Bewegung kann die Richtung der didaktischen Diskussion erklären, die einerseits auf die Funktionstüchtigkeit des einzelnen, die »Entfaltung der eigenen Art« als Voraussetzung für seine Leistungsfähigkeit, andererseits auf die Bindung der Vorstellungen an alltagstranszendente Ideologeme oder Mythen abzielte. Weder »Leitbilder« für die Erziehung, die rasch verschlissen waren, noch ein »Weltbild«

charakterisieren zureichend die Inhalte der Einflußnahme auf die Jugenderziehung unter den Bedingungen des NS-Systems. Diese Inhalte waren vielmehr bestimmt durch die Reaktionen, welche das System in den Menschen provozierte, die von ihm profitieren wollten. Deshalb bleiben fachdidaktische Untersuchungen unbefriedigend, die einerseits ein – hier auf die Geschichtstheorie bezogenes – »Meinungschaos« diagnostizieren (Selmeier, S. 243), aber dennoch nach einem spezifisch nationalsozialistischen Verhältnis zum jeweiligen Fach fragen. Dadurch wird dem historisch realen politischen System ein kulturelles Normensystem zugeordnet, das im »Führerstaat« niemals auf Dauer Geltung erlangen konnte, obwohl es dem Bedürfnis nach Orientierung entspricht, ein solches immer wieder zu produzieren. Seine Verbindlichkeit reichte dann so weit wie die Macht seines Produzenten; deshalb haben Hitlers dilettantische Äußerungen zur Schule solche Wirkungen zeitigen können.
Niemand wollte für eine Systematisierung der NS-Weltanschauung in Form einer schulischen Lehre die Verantwortung übernehmen. Dadurch wäre eine Festlegung von Wert- und Ordnungsvorstellungen erfolgt, die der Manipulation des Bewußtseins Grenzen gesetzt hätte (Scholtz, 1973, S. 109, 176; Ottweiler, S. 252; Scholtz, 1983, S. 706). An der Praxis der vom NS-Regime eingerichteten Schulen läßt sich deshalb zeigen, daß die Fächer »Weltanschauliche Schulung«, »NSDAP« oder »Nationalpolitik« jeweils höchst subjektiv ausgewählte Inhalte betrafen (Scholtz, 1973, S. 187, 306f.). Die Bewußtseinsinhalte waren auswechselbar, wichtig war die »Haltung«, die ihnen gegenüber eingenommen wurde. Nicht eine erkenntniskritische, fachlich-systematische Einstellung zum Gegenstand sollte hergestellt werden, sondern eine machtbetonte, die den Stoff nur noch unter Verwertungsgesichtspunkten für das eigene Handeln betrachtete: als Konsumgut, Anreiz für gemeinschaftliche Aktivität, Mittel zur öffentlichen Selbstdarstellung.
Eine solche didaktische Position war von der Reformpädagogik begründet und von der Praxis der Volksschule aufgegriffen worden, weil sie den Erfordernissen einer »Jugendschule« (Blättner, 1937) zu entsprechen schien. Doch die daraus resultierende Schwerpunktverlagerung von der Aneignung durch »Verstehen« zur Betonung der Fertigkeiten und der Eigenaktivität in vielseitiger Körperbeherrschung, technischen Fertigkeiten, Erzählen und Deklamieren, Singen und Musizieren wurde nun von der totalitären Bewegung in einen Verwer-

tungszusammenhang für die Dienstbereitschaft eingebracht, der zwar die Motivation zur Leistungssteigerung erhöhte, aber durch die hochtönende Versprechung, gleichzeitig der »Entfaltung der eigenen Art« zu dienen, vom Bildungsgehalt der Sache wegführte. Die Organisierbarkeit kulturellen Lebens durch die Umstilisierung zur »Feier«, der sozialen Kommunikation zum »Dienst« verführte dazu, auch den Unterricht unter ein politisches Vorzeichen zu rücken, seinen Zweck nur von einem »Gesamterziehungsplan« her zu bestimmen.

Einen solchen Plan zu entwickeln, haben sich die vom Regime privilegierten Schulen auf unterschiedliche Weise bemüht. So erklärten die AHS 1941, daß für ihre Erziehungsabsichten nicht der Unterricht im Mittelpunkt stünde, sondern »die frische Jungengemeinschaft und in ihr die lebendige Gestalt des Jungen« (DSE II, S. 70). »Nicht Wissen und Spezialfähigkeiten bilden das Endziel, sondern die harmonische Bildung des ganzen Menschen« (ebda S. 71). Zur »Charaktererziehung im Unterricht« stellte ein »Erzieher« die Forderung, eine Situation herzustellen,

»in der eine lebendige Begegnung des Jungen mit den Stoffen einerseits und mit dem Erzieher andererseits möglich ist, einfacher gesagt, eine Atmosphäre, in der der Wille zum Lernen und Bilden alle zu einer arbeitenden Gemeinschaft zusammenzwingt: nur dann wird auch im Unterricht der Charakter geformt, nur dann sind gegenseitige Hilfe, geistiger Wettkampf, saubere, ehrliche Arbeitshaltung, echtes Streben nach dem noch Unbekannten die besten Helfer des Erziehers« (zit. nach Scholtz, 1973, S. 213).

Schon die apodiktische Sprache verrät, daß zwar Zielsetzungen und Methoden der Reformpädagogik verbal übernommen werden, aber eine »Pädagogik vom Kinde aus« nicht mehr stattfindet. Vielmehr wird der »normative Geist« (um einen Begriff Sprangers aufzunehmen) einer in sich geschlossenen Schulwelt – der Internatsschule für eine »Auslese« – beschworen, der aus dem Zwang zur Jungengemeinschaft durch den Lehrer auch eine »Arbeitsgemeinschaft« entstehen läßt, in der nicht mehr die Sache, sondern das erwünschte Haltungstraining im Mittelpunkt steht. Nicht die »lebendige Gestalt des Jungen«, sondern Kameradschaft, Wetteifer, »Sauberkeit«, »Echtheit« ist gefragt. Solchermaßen gezwungen, sich als Edelmenschen zu erweisen, denen es mehr um ihre Geltung als um eine Sache ging, traten solche Schüler dann auch nach außen hin mit einem Führungsanspruch auf.

Die Voraussetzungen dafür, daß eine solche Deutung der Unterrichtssituation auch von den Schülern akzeptiert wurde, waren in einer »Ausleseschule« zweifellos besonders günstig. Im Grunde konnte die Forderung des Ministeriums nach einem »gebundenen Arbeitsunterricht« (Erziehung und Unterricht 1938, S. 19) nur unter solchen Voraussetzungen erfüllt werden, denn die verbale Definition dieses »Arbeitsunterrichts« führte sich durch die Forderung, daß »der Lehrer das Ziel setzt und die Führung fest in der Hand behält«, von selbst ad absurdum, mochte in ihr auch von »Selbsttätigkeit« und von »Gemeinschaftsarbeit mit Arbeitsteilung« die Rede sein. In den AHS konnte tatsächlich »Arbeitsunterricht« praktiziert werden, weil der Lehrer nicht mehr die Ziele vorzugeben brauchte: sie waren durch die »Atmosphäre« der Schulwelt schon von den Schülern internalisiert worden; »Arbeit« wurde zum Trainingsstoff für die geforderte »Haltung«, für die »Typenprägung«.
Erziehungshistorisch ist von besonderem Interesse, daß sich die Modernisierung pädagogischer Arbeitsformen als wenig resistent gegen den Entzug der ihnen zugeordneten Sinngehalte (z. B. Selbsttätigkeit als Hilfe zur selbständigen Urteilsbildung) erweist. Doch ist dies auch von anderen Praxisbereichen (Organisationsformen der Arbeiterbewegung, des Militärs) nachgewiesen worden. Die Kontinuität etwa in der Tendenz, die dialogische Vermittlung im Bildungsprozeß aufzuheben (Kunert, S. 96f.), muß also noch nicht für einen spezifischen Beitrag dieser Arbeitsformen zur Förderung der totalitären Dynamik sprechen. Ein Beispiel, das zu denken geben sollte, bieten die beiden befreundeten Reformpädagogen Scharrelmann und Gansberg, die politisch ganz unterschiedliche Wege gingen. An einer neueren Untersuchung (Hopster/Nassen, 1983) soll exemplarisch gezeigt werden, wie der Aufweis einer solchen Kontinuität zur Konstruktion einer Zweck-Mittel-Relation zwischen politischem Verfügungsanspruch und pädagogischer Berücksichtigung des Irrationalen führen kann, die zur Folge hat, daß die Verfügungsgewalt über die Rahmenbedingungen von Unterricht verharmlost und der dabei bestimmende Machtpragmatismus kulturell aufgewertet wird. Auf die Kultivierung der Emotionen gerichtete Prinzipien der Unterrichtsgestaltung werden, indem eine Kontinuität von der Reformpädagogik über die »politische Formierung durch den Deutschunterricht« bis zur literarischen Erziehung in der Nachkriegszeit aufgewiesen wird, in eine direkte Beziehung zu politischen Herrschaftsinteressen gebracht. Der systematisie-

renden Beweisführung ist das historische Argument entgegenzuhalten, daß der von den Nazis vertretene Vorrang der Politik vor der Pädagogik nicht als Auslöser für die größere Vielfalt im Angebot pädagogischer Arbeitsformen anzusehen ist, sondern sich die Kontrollorgane gegenüber diesen Modernisierungsbestrebungen pragmatisch verhielten, Politik sich also fördernd oder verbietend zur Geltung brachte.

Der Bezugnahme der Untersuchung auf die didaktische Literatur ist zu entnehmen, daß eine größere Abwechslung in den Arbeitsformen jetzt in die Regelschule Eingang fand: neben dem Fachunterricht ist von einem fächerübergreifenden »Konzentrationsunterricht« die Rede, von Einzelarbeit, Gruppenvorhaben (etwa zur Vorbereitung einer Ausstellung) oder von der »Schulfeier«, die sich in ihrem Stil von der Feierpraxis der NS-Organisationen unterscheiden sollte (S. 53). Mit der Annahme, daß diese Differenzierung im schulischen Angebot »gleichgeschaltet« war auf das Ziel der politischen Formierung, wird den Lehrern ein auf dieses Ziel bezogenes Verständnis ihrer Rolle zugeschrieben. Dann müßte solche Vielfalt aber auch ministerielle Unterstützung gefunden haben. Tatsächlich ist die Forderung, Schüler je nach ihrer »Begabung« zu Führungsaufgaben und zur Leitung von Arbeitsgruppen, auch über die einzelne Schulklasse hinaus, heranzuziehen, in Richtlinien zu finden, aber erst 1942 in denen für die Hauptschule. Warum konnte Rusts Vorliebe für die pädagogische Arbeit im Schullandheim erst so spät methodische Konsequenzen für den Schulalltag zeitigen, wenn solche reformpädagogischen Tendenzen permanent als dienlich für die politische Formierung angesehen wurden? Von den Richtlinien für die Volksschule unterscheiden sich die für die Hauptschule erheblich (DWEV 1942, S. 129):

»Planmäßig von langer Hand auch durch die Arbeit des Kindes vorbereitete, durchgeführte und ausgewertete Wanderungen und Schullandheimaufenthalte sind die natürlichste und wirkungsvollste Schule für den, der seinem Volke einmal in mittleren oder gehobenen Berufen dienen soll.«

Ähnliche Tendenzen erfuhren schon vor 1936 offizielle Förderung, doch brachte das Verbot der »nationalpolitischen Lehrgänge« (in Schullandheimen) und die Abschaffung des »Staatsjugendtages«, der solche Wanderungen gefördert hatte, eine Kehrtwendung. Erst im Krieg, als solche Angebote schon anachronistisch wirken mußten, erlaubte es das System, die Möglichkeit zur Realitätswahrnehmung und -verarbeitung wieder zu eröffnen, ohne daß politisch unerwünschte

Folgen zu befürchten waren. Zu diesem Zeitpunkt waren das Leben und Denken der Menschen, selbst der Gebildeten und der Feinde des Regimes, schon ganz in seiner Propaganda und Sprachlenkung befangen (vgl. Klemperer, LTI, S. 237). Auch eine Volksschulmethodik formulierte 1941 sicher aufrichtig, nicht vom Wunschdenken geprägt (Higelke, S. 142):

»Die Richtlinien und *das Kind* [Hervorhebung vom Verf.] fordern von uns das Eingehen auf wichtige Zeitereignisse... Unsere Jungen und Mädchen wollen mit uns über das sprechen was sie mit starker Anteilnahme miterlebt haben; sie drängen uns förmlich nach einer Aussprache.«

Der Lehrer war hier auf die Probe gestellt, ob er das »Politisieren« umging, ob er sich von schablonisiertem Denken freihalten und gegen Denunziation absichern konnte. In der Regel dürften die Lehrer – wie sich auch aus der Lektüre von Schulerinnerungen ergibt – dem politischen Interesse der Schüler ausgewichen sein in die Deklamation politischer Gesinnung, die dann auch den Schülern in Form von Aufsätzen abverlangt wurde. Darin kann, bei Berücksichtigung der Rolle des Staatsbeamten als politischen »Erziehers«, kaum etwas für das NS-System Spezifisches gesehen werden.
Die totalitäre Bewegung entwickelte, wie aus den sehr heterogenen Texten hervorgeht, die Hopster/Nassen zur Begründung ihrer These von einer einheitlichen Tendenz der Sprech- und Leseerziehung heranziehen, keine Methodik, die sich klar für oder gegen ein bestimmtes Interesse am Unterrichtsgegenstand und seiner didaktischen Bewertung aussprach. Charakteristischerweise ergibt sich erst aus den gesammelten Zitaten, die sich auf unterschiedliche didaktische Situationen und Zielrichtungen beziehen, ein Grundmuster: in möglichst origineller Weise auf irrationale Gesetzlichkeiten zu verweisen. Von der Interpretation werden diese Begründungen für didaktische Entscheidungen zwar in einen Zusammenhang mit einem Verwertungsinteresse gebracht: »Rhythmisierung ist Konditionierung auf blinde Reaktionsbereitschaft schlechthin« (a. a. O., S. 94). Doch der in diesem Urteil enthaltene Rückschluß auf gemeinsame Absichten geht fehl. Wenn beispielsweise die Forderung, »ein sorgsames Einfühlen in die innersten Elemente einer Dichtung, das Einleben in Rhythmus, Melos und Klang«, die man als Stellungnahme gegen jede Verwertung von Dichtung ansehen kann, umstandslos damit in Verbindung gebracht wird, »durch sprach-leibliche Bewegung die Sprecher als Gemeinde in

einen bestimmten ›Rhythmus‹ zu versetzen, von dem ›gemeinschaftsbildende und erhebende Wirkung‹ ausgeht« (S. 56f.), so ist diese Verkopplung zweier unterschiedlicher didaktischer Positionen der totalitären Kontamination vergleichbar, sie rechtfertigt sich nur durch das Stichwort »Rhythmus«. Ihm soll damit seine Bedeutung für eine »Erziehung vom Leibe aus« keineswegs abgesprochen werden, nur ist es verfehlt, den Rhythmus zum »Movens einer neu zu schaffenden ›Gesamtkultur‹« (ebda) zu stilisieren. Von einer solchen geistigen Gemeinschaftsleistung waren die Nazis weit entfernt.
Ab 1941 blieb die bereits zitierte absurde These aus dem »Führerbefehl« Bormanns auf die Unterrichtsgestaltung nicht ohne Bedeutung, von der »Fassung« der Schulbücher hinge der »Lehrplan«, ja »weitgehendst die gesamte Reform der Schule ab«. Dem NSLB wurde die Zusammenarbeit mit der »Parteiamtlichen Prüfungskommission« aufgekündigt, aus der bis dahin die politische Zensur der Lehrbücher resultierte (Eilers, S. 115). Die »Reichsstelle für das Schul- und Unterrichtsschrifttum« wollte jetzt für eine Sprachlenkung sorgen, die das Schulbuch »in allen seinen Teilen Ausdruck der nationalsozialistischen Weltanschauung« sein ließ. Bezeichnenderweise wurde gegen die Auffassung polemisiert, damit werde »der Weg der radikalen ›Politisierung‹ des Schulbuches beschritten« (DSE II, S. 81). Diese schrieb man nur »artfremden Ideologien« und »politischer Verhetzung« zu. Es sei vielmehr zu sichern, daß »politische Erziehung« die Grundlage für eine »artgemäße Erziehung« abgeben könne, »durch die das Volk zu höchsten Leistungen befähigt wird«. Die Vermittlung der Weltanschauung in die politische Erziehung und von da in die »arteigene Erziehung« kann nicht darüber hinwegtäuschen, daß hier nun doch eine Bestimmung dessen, was »arteigene Erziehung« zu sein habe, gefragt war. Die zuvor praktizierte »Erziehung vom Leibe aus« und der Vorrang der Organisation erübrigten sich im Krieg. Der Gesinnungsunterricht aus obrigkeitlichen Zeiten kam jetzt, vermittelt über das Schulbuch, wieder verstärkt zum Zuge.
Neben den schon erwähnten machtpolitischen und ideologischen Gründen für diese Wendung sei hier angefügt, daß die von Rust ausgesprochene Hoffnung auf ein »selbstsicheres nationalsozialistisches Erziehen« durch die junge Lehrergeneration von dieser während des Krieges nicht mehr eingelöst werden konnte. Indem man sie zum Wehrdienst heranzog, gab man, pädagogisch gesehen, den Vorteil preis, den die Betonung von Haltung und Tat für die Gewinnung der

Jugend eingebracht hatte. Da sich gleichzeitig der ideologische Einfluß der SS, von dem der Partei merklich unterschieden, verstärkte, mußten in der Agonie des Führerstaates auch die Anhänger der totalitären Bewegung unter den Pädagogen bemerken, daß es mit ihrer Macht, den »Nationalsozialismus« erziehungsrelevant zu deuten, zu Ende ging.[16] Bis dahin blieb die Macht zur Definition, wie die »Entfaltung der eigenen Art« mit den Bedingungen des NS-Regimes zu vereinbaren war, von der Geltung des Machthabers in der Öffentlichkeit abhängig; diese Machthaber konnten auch einzelne Schulleiter oder Lehrer sein.

Funktion, Spielraum und Grenzen der erziehungsrelevanten Ideologieproduktion sind abschließend kurz zu umreißen. In ihr ist das Aktionsfeld für die totalitäre »Bewegung« auszumachen, das eine solche Bezeichnung erst rechtfertigt; eine Exekutive für vom Apparat geplante Aktionen könnte man nicht als Bewegung bezeichnen. Diese Bewegung stand in einem Spannungsverhältnis zur zentral gelenkten Propaganda. Der »Führerwille«, der über das Gewaltmonopol verfügte, setzte politische Handlungsziele und ließ diese durch Sprachlenkung propagieren. Zur Begründung der Anpassungsleistungen der »Gefolgschaft« reichte die bewußt auf die Sprachlenkung eingeschworene Propaganda nicht aus. Der »Führerwille« sollte sich souverän geben können. Dies blieb gewährleistet, solange die Wissenschaft, die in Deutschland traditionell an der Legitimation bestehender politischer Machtverhältnisse interessiert war, nicht Themen in den Unterricht einbrachte, die das in der Jugend geweckte Interesse an einer politischen Neuordnung systematisch und analytisch artikulierte. Deshalb die Abwehr einer direkten »Politisierung« durch Unterricht. Dagegen boten sich den Wissenschaften vielfältige Möglichkeiten, ihren Gegenstand didaktisch zu aktualisieren und durch teilweise Übernahme der offiziellen Sprachregelung konforme Gesinnung auszuweisen. Solche Anpassungsleistungen sollten deutlicher von der Ideologieproduktion im Rahmen der totalitären Bewegung unterschieden werden. Diese griff bewußt Themen auf, die über den bestehenden Pluralismus in der Wertorientierung hinausführen und zugleich die Hoffnung stärken sollten, durch persönliches Handeln eine generelle Veränderung zu bewirken.

Als ein solches Thema boten sich die von Hitler geforderten Eingriffe in die Evolution des Menschen an. Die von ihm produzierte Vermischung von Rassismus, Genetik und Eugenik war geeignet, von der

Frage der Legitimation der Machtansprüche abzulenken auf eine Ebene, auf der sich die große Mehrheit als »höherwertig« bestätigt sehen konnte. Dadurch wurde, auf Kosten von kleinen Minderheiten, der Konkurrenzkampf um privilegierte Positionen entschärft und dem einzelnen die – trügerische – Sicherheit in der Orientierung an empirisch belegbaren biologischen Tatbeständen angeboten. Statt der Bindung des Gewissens an die abendländisch-christliche Tradition wollte die totalitäre Bewegung die Hinwendung zur Stärkung der kollektiven Macht des Volkes/Reiches erreichen. Kennzeichen ihrer Ideologieproduktion, wie sie sich etwa in den Richtlinien »Vererbungslehre und Rassenkunde im Unterricht« vom 15. 1. 1935 darstellte, war die Verschiebung von innergesellschaftlichen Konflikten (Andrang zur akademischen Ausbildung, Folgen der Assimilation der Juden, Einwanderung ausländischer Arbeitskräfte) auf eine Langzeitperspektive, in die auch das Handeln des einzelnen eingebunden werden konnte. Statt für solche Probleme politische Lösungen anzubieten, wurden Argumentationsstränge von unterschiedlicher empirischer Beweiskraft miteinander verknüpft (Erbkrankheiten, Degeneration, Menschenrassen, Familienpolitik). Sinn einer solchen Ideologieproduktion konnte nur sein, daß Ängste durch die Konstruktion undurchschaubarer Zusammenhänge produziert wurden, die die Anpassungsbereitschaft an das jeweils vorgeschriebene Verhalten erhöhten, weil diese Verknüpfung nicht mehr erlaubte, sich gegenüber dem jeweiligen Problem selbständig zu entscheiden.
In strukturell vergleichbarer Weise war die totalitäre Bewegung auf dem Sektor der Schulerziehung nicht darauf bedacht, eine systematische Grundlegung für das Arrangement der Schule mit den politischen Organisationen zu produzieren. Als Vereinigungsprodukt ihrer Ansprüche in Schule und HJ hat unsere Untersuchung lediglich die Dienstbereitschaft ausgemacht, obwohl der Inhalt der jeweils zu erbringenden Leistungen und die Befähigung dazu in den verschiedenen Schulen und in der HJ erheblich differieren mußten (vgl. Furck, S. 86f.). Nur in der HJ kam das Motiv, durch Dienstleistung auch Macht ausüben zu können, zum Zuge. Doch die dort praktizierte »Führerauslese« galt nur auf Zeit, bis von oben ein Rollenwechsel verfügt wurde, etwa vom HJ-Führer zum Rekruten. Gleichwohl war die Möglichkeit zu einem solchen Aufstieg für die nichtprivilegierte Massenbasis der Bewegung von erheblicher Bedeutung. Aus einem solchen Aufstieg ließen sich jedoch Orientierungsmuster für das erfolgreiche Ver-

halten in anderen gesellschaftlichen Rollen nicht ableiten. Inhaltliche, nicht nur formale Kriterien für die Auslese auszuweisen, hätte das gesamte System gefährdet. Deshalb wurden Leitbilder produziert, die sich aber schnell abnutzten: der »kleine Rädelsführer«, der »ganze Kerl«, der »politische Soldat«, die »Führerpersönlichkeit« etc.

Auf die neuen Organisationsformen politischer Partizipation für die Heranwachsenden bezog sich auch die Erziehungstheorie, deren Setzungen notwendig auf Verständigung angewiesen sind. Die Formationserziehung war modern, hatte sich dem Bewußtsein eingeprägt und entlastete so die theoretische Argumentation von einer politisch nicht ungefährlichen Diskussion über alltäglich praktizierte Erziehung. Über das »Führen« ließ sich Einverständnis erreichen, und von diesem Vorstellungsmodell her wurden dann die Aufgaben der Erziehung abgehandelt. Der als Dozent in der Erzieherausbildung der AHS tätige Wilhelm Hehlmann formulierte in seinem »Pädagogischen Wörterbuch« von 1942 (S. 125):

»Führen im echten Sinne ist immer gleichbedeutend mit Erziehen. Es faßt die Geführten unter dem Leitbild des Führers zusammen und trägt zu ihrer Prägung im Sinne einheitlicher Typusformung bei. Es bringt zugleich die Einzelpersönlichkeit zu ihrer höchsten Kraftentfaltung und legt ihr die entscheidende Bindung eigener Verantwortlichkeit auf... Im letzten Sinne endlich heißt Führen gleichzeitig Vordeuten der gesamten geschichtlichen Welt. Es enthält das Bekenntnis zu einer auch für den Geführten gültigen Wertordnung und den Anspruch, mit dieser Deutung und mit diesem Bekenntnis die der eigenen Art innewohnenden Kräfte freizumachen.«

Dieser »letzte Sinn« wurde »dem« Führer zugeschrieben, doch hatten an diesem Sinn im magischen Zirkel der Machtausübung auch die kleinen Führer Anteil, sowohl im »Vordeuten« dessen, was der »Führerwille« sein müsse, wie im »Freimachen« zur eigenen Art. Die Geführten sollten durch die »Typusformung« ihr gesellschaftliches besseres Ich entdecken, vorausgesetzt, es wohnte ihrer »Art« inne. Auf den Unterricht angewandt bedeutete das, ein subjektives Verhalten zur Sache zu unterdrücken, um den Lehrer zu »höchster Kraftentfaltung« gelangen zu lassen und sich selbst als der bevorzugte »Typ« zu erweisen. Im Sinne der totalitären Bewegung gestalteter Unterricht enthielt also schon die Tendenz zur Umerziehung: zur Unterwerfung um der eigenen Geltung willen. Sicher ist auch das kein allein für die NS-Zeit typisches Verhalten. Doch nur durch die Freisetzung und Ausbeutung

instinktgebundenen Verhaltens konnte das System auch im Alltag wirksam werden.
Die Funktion einer Erziehungstheorie, von der sich die Praxis Aufklärung erwarten darf, verkehrt sich in ihr Gegenteil, wenn sich die Theoriebildung dem Interesse an der kollektiven Machtsteigerung verschreibt. Statt Distanz zur Praxis herzustellen, um eine Auswahl in der Setzung von Maßstäben für die subjektive Aneignung kultureller Traditionen zu ermöglichen, hat sie dann um eines politisch vorgegebenen Zieles willen Konflikte zu verschleiern, Gemeinsamkeiten zu beschwören. Zu diesem Zweck arbeitet sie mit einer abstrahierenden Sprache, die sich auf eine rationale Ableitung der scheinbar Orientirung stiftenden Begriffe nicht einläßt. Vielmehr spielt sie mit ihnen, um Assoziationen zu provozieren, die vom Abnehmer, vom Leser mit seinen subjektiven Bestrebungen in Beziehung gebracht werden können. An die Stelle eines Prozesses argumentativer Überzeugungsbildung tritt so die emotionale Anmutung von Übereinstimmung, eine Projektion von Gemeinsamkeit, die jeder aus seiner Alltagspraxis kennt. Deren Übertragung auf politisch-gesellschaftliche Verhältnisse führt aber nicht zur Integration einer Gesellschaft, sondern zur Verstärkung der Herrschaft der Meinungsmacher. Wissenschaft hat ihre kritische Funktion preisgegeben.

5.3 Aussonderung und Auslese: Stimulierung des Interesses an Zugehörigkeit und Dominanz

Lernen erfolgt natürlicherweise zuerst durch äußere Anpassung an neue Verhältnisse, dann erst durch die Korrektur von Einstellungen. Für die Umerziehung durch die HJ war es daher von grundlegender Bedeutung, daß sie ihren Anspruch auf die Erziehung der gesamten Jugend möglichst rasch durchsetzen konnte. An die Stelle individueller Motive für den Eintritt in die HJ sollte der Konformitätsdruck treten. Denn nachdem sich das NS-System etabliert hatte, mußten die Motive der ökonomischen und sozialen Notlage verblassen und erst recht das Motiv einer radikalen nationalen Opposition gegen die Erwachsenen, das noch 1930 der Hitlerbewegung unter den damaligen Oberschülern so viel Sympathie eingebracht hatte. Deshalb wurde schon 1936, als noch nicht die Hälfte aller Jugendlichen in der HJ or-

ganisiert war, Druck auf die Schwächsten, die Zehnjährigen, ausgeübt, um den gesamten Geburtsjahrgang 1926 zu »erfassen«. Nur noch in der Zugehörigkeit zur HJ sollte die Möglichkeit einer sozialen Existenz in der Gleichaltrigengruppe gesehen werden. Gleichzeitig wurde der Jugend die Mission zugeschrieben, die »Volksgemeinschaft« zu realisieren. Über die »Begeisterung« der Jugend konnte die Politisierung in die Familien hineingetragen werden (Picker, S. 399). Die zu dieser Fixierung auf die Zugehörigkeit zu der politischen Jugendorganisation erforderliche Verengung der Perspektive wurde also durch die Angst erreicht, sonst vom sozialen Leben ausgeschlossen zu sein. Was das bedeutete, wurde an den jüdischen Gleichaltrigen durch ihre konsequent verfolgte Entrechtung demonstriert. Die christlich-religiöse Erziehung blieb indessen vom Totalitätsanspruch der HJ ausgeklammert.
Den Kindern machten die Verfolgungen nach dem Reichstagsbrand und die Boykottaktion gegen jüdische Geschäfte am 1. 4. 1933 wohl nachdrücklicher begreiflich, daß der Terror, der auf den Straßen geherrscht hatte, jetzt von oben ausgeübt wurde, sofern Beziehungen zu der bedrohten Minderheit bestanden, nachdrücklicher als es die Folgen der neuen Gesetze taten, die zur Versetzung oder Pensionierung von Lehrern führten und zur Verringerung der Zahl jüdischer Schüler und Studenten (Gesetz gegen die Überfüllung der deutschen Schulen und Hochschulen vom 25. 4. 1933). Doch da das Bekenntnis zum neuen Staat die Feindschaft gegenüber den Juden einschloß, blieben die Folgen für das Schulleben nicht aus (vgl. Focke/Reimer, S. 99f.). Auch die Tatsache, daß der berüchtigten Bücherverbrennung vom 10. 5. 1933 durch die »Deutsche Studentenschaft« (nicht nur durch NS-Organisationen!) die erste »Säuberung« von Schüler- und Lehrerbibliotheken vorausging, der noch viele folgen sollten (Andrich, S. 44–62), ist in diesem Zusammenhang zu erwähnen.
Einschüchterung in Verbindung mit Allmachtsphantasien der Repräsentanten der Jugendorganisation gehörte somit zum Startkapital für eine Umerziehung, die vor allem 1933/34 mit einer unmäßigen Beanspruchung der physischen und psychischen Leistungsfähigkeit an die HJ-Mitglieder herantrat (ebda., S. 103f.). Die Forderung, sich ebenso »hart« zu erweisen, wie es die Krisensituation von den Erwachsenen verlangte, wurde von vielen Jugendlichen bereitwillig angenommen. Statt sich in der Freizeit unverbindlich zu betätigen, wollten sie sich durch Disziplinierung und physische Kraftanstrengungen als Avant-

garde einer besseren Zukunft ausweisen. Zudem verschaffte der Unterricht durch die Akzentverlagerung auf die Vererbungslehre und Eugenik dieser historisch wenig interessierten Jugendgeneration eine dem Anschein nach parteipolitisch neutrale Perspektive und über die »Familienkunde« (DSE I, S. 220) einen neuen, personbezogenen Zugang zur Geschichte. Dadurch konnten die politisch engagierten Lehrer dem noch ungeklärten Paradigmenwechsel in der Geschichtsdeutung ausweichen, überfachlichen Unterricht betreiben und der Forderung nach einer biologischen Ausdeutung des Nationalbewußtseins entsprechen. Die Tendenz, aus biologischen Gegebenheiten Stolz zu entwickeln, der eine Grundlage für den Willen zur vitalen Selbstbehauptung abgeben sollte, wurde also auch von der Schule verfolgt; notwendigerweise mit weniger überzeugendem Erfolg als in der HJ, weil empirisch-biologische Begründungen für die Entwicklung von Selbstbewußtsein fragwürdig bleiben mußten (vgl. Platner, S. 135, 142). Umso mehr wurde der politischen Hetze gegen die Juden nicht zuletzt über die Schülerzeitschrift des NSLB Eingang in der Schule verschafft (Ottweiler, S. 188f.).

Hitler hatte schon in »Mein Kampf« der »Menschenauslese« die gleiche Bedeutung wie der »körperlichen und geistigen Erziehung« zugeschrieben (S. 477). Entsprechend wurde in dem Erlaß »Schülerauslese an höheren Schulen« vom 27. 3. 1935 (noch vor den »Nürnberger Gesetzen«) verlangt: »Die ständige Prüfung muß sich auf die körperliche, c h a r a k t e r l i c h e (Sperrung im Original), geistige und völkische Gesamteignung erstrecken« (DWEV, 1935, S. 125). Jugendliche waren von der höheren Schule zu verweisen (wodurch die Aufnahme in eine andere höhere Schule ausgeschlossen war), die

- schwere körperliche Leiden hatten,
- keine Körperpflege betrieben,
- bei den Leibesübungen dauernd versagten,
- durch allgemeines Verhalten »in und außer der Schule« gegen Sitte und Anstand, gegen Kameradschaftlichkeit und Gemeinsinn verstießen und einen »grundsätzlichen Mangel an Einfügungs- und Ordnungssinn« zeigten,
- die Volksgemeinschaft oder den Staat wiederholt schädigten.

Der zuletzt genannte Tatbestand wurde nicht der charakterlichen, sondern der »völkischen« Auslese zugerechnet. Auf »Nichtarier« wurde diese nur darin angewandt, daß ihnen keine Vergünstigungen mehr gewährt werden sollten. Die »geistige Auslese« sollte sich auf

Schüler beziehen, die einen »allgemeinen Mangel an Denkfähigkeit und geistiger Reife« zeigten.
Der Erlaß zielte darauf ab, der Verhaltensprägung durch die Schule als im öffentlichen Interesse liegend mehr Gewicht zu geben als der »geistigen Auslese«. Da er von dem eifrigsten NS-Schulpolitiker, Dr. Rudolf Benze, als »Kernstück der nationalsozialistischen Schulreform« bezeichnet wurde, ist hervorzuheben, daß die Förderung »geistig besonders veranlagter Kinder armer Eltern«, obwohl im Parteiprogramm der NSDAP erwähnt, hier keinen Platz fand. Diese Förderung wurde noch lange Zeit als eine Frage der Schulgeldermäßigung angesehen, und dies nur, wenn der »Vertrauenslehrer« der HJ der Anerkennung sozialer Bedürftigkeit zustimmte oder die Schüler aus kinderreichen Familien kamen (DSE I, S. 56). Bis 1942 gab es nur für die Schüler der AHS generell Lehrmittelfreiheit, Kostenübernahme für die Heimunterbringung und für die Fahrten in die Ferien; die »Deutsche Arbeitsfront« finanzierte diese Privilegien für eine Schülerauslese der Partei und der HJ.
Die »Menschenauslese« durch die Festsetzung von Eignungskriterien versagte den vom Schicksal körperlich Benachteiligten eine Kompensation durch höhere Schulbildung. Die HJ richtete für die Sinnesbehinderten »Sonderbanne« ein, die Körperbehinderten und die meisten Hilfsschüler blieben aber von der Aufnahme ausgeschlossen, weil sie vom Bestehen einer »Pimpfenprobe« abhängig gemacht wurde (Höck, S. 271); für die Wehrmacht war der Besuch einer Hilfsschule indessen selten ein Grund für die Zurückstellung bei der Musterung (ebda, S. 285). Die Stigmatisierung dieser Schüler als »erbkrank« spielte hier eine geringere Rolle als die Brauchbarkeit. Von einer eindeutig festgelegten Ausgrenzung aus der »Volksgemeinschaft« kann keine Rede sein, auch nicht gegenüber den »Nichtariern«. Wichtig war, daß die Drohung, aus der Gemeinschaft »ausgemerzt« zu werden, Realitätsgehalt besaß und daß in den unterschiedlichen Machtpositionen Willkür, die sich nur noch in ihrer Brutalität unterschied, praktiziert werden konnte. Doch dem Ausweg, Zuflucht in der Klientel eines Mächtigen zu suchen, stand der Konkurrenzkampf um die Macht innerhalb der totalitären Bewegung entgegen. Das Ergebnis von Ausmerze und Auslese wurde so weitgehend vom Zufall bestimmt.
Die Geltung dieser Aussage auch für die Auslese, also für jene Selektion, die größere Entfaltungsmöglichkeiten versprach und das Gefühl

der eigenen Überlegenheit förderte, mag zunächst fragwürdig erscheinen. In der Tat ist vom NS-System propagandistisch mit der Zuteilung eines unterschiedlichen Rechtsstatus nicht nur aufgrund der »Deutschblütigkeit«, sondern auch von »Treue« und Dienstwilligkeit experimentiert worden. Rust nahm schon 1933 auf das »Spartiatentum« Bezug; das »Reichsbürgergesetz« von 1935 suchte eine Unterscheidung zwischen Staatsangehörigen und »Reichsbürgern« zu treffen, zu denen aber nur die am 30. 9. 1935 wahlmündigen Bürger gehören sollten (Johanny/Redelberger, 1943, S. 32). Oder es wurde, bezogen auf die höhere Schule, von einer »Leistungsschicht« gesprochen (Erziehung und Unterricht 1938, S. 15), die indessen nicht identisch war mit der »politischen Ausleseschicht« im Sinne von Ernst Krieck (1932, S. 84), sonst wäre die höhere Schule zum Konkurrenten für die Führerauslese in den NS-Organisationen geworden. Kriecks Formulierung hatte ihre reale Grundlage in der totalitären Bewegung, die sich in der Tat in höchst unterschiedlichen Soziallagen ausbreiten konnte. Deshalb war sie als »Schicht« nicht faßbar, sondern höchstens durch ihren politischen Status. Ebenso variantenreich wurde von Parteiführern an eine Auslese in der Auslese, eine »Führerschicht«, an die Heranbildung eines »Führerordens« oder an einen Ordensstaat im Staat gedacht (Hitler/Ley/Rosenberg/Himmler).

Verfolgt man den Wandel der Einstellungen bezüglich der politischen Zielsetzung, der beanspruchten Vorbilder und ethischen Bindungen bei den NPEA, die für eine Minderheit (ca. 1 % der Abiturienten) eine politisch besonders bedeutende höhere Schulausbildung anboten, so läßt sich aus den Äußerungen von Rust, der Gründergruppe der NPEA und des SS-Obergruppenführers Heißmeyer in den neun Jahren seiner Tätigkeit als »Inspekteur« keine konsistente Erziehungsideologie für die Förderung dieser Schülerauslese gewinnen (Scholtz, 1973, S. 98f.). Daraus darf geschlossen werden, daß es nicht um eine politisch-pädagogische Vermittlung zwischen Erziehungsmitteln und -wegen ging, sondern, nach außen hin, um die Nutzung dieser Einrichtung für die Tagespolitik und, auf die Schüler bezogen, um die Nutzung ihres elitären Bewußtseins für die Anpassung an die Forderungen, die sich aus der jeweiligen politischen und pädagogischen Situation ergaben. Diese Grundintention, die Verfügbarkeit der Schüler zu trainieren, ist schon aus der ersten öffentlichen Erklärung über die NPEA von 1935 herauszulesen (a. a. O.):

»1. Zweck der Anstalten ist die Schaffung einer nationalsozialistischen und staatlichen Erziehungs- und Führungstradition...
3. Bildungsziel ist die ›nationalsozialistische Haltung‹, also eine formale und allgemeine Bildungsidee, die nicht auf ein bestimmtes Wissen oder Können ausgeht, sondern auf die Fähigkeit, sich Wissen und Können in bestimmter Form und Haltung anzueignen zum Kampf und zum Dienst für den NS...
9. Fern jeder Überheblichkeit und der Schwere der kommenden Aufgaben bewußt, sollen die Jungmannen der Anstalten nicht in erster Linie etwas werden, sondern etwas leisten...«

Bei einer solchen Unterscheidung von Fähigkeit und Können wurde vorausgesetzt, was erst das Ziel des Bildungsprozesses sein sollte: die »Haltung«. Diese wurde weniger durch erzieherische Einflußnahmen hervorgebracht, vielmehr wurde sie erzeugt durch das soziale Arrangement der Zulassung zu dieser als privilegiert angesehenen Ausbildung. Auf die permanente Bestätigung (»Bewährung«) der Auslese hin sollten die Erziehungsinstitutionen orientiert sein, deshalb brauchten sie nicht mehr ein »bestimmtes Wissen oder Können« zu vermitteln. Dadurch wurden die Voraussetzungen für das »Führen« geschaffen, das man nach Hitlers Überzeugung am besten »in der Beherrschung fremder Völker lernt« (Monologe, 1980, S. 216). Die »Leistung«, die man den Privilegierten, gleich welcher Altersstufe, abverlangte, war zugleich die Selbstbehauptung in einer als »fremd« erfahrenen Umwelt – deshalb die Abgrenzung der Ausbildungsstätten von der Alltagswelt – und die Unterdrückung des eigenen Ich, das etwas »werden« wollte. Diese zweite Forderung ließ sich in der Jugendphase schwerlich erfüllen. Die Selbstlosigkeit konnte nur durch eine Gehorsamsforderung vorbereitet werden, durch die das Vertrauen in die Befehlshaber ständig auf die Probe gestellt wurde. Entzug dieses Vertrauens bedeutete dann aber auch Verlust der privilegierten Stellung, bei der radikaleren SS auch »Ehrverlust«. Nur dort konnte das Prinzip, nach dem die Zuweisung von Macht im NS-System funktionierte, zur Maxime ausformuliert werden: »Meine Ehre heißt Treue«.
Der »Erziehungsweg bei der nationalsozialistischen Führerauslese«, den Dr. Robert Ley mit der Einrichtung der AHS als »Vorschulen« für die »NS-Ordensburgen« konzipierte, mußte demgegenüber als ein Ausbildungsgang aufgefaßt werden, der schon Zwölfjährige bei der Aufnahme in die AHS darauf festlegte, »Führer« werden zu wollen. Diese Konzeption widersprach, wie überhaupt die schulische Sonderförderung einer Jugendelite, den für die gesamte Jugend geltend ge-

machten Motiven für ihre Teilhabe an der totalitären Bewegung. Nur wenn es nicht von vornherein die Privilegierung einer elitären »Schicht« gegenüber der Masse der Geführten gab, konnte der Wille, einmal selbst zu befehlen und Verantwortung zu übernehmen, den Ehrgeiz zum Aufstieg in der Führungshierarchie motivieren. Die Ambition Leys, in den Kreisen und Gauen schon im Kindesalter den potentiellen Führernachwuchs durch ein hierarchisch aufgebautes Schulsystem auszulesen, mußte deshalb auch in der Partei auf Vorbehalte stoßen.[17] Zum finanziellen Träger der AHS und Ordensburgen wurde die Partei tatsächlich erst 1941, als abzusehen war, daß sich die Phantasmagorie Leys nicht realisieren ließ. Der Finanzgewaltige der Partei, Franz Xaver Schwarz, hatte zwar schon 1936 eine Privatschule in der Nähe von München zur »Reichsschule der NSDAP Feldafing« erklärt, aber als er »die bisher sogenannten Ordensburgen« übernahm, erkannte er ihnen ihre Sonderstellung im Schulungsapparat ab: für sie sei »künftig die Bezeichnung Reichsburgen bzw. Gauburgen vorzusehen« (Scholtz, 1967, S. 276). Für eine großangelegte Elitenförderung konnte er sich nicht entscheiden. Statt der geplanten Einrichtung von AHS für jeden Gau gab es nur für jeden dritten Gau eine solche Schule; die vorgesehene Übertragung der Schulaufsicht auf den jeweiligen Gauleiter wurde dadurch illusorisch. Sie wurde von einem »Kommandeur« aus der RJF übernommen. Er sorgte dafür, daß die AHS zum Experimentierfeld für die von der HJ erwünschte »innere« Schulreform werden konnten. Anders als die NPEA erlebten die AHS keine nennenswerte Expansion, vielmehr suchte man ihre Organisationsprinzipien auf die ab 1941 eingerichteten »Lehrerbildungsanstalten« zu übertragen (Scholtz, 1973, S. 281).

Für die HJ bestand jedoch das Dilemma fort, auf die soziale Mobilisierung jenseits der an Schulleistungen gebundenen Kriterien angewiesen zu sein, andererseits zusammen mit der Partei die Auslese für die AHS zu verantworten, die schon im Alter von 12 Jahren eine politisch hoch bewertete und materiell sehr privilegierte Schulausbildung eröffnete. Dieses Dilemma wurde sogar noch durch ein aufwendiges mehrstufiges Auslesesystem innerhalb der HJ verstärkt. Es konnte nur dadurch verringert werden, daß sich die Schüler der AHS äußerlich, durch ihre Uniformierung, im Gegensatz zur NPEA, kaum von der der HJ unterschieden, und daß der Vorstellung entgegengewirkt wurde, der Besuch einer solchen Schule sei die notwendige Voraussetzung für den Aufstieg in eine politische Führungsschicht. Deshalb entschieden sich auch die AHS für eine freie Berufswahl ihrer Absolventen, obwohl sie nicht von

staatlichen Geldern abhängig und dadurch auch nicht dazu gezwungen waren (wie die NPEA). Von »Aufbauschulen der Partei« hätte sich das Erziehungsministerium eine fachliche Orientierung am Beruf des Parteifunktionärs sogar gewünscht. Dann wäre diese Sondereinrichtung besser zu rechtfertigen gewesen und ihre Konkurrenz zur NPEA nicht so deutlich geworden (ebda. S. 169).
Das Interesse der RJF, aber auch Funktion und Selbstverständnis der politischen Führer ließen eine solche fachliche Berufsvorbildung nicht zu. Deshalb hieß es noch in den »Richtlinien für die berufliche Lenkung der Adolf-Hitler-Schüler« vom 8. 1. 1944 (ebda., S. 399):

»Seinen politischen Auftrag führt der ehemalige A. H. Schüler überall da durch, wo er im völkischen Leben eingesetzt ist, sei es in seinem Beruf als Offizier, Wirtschaftler, Wissenschaftler, Bauer oder als politischer Führer«. Der Bekräftigung der freien Berufswahl »entsprechend Neigung und Befähigung« folgte erst die Forderung: »Die Erziehung in der Schule muß zum Ziel haben, den Kern der Gemeinschaft dem Führerkorps der NSDAP zuzuführen«. Ganz zum Schluß wurde noch einmal auf die Vorstellung Leys Bezug genommen, die AHS zu »Vorschulen der NS-Ordensburgen« zu machen.

Ley hatte schon 1937 festgelegt, daß die Absolventen während der »sieben Jahre Bewährung im Lebenskampf« vom Abschluß der AHS-Ausbildung bis zum Eintritt in die »Ordensburgen« »keinerlei besondere Unterstützung durch die Partei« genießen sollten (ebda., S. 254). Entsprechend berechtigte das »Diplom«, das die meisten Absolventen neben einer »Abschlußbeurteilung« erhielten, zu nichts. Die Förderung eines Zusammenhalts unter dieser »Elite« war nicht vorgesehen (Klüver, S. 117f.; vgl. oben Anm. 6).

Die scheinbare Uneigennützigkeit der Partei war auf denselben Tenor abgestimmt wie die zitierte Grundsatzerklärung über die Ziele der NPEA. Die Schüler sollten keine Karrierepläne entwickeln, sondern zu uneigennütziger Dienstleistung erzogen werden. SS-Karrieren wie die ausführlich beschriebene des SS-Gruppenführers Stroop machen deutlich, daß die Einübung einer solchen Verfügbarkeit geeignet war, die Übernahme von Verantwortung für brutalen Massenmord vorzubereiten (Moczarski, 1982, bes. S. 100). Wäre eine homogene Gruppe für die AHS ausgelesen worden, dann hätten sich bei dem Selbstgefühl dieser Schüler leicht Ansprüche an ihre Ausbildung entwickeln können, die nicht nur auf Dienstbereitschaft hin abgestimmt waren. So ist es zu erklären, daß die Kriterien der Auslese für die Ausgelesenen selber undurchsichtig blieben: sie waren weder alle Superpimpfe noch Musterschüler, unterschiedlich nach Herkunft, körperlichem Erscheinungsbild und in ihrer Begabung. 1942 unterband sogar ein »Führerbefehl« die noch in den einzelnen Schulen bestehende regionale Zusammengehörigkeit, indem die Schüler, als nicht mehr alle 10 Schulen auf einer der »Ordensburgen« konzentriert untergebracht werden konnten, über das ganze Reichsgebiet verteilt wurden. Alle genannten Maßnahmen deuten darauf hin, daß man sich der Möglichkeit zur Entstehung einer jungen Fronde bewußt war, die aus ihrem elitären Bewußtsein heraus aber nicht zu gemeinsamem Handeln gelangen sollte. In der persönlichen Charakterisierung jedes Absolventen, die von den Schulführern für Schirach anzufertigen war, kann der Nutzen dieser Einrichtung für die Parteileitung (neben dem propagandistischen Effekt) gesehen werden: eine intime Kenntnis von Personen, die in verschiedenen Berufsfeldern auf ihre Verpflichtung gegenüber der Partei hin angesprochen werden konnten.

Hitler konnte sich darauf verlassen, daß in den »Ausleseschulen« die Jugend seinen Anschauungen gemäß erzogen wurde (Picker, S. 402, zum 10. 6. 1942); die »harte Erziehung unserer Internate« sah er als »vorbildlich« an (ebda., S. 246). Schon in »Mein Kampf« hatte er sich positiv gegenüber der amerikanischen high school geäußert, weil sie auch den untersten Schichten die Möglichkeit zur Ausbildung von Begabungen gäbe (S. 479). »Ganz falsch wäre es allerdings, im Reichtum an theoretischen Erkenntnissen charakteristische Beweise für Führereigenschaft und Führertüchtigkeit erblicken zu wollen« (ebda., S. 650). Ein Führer sollte Agitator und Organisator und als solcher »in erster Linie Psychologe« sein. Zeugnisse, also eine Ausbildung, zählten nicht bei der Bewältigung dieser Aufgaben. Für Hitler gab es keinen planbaren Übergang in die Gruppe der Herrschenden, keine Heranbildung einer politischen Elite; in der Öffentlichkeit verlautete darüber, daß die Nachwuchsgewinnung für die Führungsschicht für ihn zu den »ungelösten Problemen der Zukunft gehöre« (Brausse, 1940, S. 2).

Dennoch haben die vom Regime privilegierten Schulen dieses Problem zu lösen gesucht. Der »Führerwille« zielte indessen nur auf eine »harte Erziehung« ab, die sich mit der Dankbarkeit für die genossenen Privilegien verbinden sollte. Härte mußte sich deshalb in ein jugendlichen Bedürfnissen entsprechendes Schulerlebnis integrieren. Eine nach Hitlers Vorstellungen »gekürzte« Allgemeinbildung, die genügend Zeit für das Körpertraining und straffen »Dienst« ließ, konnte sich verbinden mit der Förderung von Talenten im Bereich des Technisch-Instrumentellen, zu dem nach Hitlers Kunstauffassung auch der musische Bereich gehörte. Löst man sich von der falschen Vorstellung, hier sei zweckgerichtet politischer Führernachwuchs herangebildet worden (Orlow, 1965), dann wird ersichtlich, warum sich diese Schulen aus historischer Sicht als »geschlossene Realisierung aller Ideale der pädagogischen Reformintentionen vergangener Jahrzehnte unter der organisierenden Leitlinie eines übergeordneten politischen Willens« darstellen können (Blankertz, S. 276). Die Möglichkeit zur Verknüpfung der von Blankertz auf acht Merkmale bezogenen Realisierung reformpädagogischer Vorstellungen ergab sich nur, weil von den privilegierten Schülern nicht wahrgenommen werden konnte, daß sie das für das System ideale Stadium ihrer Reife bereits erreicht hatten, Reformpädagogik insofern zum Selbstzweck geworden war, als durch sie die jugendliche Mentalität in dem von Hitler hochgeschätzten Alter der Begeisterungsfähigkeit bis zum 16./17. Jahr (Picker, S. 398) nur noch stabilisiert wurde. ›Linke‹ Traditionen der Reformpädagogik, die von einer differenzierten Gesellschaft ausgegangen waren und entsprechende Lernanforderungen zur Erreichung politischer Ziele gestellt hatten, fanden hier natürlich keinen Platz.

Die Investitionen für eine Auslese der Schuljugend haben sich, auch wenn sie nicht direkt der Nachwuchssicherung für die Führungsschicht dienten, in verschiedenen Hinsichten als rentabel erwiesen:

- Die wenigen Schulen ließen sich als Beweis des Willens zur sozialen Öffnung des Zugangs zur höheren Bildung nutzen (Hitlerrede vom 10. 12. 1940 in: Freiheitskampf, 1942, S. 350f.).
- »Talente« wurden unter politischer Kontrolle erzogen (ab 1942 wurden auch vereinzelt Schüler aus den besetzten Ländern aufgenommen),
- Der totalitären Bewegung wurde ein Aktionsfeld im Bereich des höheren Schulwesens freigegeben (entsprechende Konkurrenz zwischen NPEA, AHS und »Reichsschule« Feldafing).
- Als »Versuchsschulen« konnten die Internatsschulen die Kombination von Schulunterricht und »Lagererziehung« vorbereiten (für die Ausweitung der NS-Internatsschulen in der dritten Phase).
- In der dritten Phase ersetzten die Schulen Garnisonen im besetzten Gebiet, wirkten bei Germanisierungskampagnen mit; die Schüler konnten zur Truppenbetreuung, als Lagermannschaftsführer in der KLV oder an der Heimatfront (Luftwaffenhelfer) herangezogen wer-

den, wie sie schon vor dem Krieg zu Propagandazwecken eingesetzt worden waren.

Der Wert dieser Einrichtungen für die Umerziehung muß ausführlicher begründet werden, um den Stellenwert reformpädagogischer Orientierungen innerhalb einer Erziehungspraxis erklären zu können, die auf die Verfügbarkeit über einen besonders leistungsfähigen Nachwuchs gerichtet war. Wie man sich den Idealfall einer Verknüpfung persönlicher Motivation und »Typenprägung« in der erzieherischen Interaktion vorstellte, ist bereits am Beispiel »Charaktererziehung durch Unterricht« aufgewiesen worden. Bei der Analyse der Anforderungen, die an eine »Auslese« mit dem Ziel gestellt wurden, sie in die totalitäre Bewegung zu integrieren, müssen nun allgemeiner die Wechselwirkungen, die sich aus der doppelten Zielsetzung »Führerauslese« und »höhere Schulbildung« für die Struktur der Lager-Schule ergaben, dargestellt werden.

Eine langfristig angelegte Förderung von Führernachwuchs mußte notwendig mit dem Angebot einer weiterführenden Schulausbildung verbunden werden. Ley wollte das nicht wahrhaben, als er bei der Gründung der AHS erklärte, es werde keine Zeugnisse, keine Prüfungen, kein Sitzenbleiben geben, nur eine »Leistungsolympiade« und das »Ausscheiden« bei Versagen in »charakterlicher Leistung(!) und Wissen«. Führerauslese in Permanenz verlangte die Bewährung von »Charakter und Leistungsfähigkeit« und berücksichtigte dabei nicht die Notwendigkeit zur *Entwicklung* von Sachkompetenz. Die Erzieher aber, die Schulunterricht anzubieten hatten, wollten nicht auf die Notengebung verzichten. So wurde eine »Leistungswoche« eingerichtet, in der sowohl die Schülerarbeiten aller Schulen wie abgeordnete Gruppen aus jeder Schule miteinander konkurrierten. Und das Schulzeugnis wurde mit detaillierten individuellen Beurteilungen so angereichert, daß nun der »Charakter« zensiert und so tatsächlich zu einem Teilbereich der Leistungsfähigkeit werden konnte. Die Gefahr für den reformpädagogischen Ansatz, durch seine auf das Kind zentrierten Erziehungsbemühungen die Intimität kindlichen Eigenlebens zu beseitigen, tritt an diesem Beispiel exemplarisch zutage.

Die organisatorischen Möglichkeiten des Systems eröffneten den Schülern eine vielseitige Ausbildung, daneben wurde in »Einsätzen« die Bewährung in der »Selbstführung« gefordert, weil schließlich die praktische Leistungsfähigkeit für die Vergabe von Führungspositionen den

Ausschlag gab. Hier blieben die Schüler prinzipiell auf sich gestellt. Eine Koordination dieser Angebote und Anforderungen mit dem Gang des Unterrichts war weder zu leisten noch beabsichtigt. Durch diese Unterbrechung geriet die schulische Arbeit zur Pflichtübung, wogegen die meist jungen Erzieher alle methodischen Möglichkeiten einsetzten, um auch den Unterricht zum »Erlebnis« aufzuwerten. Dabei kam den AHS zustatten, daß es für sie keine fachliche Schulaufsicht, sondern nur die Zusammenarbeit der Fachvertreter, keine der Öffentlichkeit vorliegenden Lehrpläne und somit keine Kontrolle von außen gab, nur durch die alle zwei Jahre stattfindende »Leistungswoche« und rege, während des Krieges freilich nachlassende Kontakte mit den Eltern der Schüler. So konnte sich der Unterricht je nach individuellem und kollektivem Vermögen der Fachlehrer entwickeln, aber eingeschränkt durch die akzeptierten Rahmenbedingungen; gegen sie konnten die als HJ-Führer eingestuften Erzieher natürlich nicht mit professionellen Argumenten protestieren. Die Erreichung des Schulzieles blieb undefiniert, wie es während des Krieges auch an den öffentlichen höheren Schulen der Fall war. Die auf »Bewährung« trainierten Schüler konnten jedenfalls auf eine Schulzeit zurückblicken, die unkonventionell verlaufen war, viele Anregungen zur Entfaltung technisch-instrumenteller Begabungen geliefert und politisches Prestige verschafft hatte.
Auch diese Förderung einer Auslese blieb von Willkür bestimmt. Damit sind nicht nur die Entscheidungen über das Ausscheiden von Schülern gemeint, sondern auch die Gewichtung von »Bewährung« und Ausbildung, die Ausbildungsinhalte, die Beurteilungskriterien. Als Maßstab für die Qualität einer Ausbildung wird mit einigem Recht ihre Dauer angesehen. Für Aufbauschulen, die Zwölfjährige aufnahmen, waren in der Weimarer Zeit 7 Jahre veranschlagt worden, die Planung der NS-Zeit reduzierte sie auf 6, die Praxis der AHS sah einen Schulabschluß nach 5 Jahren vor. Dann aber hatte mehr als die Hälfte der Schüler, die nicht von einer Oberschule zur AHS gekommen waren, kaum 4 Jahre auf der höheren Schule verbracht, weil die Schüler über längere Zeit als »Lagermannschaftsführer« in der KLV, als Luftwaffenhelfer und in verschiedenen anderen Funktionen eingesetzt worden waren. Gleichwohl wurde ihnen mit der »Abschlußbeurteilung« der AHS auch der Zugang zum Hochschulstudium eröffnet. Für die Absolventen, die eine politische Laufbahn ergreifen wollten, und das waren im ersten Jahrgang zwei Drittel, schloß das von vielen erlangte »Diplom« (als Zeichen der Auslese in der Auslese) keine Berechtigungen ein. Die Machthaber lie-

ßen offen, ob sie weiterhin die Sicherung des Führernachwuchses als »ungelöstes Problem der Zukunft« ansehen wollten.
Auch die Erzieher befreite die prinzipielle Verfügbarkeit über alle, die am Zirkel der Machtentfaltung teilhaben wollten, von Bindungen an gesellschaftliche Konventionen. Sie konnten sich ihren »politischen Auftrag deuten«, als Lehrer oder Förderer von Führernachwuchs. Doch daß dieser Auftrag nur begrenzt zum »Politisieren« führen durfte, galt auch für sie. Der für das Schulziel »Führerauslese« zentrale Prozeß der Bewährung in fremder Umwelt blieb der Selbsterziehung überlassen. Dergestalt von erzieherischer Verantwortung entlastet, ließ sich dann auch ein kameradschaftliches Verhältnis zu den Schülern herstellen, das zwar nicht die Befehlsgewalt aufhob, aber geeignet war, die gemeinsame Abhängigkeit vom Zirkel der Machtentfaltung angemessen zum Ausdruck zu bringen.
Wie gering die Machthaber den Wert einer schulischen Ausbildung für die Verwendung in politischen Führungspositionen einschätzten, geht aus der emphatischen Schilderung der Aufstiegsmöglichkeiten für HJ-Führer durch v. Schirach hervor. Möglicherweise sollte sie auch dem Ziel dienen, die HJ-Führer von ihrer Fixierung auf den Beruf des Jugendführers abzulenken. Als Basis für diesen Aufstieg sah er 1938 die Ausbildung zum Volksschullehrer an, ignorierte aber, daß diese das Abitur und das Studium an einer Hochschule für Lehrerbildung voraussetzte:

»So sehen wir ihn zunächst als Jugendführer, der durch jährliche Übungen sich für seine spätere Funktion als Volksschullehrer vorbereitet. Wir sehen ihn dann in diesem Amte, wie er als Jugendlicher und durch Dienst und Rang mit der Jugend verbundener Nationalsozialist in dem gleichen Geiste unterrichtet, in dem er bisher geführt hat. Wir sehen ihn dann nach einigen Jahren auf der weiteren Wanderschaft wieder im aktiven Dienst der Jugendführung, aber diesmal mit höherer Verantwortung. Dann als Erzieher auf einer Adolf-Hitler-Schule ... es kann ebensogut sein, daß wir ihn als Gauschulungsleiter in unserer Partei wiedertreffen oder als aktiven Führer in der SA oder SS. Ganz genau kann man den Weg des Mannes nicht bezeichnen, weil wegen der *ungeheuren Weite* (Hervorhebung vom Verfasser) dieser Ausbildung der Möglichkeiten so viele sind, daß sie sich gar nicht übersehen lassen.« (Schirach, 1938, S. 124.)

Um die erwünschte Mobilität und Flexibilität zu erzeugen, reichte die Aussicht auf »Beförderung« in den Massenorganisationen nicht aus. Schon zeichnete sich der Zugriff auf einen Teilbereich weiterführender Bildung ab, der die Lehrerausbildung mit der Führerauslese verbinden sollte. 1941 wurde dann den »Hauptschulen« als »Auslese-Pflichtschulen« die Aufgabe zugewiesen, die Qualifizierung unter verstärkter politischer Kontrolle noch frühzeitiger abzusichern. Der RJF wurde schon 1938 klar, daß die 1934 von Schirach ausgegebene Devise: »Der Trennungsstrich zwischen HJ und Schule kann nicht scharf genug gezogen werden« (Die HJ, S. 172), nicht länger zu befolgen war. Wenn er 1938 die »Einheit der Erziehung« beschwor, meldete er damit den Anspruch auf »Verwandlung unseres Schulwesens« an, um so den Einfluß der RJF auf Dauer sichern zu können:

»Bei einer Zusammenarbeit von Schule und Hitler-Jugend hat die Schule alles zu gewinnen und nichts zu verlieren, während wir viel zu verlieren haben« (Schirach, 1938, S. 121). »Man soll sich nicht täuschen. Der Jugendbund ist die ideell stärkere, die organische Form. Aber die Schule ist formal stärker. Die bei ihr eingesetzten Mittel sind umso viel größer, der Apparat gewichtiger, daß sie, auf die Dauer gesehen, Siegerin bleibt, sobald bei ihr ein neuer jugendlicher Erziehertyp erscheint« (Stellrecht, 1942, S. 78).

Die »Zusammenarbeit« zielte also nicht nur auf die Sicherung von Nachwuchs für die totalitäre Bewegung ab, sondern auch auf eine Art Unterwanderung von Teilen des Schulwesens, in denen die »ideelle Stärke« der HJ zur Geltung gebracht werden konnte, wozu sich Internatsschulen besonders eigneten. Das dazu ausgegebene Schlagwort lautete: »Selbstverantwortung der Jugend in der Schule« (v. Schirach). Es wäre also falsch, den inflationären Gebrauch des Begriffes »Ausleseschule« in der dritten Phase nur mit der Funktion der politischen Auslese von Schülern in Verbindung zu bringen. Vielmehr verbarg sich hinter dem Anspruch auf »Auslese« die Verwirklichung des Anspruchs auf totalitäre Umerziehung in den Teilen des Schulwesens, in denen sich die totale Kontrolle über das Leben der Schüler auf dem Weg über die »Selbstführung« durchsetzen ließ.

Durch eine solche Anbindung der Schulausbildung an die Aufstiegsmöglichkeiten innerhalb der politischen Organisationen wurde der Eindruck, in einer ›offenen Gesellschaft‹ zu leben, noch mehr verstärkt als dadurch, daß »in Gestalt von Posten, Medaillen und Uniformen – ungeachtet etwaiger Befugnisse – in großem Stil sozialer Rang verteilt« wurde (Schoenbaum, 1980, S. 334). Denn die junge Generation war nicht mehr politisch so unerfahren, daß sie in jedem Uniformträger reale Macht verkörpert sah. Erst durch die Verbindung der mit Schulleistungen traditionell verknüpften Berechtigungen mit politisch anerkannten

Leistungen, die sich in Diensträngen, Leistungsabzeichen und Sonderqualifikationen ausdrückten, schien der reale Aufstieg abgesichert zu sein. Daß auch die Schulleistungen manipuliert werden konnten, wie am Beispiel der AHS gezeigt wurde, kam diesen Jugendlichen nicht in den Sinn. Wenn sie in ihrem durch die Auslese gesteigerten Selbstwertgefühl dann die Erfahrung machten, für die Bewährung in der Praxis nicht genügend theoretisch vorgebildet worden zu sein, wurde der vom System erwünschte Mechanismus wirksam: ihre Hilflosigkeit schlug in autoritäre Beanspruchung von Amtsautorität um, was sie trotz der ideologisch geförderten Selbständigkeit vom Apparat abhängig machte. Die Auslese funktionierte nur in Verbindung mit »Erziehung«, während die ebenfalls notwendige Unterrichtung bewußt vernachlässigt wurde.

6. Zwischenbilanz: Die Umerziehungspraxis der totalitären Bewegung

Was die Zeitgenossen als Erziehungswirklichkeit erfuhren, stellte sich ihnen als eine kaum unterscheidbare Mischung von Nazifizierung und Jugenderziehung dar. Vor der Schilderung der Auswirkungen des NS-Systems und der von ihm geförderten totalitären Bewegung auf die traditionellen Orientierungen in Jugenderziehung und Unterricht empfiehlt es sich, die bisher herausgearbeiteten Strukturelemente, die für die Umerziehung zum Nazi konstitutiv waren, zusammenzufassen. Die aufgezeigte Dynamik in der Instrumentalisierung von Traditionsbeständen, aber auch der Mangel an Konsens innerhalb der totalitären Bewegung verbieten es, von einer Erziehungskonzeption der Nationalsozialisten zu sprechen. Aber es gab Grundmuster von Erfahrungen, wie die totalitäre Organisation einzurichten sei, um sie funktionstüchtig zu erhalten (vgl. Kap. 5.1). Von diesen Grundmustern geht die Systematisierung aus, um daraus die Folgerungen für die Umgestaltung der Jugenderziehung zu ziehen. Dabei darf die zentrale Bedeutung der Förderung und Formung eines instinkthaften Verhaltens nicht außer acht geraten. Die Reihenfolge der Aufzählung von Strukturelementen der Umerziehung zum Nazi ergibt sich aus ihrer Gewichtung im Prozeß der Nazifizierung.

Es bezeichnen

A die Maßnahmen und Mittel

B die mit ihnen verbundenen Zwecke und Ziele

C die Gegenwirkungen und Ausschließungsabsichten.

1. A. Organisation von »Formationen« und Einübung eines Interaktionsschemas, Uniformierung, Betonung der Körperbeherrschung.

   B. Mechanisierte Einordnung, Unterordnung unter ein Kommando, Anerkennung emotionaler Sicherungsbedürfnisse in der formalisierten Gruppenbeziehung (Gebot der Kameradschaftlichkeit).

C. Ausschluß von Machtkämpfen innerhalb der Formation, Negieren der sozialen Herkunft, ersatzweise positive Bewertung landsmannschaftlicher Unterschiede.

2. A. Appellative Herstellung von Sinnbezügen durch Rituale unter Förderung von Selbstbeteiligung (Lieder, Sprüche, Aktionen).

B. Glaube an den Sinn des Verfügbar-gemachtseins (der »Erfassung« durch die Organisation) unter Selbstbeteiligung an der Auslegung dieses Glaubens a) durch Handeln, b) durch sprachliche Ausdeutung von Symbolen.

C. Abwehr universalistischer Bindungen, welche ethnozentrische Orientierungen in Frage stellen, Ausschluß von Diskussionen.

3. A. Herstellung von Ausnahmesituationen, Härtetraining zur Selbstüberwindung und zur Ablösung von persönlichen Bindungen.

B. Einübung von Mobilität, Flexibilität und Selbstkontrolle im Verhalten.

C. Gegengewicht zur Emotionalisierung und zur Betonung der Vitalität. Einübung von Bescheidenheit in den materiellen Bedürfnissen, Unterdrückung der Sexualität.

4. A. Hierarchisierung der Sozialbeziehungen innerhalb bestimmter Organisationen. »Ausmerze« und Führerauslese, Wettkämpfe. Wechsel der Organisation bedingt auch eine Statusveränderung.

B. Stimulierung des Interesses an Organisationszugehörigkeit und Dominanz, Sicherung von Vertrauen bei unbegründeten Entscheidungen durch die Erwartung des eigenen Aufstiegs, Bereitschaft zum Wechsel sozialer Rollen.

C. Begrenzung karrieristischer Orientierungen; an die Stelle der Berechtigung tritt die prinzipielle Überprüfbarkeit der individuellen Effizienz, Verhinderung der Bildung einer gemeinsamen Fronde.

5. A. Bereitstellung vielseitiger Qualifizierungsangebote im Bereich des Sports, der Technik und der musischen Expression.

B. Stärkung des Selbstgefühls und seine Differenzierung durch vielseitige Entfaltung von vitalen, musischen, technischen Fähigkeiten unter Vernachlässigung theoretischer Kompetenzen.

C. Kompensationsangebot für die Aufrichtung von Tabus und die kulturelle Bevormundung. Die Zweckbindung der zur Verfügung gestellten Mittel setzt der Verfolgung von Spezialinteressen und der künstlerisch-musischen Expression Grenzen (Betonung ihrer dienenden Funktion).

6. A. Konkurrierende Machtansprüche gegenüber der Jugend führen zu einer die »Eigenwelt« betonenden Ausgestaltung des Erziehungsfeldes, Ausbreitung der »Selbstführung«.

   B. Reproduktion von Konformismus in der eigenen Lebenspraxis, aber auch von Ressentiment gegenüber den gesellschaftlichen Verhältnissen in der Umwelt. Bezeugung von »Glauben« bis hin zum Fanatismus.

   C. Verhinderung realistischer Orientierungen und rationaler Lebensplanung durch Bindung an unzeitgemäße Leitbilder (z. B. Germanenkult). Der Wechsel von appellativer Beeinflussung (Lager) und Bewährung beugt der Entstehung eines dogmatisch begründeten Handlungskonzepts vor.

7. Auswirkungen und Ergebnisse: Sozialer Wandel in der Jugenderziehung unter dem Anspruch der Umerziehung

Eine historische Darstellung darf als Akteure der Veränderungen von Erziehung und Unterricht nicht nur das NS-System und die mit ihm korrespondierende totalitäre Bewegung ansehen. Die Schule war als Institution durch beide herausgefordert; die Jugend stand im Einflußbereich widerstreitender Anforderungen und Erwartungen. Zugleich Kind und »Führer« zu sein, waren nicht nur unterschiedliche gesellschaftliche Rollen, sondern setzten ein so grundsätzlich anderes Selbstverständnis voraus, daß dieser Konflikt behandelt werden muß. Zwar ist die Fixierung unseres historischen Bewußtseins auf das »System« als Promotor sozialen Wandels verständlich, weil es durch die Verschärfung der Ausnahmesituation im »totalen Krieg« auch die subjektive Wahrnehmung von Erziehungswirklichkeit weitgehend bestimmen konnte. Aber die Historie lieferte dem Totalitätsanspruch des Regimes eine ungerechtfertigte Bestätigung, wenn sie meint, im Aufweis der faktischen Durchsetzung von Verfügungsgewalt schon die Rekonstruktion der Problemlage für die Erziehung geleistet zu haben. Die Kosten für die Besessenheit vom Gedanken an die Machtbehauptung im »Endsieg« sind nicht erst nach der Niederlage bezahlt worden; die Jugendlichen haben sie, teils genötigt, teils zustimmend schon im Prozeß ihrer Umerziehung aufgebracht. Wie begrenzt dementsprechend ihre »Verhaltenssicherheit« (Schelsky) war, wird zu zeigen sein.

Der soziale Wandel ist an der Umgewichtung von zwei Sozialisationsfeldern zu beschreiben, die in unterschiedlicher Weise gegenüber Manipulationen durch politische Entscheidungen anfällig waren: Die Schule und die Jugendphase. Von einem Konflikt zwischen Schule und HJ auszugehen, griffe zu kurz. Darauf verweist schon die Möglichkeit zur Kombination von Schule und Lager. Vielmehr ging es um das Spannungsverhältnis zwischen der soziokulturellen Ausgestaltung der Jugendphase, aus der eine persönliche Motivation der Jugendlichen zur

Mitgestaltung resultieren konnte, und den Bemühungen der Schule um die Integration der Heranwachsenden in eine komplexe Gesellschaft, bei denen der Interessenlage der Jugendlichen vorgegriffen werden mußte. Der Konflikt zwischen diesen beiden Sozialisationsfeldern konnte von dem ›von oben‹ eingreifenden Verfügungsanspruch entschärft werden, wenn Lehrer wie Schüler/HJ-Mitglieder bereit waren, auf eine institutionelle Absicherung ihrer Verhaltensorientierungen zu verzichten und auf die Sinnhaftigkeit der Preisgabe an die technisierte Machtausübung zu vertrauen. In dieser häufig ergriffenen Möglichkeit zur Konfliktlösung sind Motive für die Anpassung an den Verfügungsanspruch auszumachen, die keineswegs ein politisches Bekenntnis zum Regime einschließen mußten, aber auf eine Flucht in den Gehorsam hinausliefen.

Diese Überlegungen sind erforderlich, um einerseits den in der Jugendphase weithin vorherrschenden Optimismus, andererseits das Bedauern über den schulischen Leistungsverfall der Heranwachsenden auf seiten der Lehrer und Eltern und schließlich die geringe politische Bewußtheit all derjenigen zu erklären, die sich dem Verfügungsanspruch anpaßten. Diese Anpassung vermied sowohl den Konflikt zwischen den Generationen wie Zielkonflikte. Selbst die totalitäre Bewegung, die sich durch die Zuspitzung solcher Konflikte profiliert und legitimiert hatte, wandelte sich unter dem Druck der Ausnahmesituation des Krieges. Ihre Anhänger flüchteten entweder in sektiererische weltanschauliche Positionen, in eine individualistische Konfliktlösung, die freilich nicht mit der Tendenz der nichtnazistischen Intelligenz zur »inneren Emigration« verwechselt werden darf (so im Fall von E. Krieck: G. Müller, S. 139f.), oder sie nahmen die Rolle eines Büttels der Obrigkeit an.

Das entstandene Vakuum in der Ausübung von Autoritätsfunktionen wurde während des Krieges von nicht am politischen Machtkampf beteiligten Älteren ausgefüllt. Sie ignorierten so weit wie möglich bei ihren Leistungsanforderungen die Veränderung der Erziehungssituation oder gestalteten sie in den KLV-Lagern im Sinne einer »Pädagogik vom Kinde aus« um. Diese Pädagogen haben dann auch in der Nachkriegszeit pädagogisch stilbildend wirken können (etwa W. Blume in Berlin). Vom Ministerium wurden solche Tendenzen durchaus unterstützt:

»Wenn die Zeit fehlt, um sich auf einen Eindruck oder eine Mitteilung zu besinnen, dann stumpfen Aufnahmefähigkeit, Urteilsvermögen und Gedächtnis ab ... Das Vielerlei stumpft die Sinne und den Wissenstrieb ab, ermüdet den Verstand und erzeugt den im Grunde bildungsfeindlichen Besserwisser und gelangweilten Nichtskönner« (Holfelder, 1941, S. 76).

Die Schule konnte als retardierendes Moment gegenüber der totalitären Dynamik – aber auch im Sinne der Systemstabilisierung! – nur wirksam werden, weil sie mehr der Erziehung als der Umerziehung dienen mußte.
Protest gegen die Umerziehung infolge der seit 1935 geltenden Auslesebestimmungen für die höheren Schulen läßt sich nur bei genauerer Untersuchung der Selektionskriterien einzelner Schulen (z. B. Basler, S. 55) vom »Schulversagen« unterscheiden. Für die Zunahme der Konflikte spricht, daß die Zahl der Schüler in Fürsorgeerziehungsanstalten 1940 im »Altreich« (14703) fast wieder so hoch war wie 1931, obwohl die Stärke der Geburtsjahrgänge kontinuierlich abgenommen hatte (DSE I, 113; DSE II, S. 261 und Klönne, München 1981, S. 182). Schülerproteste gegen die Umwandlung von Internats- in »Deutsche Heimschulen« dürfte es in mehr als einem Fall (Scholtz, 1973, S. 295) gegeben haben. Solche Erscheinungen unangepaßten, protestlerischen Verhaltens kann man nicht als Zeichen der Angstminderung in einem zur Normalität gewordenen System deuten. Denn die Polizei griff bei Beginn des zweiten auf die Verordnungen des ersten Weltkrieges zurück, und die RJF sah sich zur Rechtfertigung dieser obrigkeitlichen Maßnahmen genötigt (Klönne, Münster 1981). So erhielten solche Disziplinkonflikte wieder zunehmend eine politische Dimension (vgl. Eggert, S. 47f.). Die Verschärfung der Maßnahmen zur Kontrolle des Freizeitverhaltens, die durch das Auftreten von Jugendlichen als Kontrollinstanzen (HJ-Streifendienst) besonders provozierend wirken mußte, brachte als Alternative zur Umerziehung nicht mehr nur die soziale Ächtung, sondern die Anwendung staatlicher Gewalt zur Geltung. Die Durchsetzung der »Jugenddienstpflicht« tat ein übriges, um den Jugendlichen das Element des Zwanges in der Umerziehung vor Augen zu führen. Daraus ergaben sich Ansatzpunkte für eine Solidarisierung, die nicht mehr rückwärtsgewandt, in den Augen der Jugendlichen also konterrevolutionär waren, sondern die Tendenz zur Ausgestaltung eines »Jugendraumes« weiterverfolgten.

Der Jugendgeneration des Krieges erschien Renitenz gegen die »Typenprägung« nicht mehr so unmodern und zu verachten wie zuvor, als sich die HJ noch als Avantgarde ansehen konnte. Vielmehr strich, innerhalb der HJ, der »Stenz« seine individuellen Leistungen und seinen

Geschmack ebenso heraus wie viele junge Offiziere, die zum anerkannten gesellschaftlichen Leitbild geworden waren. Andererseits verschafften die hysterische Reaktion auf Cliquenbildungen und die Attraktivität des Verbotenen, besonders des Abhörens von »Feindsendern«, solchen Erscheinungen erst allgemeine Beachtung. Alle Gegenmaßnahmen sprechen dafür, daß man im Herrschaftsapparat tatsächlich glaubte, die gesamte Gesellschaft im Krieg total kontrollieren zu können. Aus der Hochstilisierung solchen Verhaltens zur »politischen Opposition« (ebda S. 126f.) spricht die Realitätsblindheit der Funktionäre, denn oft hat die Strafverfolgung erst die Opposition politisiert. Dadurch ist auch von der Geschichtsschreibung der Jugendprotest vielfach zu sehr in die Nähe des politischen Widerstands gerückt worden (Peukert in: Löwenthal). Zum Jugendwiderstand werden indessen auch Erwachsene gerechnet, die früher antifaschistischen Jugendorganisationen angehört hatten. Aus den Widerstandsaktionen hat man vernünftigerweise die Jugendlichen herauszuhalten gesucht.
Bei der Einberufung in Lager und zu Dienstleistungen hatte man die vom Militär entwickelten Verfahren übernommen, um so einer Solidarisierung in der Verweigerung entgegenwirken zu können. Nur bei sozial homogen zusammengesetzten Gruppen konnte Renitenz gegen die Umerziehung aufkommen, und auch nur dann, wenn diese Gruppen nicht durch Aufstiegserwartungen an das System gebunden waren; das von M. Maschmann geschilderte Verhalten junger Arbeiterinnen im RAD kann als symptomatisch angesehen werden (1963, S. 134). »Swing-Jugend« wie »Edelweißpiraten« waren Ausprägungen einer im Freizeitverhalten von ihrer sozialen Perspektive bestimmten bourgeoisen und proletarischen Jugend, deren Wertorientierung sich wesentlich von der der HJ unterschied. Für die Bedeutung der sozialen Perspektive in der Einstellung zur HJ-Sozialisation spricht auch, daß die Angebote der Kirchen noch in der mittelständischen und in der Landjugend Resonanz fanden, solange sie ein »Gegenmilieu« (Klönne, 1982, S. 171) anbieten konnten. Als das vom Staat – unter kräftiger Mithilfe der HJ – unterdrückt wurde, war der so erzwungene Rückzug auf die Gemeindejugend mit primär religiösen Inhalten und Aufgabenstellungen, trotz der im Krieg weit verbreiteten »Flucht in die Innerlichkeit«, kaum noch attraktiv.
Die sozialen Aspirationen, mit denen das System die von ihm kontrollierten Erziehungswege mehr und mehr verkoppeln mußte, kamen bei der Neugestaltung der öffentlichen Erziehung und Ausbildung im ge-

teilten Deutschland in unterschiedlicher Weise zum Zuge. Die Veränderungen der sozioökonomischen Machtverhältnisse im sowjetisch beherrschten Teil erlaubten eine Anknüpfung an die geweckten Aufstiegserwartungen durch ein Bildungssystem, das die vorhandenen Ansätze zur Massenmobilisierung fortführen konnte, und die Anlehnung an die Sowjetunion ermöglichte die erneute Einrichtung einer Staatsjugendorganisation (vgl. Scholtz, Stuttgart 1983). Im Westen hatte sich dagegen das Erziehungs- und Bildungssystem als Mittel zur politischen Loyalitätssicherung dadurch diskreditiert, daß es während der NS-Herrschaft Aufstiegskanäle eröffnet hatte, deren sozioökonomische Bedeutung eine Fiktion blieb; freilich nur, weil sich die imperialistische Perspektive nicht verwirklichen ließ. Dementsprechend wurden die neuen Institutionen (Hauptschule, LBA, Ausleseschulen, Vorstudienanstalten, wirtschaftsberufliche Erwachsenenerziehung) nicht weitergeführt, bis die gesellschaftspolitische Bedeutung des Bildungssystems nicht mehr zu übersehen war; die Jugendpolitik wurde viel später erst wiederentdeckt.

Dem vom Hebelwerk der NS-Erziehungspolitik in Gang gesetzten sozialen Wandel fehlte die Kraft, Traditionen zu bilden. Erwartungen waren geweckt, aber auch enttäuscht worden. Wie unterschiedlich die Reaktionen auf die Umstrukturierung des Erziehungsfeldes und die neuen Einrichtungen ausfielen, könnten erst regionale Untersuchungen ergeben (Sauer, 1975), die jedoch in die Nachkriegszeit hinein weitergeführt werden müßten. Nur für Österreich liegt eine entsprechende Untersuchung vor (Engelbrecht, 1980). Erst aus größerem Abstand ist wahrzunehmen, in wie vielfältiger Weise hier Zusammenhänge bestehen, auch bei einer bewußten Absage an die totalitäre Bewegung. Der bisherige Stand der sozialgeschichtlichen Erforschung der Reaktionen der Jugend auf die Erziehungs- und Ausbildungsangebote bzw. auf die Versagungen und Begrenzungen von Emanzipations- und Bildungsbestrebungen läßt eine zusammenfassende Darstellung unter Berücksichtigung der verschiedenen Alterskohorten noch nicht zu (vgl. Kater, 1979, 1980; Lundgreen, 1981). Die dabei gemachten Erfahrungen dürften auch für das spätere Verhalten gegenüber Bildungsangeboten von einiger Bedeutung gewesen sein. Zur Beantwortung dieser Frage hat diese statistikfreudigste Epoche der deutschen Schulgeschichte für die Jahre bis 1942 einige aussagekräftige Daten bereitgestellt. Die folgende Skizzierung der neuen Erfahrungen, die mit Schule, öffentlicher Erziehung und der gesellschaftlichen Definition der Jugendphase gemacht wurden, versucht Motive für den Einstellungswandel gegenüber Erziehung und Unterricht in der HJ-Generation und bei den im Krieg Heranwachsenden präziser zu erfassen.

7.1 Der Bedeutungswandel der schulischen Unterweisung

Der über die Grundschulphase hinausgehende Unterricht hat in seiner Bedeutung für die Lebensorientierung der jungen Generation einen bemerkenswerten Wandel erlebt. Er hat sich desto ausgeprägter dargestellt, je mehr sich die einzelne Schule, die einzelnen Lehrer dem Primat totalitärer Machtentfaltung verschrieben haben. An ihm läßt sich die Irritation jener in der NS-Zeit heranwachsenden Generation hinsichtlich dessen ablesen, was der Schulbesuch ihr bedeuten konnte. Auf die Dauer gesehen, mußte die Bedeutung der Schule innerhalb eines Gesamtkonzepts zur Vergesellschaftung der Erziehung zunehmen, das hatten die Strategen der RJF richtig vorausgesagt. Doch ebenso sicher hätte man voraussagen können, daß der in der Unterrichtung angelegte Auftrag zur Zukunftssicherung in Konflikt mit dem totalitären Verfügungsanspruch geraten mußte, der hier und jetzt das Handeln bestimmen und darüber hinaus dem Betroffenen noch sein Einverständnis abverlangen wollte. Dieses Dilemma wurde erst im Laufe der Entwicklung deutlich, als die Diktatur zur Verfügung über Teile des Schulwesens genötigt war. Die untauglichen Versuche, das Problem zu lösen, sind noch einmal kurz zu rekapitulieren, um von dieser Folie die neue Bedeutung der Schule in der dritten Phase abzuheben: Schule als Privileg der Jugendphase und als Gegenpol zur Integration in den totalen Krieg.

Auszugehen ist von dem begrenzten Spielraum, der der totalitären Bewegung in der Schule zur Verschleierung des simplen Tatbestandes gegeben war: das Vertrauen in den Führer, das Bestreben, sich durch das eigene Handeln mit ihm und seiner Macht zu identifizieren, konnten nicht Gegenstand unterrichtlicher Lehre sein. Die Vergesellschaftung von Erziehung begann nicht von der Schule her, sondern von der Umorganisation des öffentlichen Lebens, bei der der Bezugsgruppe der Jugendlichen eine Avantgardefunktion zukam. Die Einbuße an Autorität suchten die politisierten Lehrer durch Betonung der Legitimationsfunktion der Schule zu beantworten. Doch das Angebot eines politischen Unterrichts war für den Verfügungsanspruch der Diktatur so problematisch wie für den Machtanspruch der HJ. Deshalb sollte sich die Schule auf ihre Integrationsfunktion beschränken: sich dem im öffentlichen Leben zur Schau gestellten Aktivismus anpassen und die Fähigkeiten zur Artikulation von Dienstbereitschaft trainieren.

Diese Forderung gab vorhandenen fachdidaktischen Positionen Auftrieb, die auf eine Modernisierung des Schulwissens und auf eine Förderung nützlicher Fertigkeiten abgezielt hatten:

– in der Leibeserziehung Betonung von Wettkämpfen, Mannschaftsspielen, Wehrsport; bei den Mädchen Betonung der Gymnastik
– Verbreitung der Werkerziehung und der Arbeitserziehung im Schulgarten
– Entwicklung des Zeichenunterrichts zur »Kunsterziehung« unter Berücksichtigung der Entwicklungstheorie von G. Britsch
– im Deutschunterricht Förderung der Sprecherziehung und verstärkte Berücksichtigung von Jugendschriften
– Einbeziehung von Kultur- und Länderkunde in den fremdsprachlichen und erdkundlichen Unterricht
– Beteiligung der Schüler an Ausstellungen und Einbeziehung der Massenmedien Zeitung, Rundfunk und Film in den Unterricht.

In dieser Tendenz konkurrierte die Schule teilweise mit der HJ. Diese nahm ab 1937 alle auszutragenden Wettkämpfe in ihre Regie. Sie konnte besser als die Schule Leistungen in der Öffentlichkeit honorieren und interessenspezifische Entfaltungsmöglichkeiten außerhalb des Kanons der Schulfächer anbieten. Der HJ konnte es nur recht sein, wenn das Regime der Schule die Reproduktion von »Wissen« abverlangte. Je weniger Reformbestrebungen in der Schule vorankamen, desto mehr war sie berechtigt, eine »Revolution der Erziehung« zu fordern.

Das Dilemma, in das die totalitäre Bewegung innerhalb der Schule geraten war, hatte eine Auswanderung aus dem Schulbetrieb in die Schulungseinrichtungen der Bewegung zur Folge, die auch nicht durch die Reserven an früher arbeitslosen »Junglehrern« ausgeglichen werden konnte; schon 1938 war der Mangel an Volksschullehrern offensichtlich. Doch die weiterwuchernde Tendenz, Eigenwelten der Erziehung in Form von längerfristigen Lagern zu schaffen, war finanziell und kräfteökonomisch für den Staat nur tragbar, wenn sich die Verselbständigung der Umerziehung an gesellschaftliche Reproduktionsaufgaben zurückbinden ließ, Formationserziehung und Schule also verkoppelt wurden. So jedenfalls sah die RJF die Möglichkeit zur Herstellung einer »Einheit der Erziehung«. Und die totalitäre Bewegung innerhalb der

Schule stimmte dem zu und setzte auf die neu heranzubildende Lehrergeneration, die diese Synthese herstellen werde.
Folgt man Baeumler, der den erziehungspolitischen Szenenwechsel jeweils mit seinen Stellungnahmen begleitet hat, so war diese Synthese problematisch. Er plädierte für eine Trennung der Funktionen, wobei die Aufgabe der Schule, die Machtverhältnisse zu legitimieren, immer mehr zurücktrat. 1937 setzte er noch darauf, daß der Lehrer ein »elementares Verständnis« für die »Handlungen des Führers« anerziehen könne; aber, gegen den »Erlebnisunterricht« gewendet, es sei »komisch«, wenn der Lehrer seine Aufgabe darin sähe, »Stolz und Begeisterung« zu wecken, das täten die Wehrmacht, der Führer »selbst« – also die Propaganda. Der Lehrer habe nur dafür zu sorgen, daß diese »Erziehung« »ungestört« vor sich ginge (1942, S. 22f.). 1939 übernahm dann der von Baeumler schon als »total« proklamierte Krieg diese Erziehungsfunktion als ein »offenbarendes Ereignis«. Statt des Verständnisses »für die Handlungen des Führers« galt es nun, Hitlers »Absteckung der politischen und seelischen Grenzen des Reiches«, also das Überwechseln vom Leitbild des Volksstaates zum imperialistischen Machtstaat, in dem Glauben hinzunehmen, daß die »totale Gemeinschaft« zur Selbstbehauptung aufgerufen sei (ebda, S. 32f.). Keiner könne sich nun dem Kampf entziehen, jeder »Dienst« sei dem mit der Waffe gleichwertig, deshalb könnten nun die Funktionen der Dienstleistung streng voneinander geschieden werden. Vorausgesetzt also, die Diktatur und ihre imperialistische und politisch hypertrophe Zielsetzung wurden akzeptiert, entspannte sich aus der Sicht des Erziehungsstrategen die Konkurrenz zwischen totalitärer Bewegung und den auf normale Reproduktionsaufgaben hin orientierten Institutionen, weil der Krieg selber zum Erzieher wurde. In der Rolle des Schülers wie des Hitlerjungen gab es keine Alternative mehr dazu, eine »Weltwende« heraufzuführen.
Bevor infrage gestellt wird, daß sich diese Spekulation auf eine Gleichschaltung inhaltlich unterschiedlicher Erziehungsansprüche praktisch realisieren ließ, sei darauf hingewiesen, daß diese Stellungnahme nicht nur die Diktatur legitimierte. Sie stellte auch eine Lösung des in modernen Gesellschaften akuten Problems der Massenlenkung in Aussicht. Dieses Problem entsteht durch den Abbau traditioneller Bindungen. Diesem Abbau war in der NS-Zeit zwar keine größere Belastung durch persönliche Entscheidungen gefolgt, weil es für die Jugend in »großer Zeit ohne Gefahr« zum verlangten Konformismus kaum

eine Alternative gab. Wohl aber waren subjektive Motivationen für die Aktivierung der Dienstbereitschaft in Anspruch genommen worden. Im Krieg, zur Zeit akuter Gefahr, mußte die Massenlenkung nicht nur darauf bedacht sein, persönliche Entscheidungen auszuschalten, sondern durch die Bezugnahme auf »sachlich akute Aufgaben« auch eine »Entlastung« von subjektiven Motivationen zu erreichen und die Hinnahme der gestellten Aufgabe des Sieges als Heroismus zu deuten: Arnold Gehlen schrieb 1943, die Sachgesetzlichkeit einer »akuten« Aufgabe sei

»in sich rational zweckhaft und systematisch zur Geltung zu bringen, sei es auch unter bewußter Opferung von Werten, deren Festhalten mit der Aufgabe unverträglich wäre. Das ist der Weg der Größe« (1963, S. 139).

Diesen Weg einzuschlagen, war also nicht nur die SS bereit.
In Übereinstimmung mit Baeumler suchte auch Rust die Bedeutung der Schule als »kriegswichtiger Betrieb des Volkes« gegenüber dem Machtanspruch v. Schirachs abzusichern und den Vorschlägen des NSLB entgegenzuwirken, einen »Gesamtunterricht, der ausschließlich wehrpolitisch eingestellt ist«, einzuführen:

»Kürzungen der Schulzeit haben nur bei zwingenden Notwendigkeiten einzutreten ... Die erste Aufgabe in der Schule bleibt auch in der Kriegszeit das Lernen ... Beurlaubungen von Lehrkräften für andere Zwecke als den Wehrdienst haben zu unterbleiben ... Partei und Wehrmacht beanstanden die bisherigen Schulleistungen; sie fordern eine bessere Schulbildung. Wichtiger als die Vorbereitung der Jugend für den augenblicklichen Einsatz ist die für den Einsatz in der Zukunft...« (Leitgedanken eines Vortrags vom 16. 12. 1939 in: St. A. Münster II H 2311).

Die Tatsache, daß diese öffentliche Gegenüberstellung von Zukunftssicherung und Verfügungsanspruch nicht zu einer Ablösung von Rust durch Schirach führte, scheint die Tendenz zur Eingrenzung der totalitären Bewegung auf »Funktionen« zunächst zu bestätigen. Dazu kam, daß die Einberufung der HJ-Führer zum Wehrdienst die Konkurrenzfähigkeit der Gleichaltrigengruppe als Erziehungsorgan beeinträchtigen mußte. Stattdessen traten die hoheitlichen Aufgaben des Apparats der RJF durch die Einführung der »Jugenddienstpflicht« mehr in den Vordergrund. Für die Jugendlichen konnte die Verödung des »Dienstbetriebs« eine größere Konformität mit den Erwartungen ihrer Eltern auslösen, durch die der Schulbesuch wieder mehr Gewicht erhielt.

Diesen restaurativen Tendenzen in der Phase der Blitzkriege, deren Erfolge noch offen waren, ist dann die neue, von den Interessen des NS-Imperialismus bestimmte Schulpolitik entgegengetreten. Dabei ging es nicht mehr so sehr um den Machtanspruch auf die Erziehung der Jugend insgesamt, um die Rivalität von RJF und NSLB mit der Schulbürokratie, sondern um die Verfügbarkeit bedeutender Teile des Schulwesens für die »augenblicklichen« Zwecke des Regimes. Dazu bediente man sich nicht mehr nur der schnell improvisierbaren Form des »Lagers« (Reichsarbeitsdienst, Pflichtjahr, Landdienst der HJ und Landjahr), in denen der Arbeitseinsatz im Mittelpunkt stand, sondern auch der Kombination von Ausbildung mit Heimunterbringung und teilweise mit Kriegseinsatz, denn auch dem 16jährigen Wehrmachthelfer wurde noch Unterricht erteilt. Der dadurch entstehende Bedarf an größeren Gebäuden rechtfertigte dann auch die »Enteignung« von Klöstern (Diehl-Thiele, S. 251) und ließ die durch die »Euthanasie«-Aktionen geleerten Heil- und Pflegeanstalten (Sonnenstein in Pirna u. a.) nicht ungenutzt. Daß diese neuen Einrichtungen nicht primär pädagogischen Zwecken dienten, ist aus der Tatsache häufiger Verlegungen, der Versetzung von Lehrkräften und der willkürlichen Verfügung über das Zusammengehörigkeitsgefühl der Jugendgruppen zu schließen. Nicht mehr die Gemeinschaft, sondern der vom Apparat gegebene Auftrag bestimmte das Leben der Jugendlichen.
Im Vordergrund standen allgemein-politische Zwecke:

- Demonstration politischer Präsenz in den okkupierten und zur Einverleibung vorgesehenen wie in den politisch renitenten Gebieten des Reiches durch die nicht kriegsdiensttaugliche Jugend;
- Entlastung der »Heimatfront« von der Sorge um die Jugend in den bombengefährdeten Großstädten (die Verschickung von Müttern mit kleinen Kindern bleibt hier außer Betracht), aber auch zur Absicherung der Mobilität der Eltern und zur Versorgung der Kriegswaisen, wobei die Waisenhäuser des »Reichskriegerbundes« aufgelöst und in Kinderheime der NS-Volkswohlfahrt (die »Lebensborn«-Heime waren Kindern von SS-Leuten vorbehalten) oder in Heimschulen umgewandelt wurden, die dem Inspekteur der NPEA unterstanden (Weisung Hitlers vom 26. 1. 1943 in St. A. Münster PSK 7372);
- Heranziehung der 16- und 17jährigen Schüler im 10. und 11. Jahr ihres Schulbesuchs als »Wehrmachtshelfer«, um dadurch Soldaten für den Frontdienst freizumachen. Der in dieser Zeit erteilte Unterricht von 18 Wochenstunden wurde für die Ausstellung einer »Reifebe-

scheinigung« als zureichend angesehen, denn diese wurde aufgrund der Versetzung in die Klasse 8 (12. Schuljahr) ausgegeben; wer nicht versetzt wurde, erhielt einen »Vorsemestervermerk«, der zur Teilnahme an einem »Sonderlehrgang für Kriegsteilnehmer zur Ablegung der Reifeprüfung« berechtigte. Diesen Vermerk konnten auch ältere Schüler erhalten, die aus der 6. Klasse einberufen wurden (Verfügung des Ministeriums vom 24. 5. 1943 ebda, PSK 7373).

Diesen Einrichtungen und Maßnahmen wird man kaum zusprechen können, daß sie die Bereitschaft zu schulischen Leistungen erhöhten. Von den Lehrern wurde die innerschulische Auslese ohnehin nicht sehr streng gehandhabt: die Quote der Nichtversetzten blieb ziemlich konstant bei durchschnittlich 7 % (Scholtz, 1980, S. 46). Unter diesen Umständen, aber auch allgemein unter dem Einfluß des Krieges wurde die Unterrichtserteilung mehr und mehr zu einer Pflichtübung. Dafür sprechen die beschwörenden Worte des Ministers:

»Bei aller Einsatzbereitschaft von Lehrern und Schülern für durch den Krieg gebotene außerschulische Aufgaben darf nicht vergessen werden, daß der für den Bestand und die Leistungskraft der Nation wichtigste Einsatz von Lehrern und Schülern in der Arbeit der Schule selbst zu erblicken ist« (Wiedergegeben in: Bekanntmachung d. Parteikanzlei 413/2 von 1943).

Warum kam es dann zu der bereits nachgewiesenen verstärkten Nachfrage nach weiterführender Bildung? Soweit diese Nachfrage auf das größere Angebot an Heimschulen reagierte, ist auf den Versorgungsaspekt hinzuweisen, der zusätzliche Attraktivität gewann durch die finanzielle Entlastung der Eltern bei Verlegung der Ausbildung an den LBA in Gebiete jenseits der Reichsgrenzen; ab 1943 war der Besuch einer NPEA generell kostenlos. Die 1941 einsetzende Propagandakampagne durch Zeitung und Film sollte der vorherrschenden Vorstellung von einer vorwiegend paramilitärischen und sportlichen Ausbildung in den Heimschulen entgegenwirken. In der theoretischen Diskussion hatte der Erziehungswissenschaftler Wilhelm Arp bereits 1939 mit offizieller Billigung, durch einen Aufsatz im »NS-Bildungswesen«, der »irrationalen, romantischen, mystischen Verfemung des Geistes« (s. Lingelbach, S. 185) eine Absage erteilt. »Bildung« wurde wieder aufgewertet als »Weg zur Leistung« (Baeumler, 1940 in: 1942, S. 117). Wie die Presse die Vielseitigkeit der Ausbildungsmöglichkeiten in den Internatsschulen betonte, so wurde auch in der Theorie Bildung als individuelle Entfaltung, allerdings in einem durch die »Rasse« vorgezeichneten

Rahmen eines »Systems elementarer Verhaltensweisen« (ebda S. 65), gedeutet. Baeumler propagierte, daß »die spielende Einbildungskraft und der naive Gestaltungstrieb des Kindes sich ausleben« müßte, »bevor die strenge Schulung des Intellekts beginnen kann« (ebda, S. 135). In der von Baeumler herausgegebenen Zeitschrift entwickelte der Sozialpsychologe Karl Seiler aus diesen Vorgaben eine Zielvorstellung für den Unterricht, die wie eine Paraphrase zu Hitlers Wunschvorstellung anmutet, daß die junge Generation »bewußt wieder zurückfindet zum primitiven Instinkt«:

»Unterricht hat innerhalb der Erziehung die Aufgabe, die aus der unbewußten Tiefe andrängenden, weltanschaulich gebundenen Kräfte ... aus jeglicher Überfremdung und aus jeder Hemmung durch übergelagerte, unter äußerem Druck angenommene Gewohnheiten zu lösen und damit die Freiheit der Person herzustellen« (Internat. Zt. f. Erziehung 12, 1943, S. 176).

Ein an die »Instinktausrüstung« anknüpfendes »bewußtes Steuerungssystem« sollte für den rechten Gebrauch der »Freiheit« sorgen und so aus »Ungeheuern« (Seiler) einsetzbare, wertvolle Helfer und Mitkämpfer machen.

Die Ausformulierung der Zielvorstellung der totalitären Bewegung (die also auch im Stadium der Herrschaft der Apparate noch weiterhin wirksam war) für den Unterricht hat zwar wenig mit der Unterrichtspraxis und mit der Motivation für einen längeren Schulbesuch zu tun, doch kann sie als Beweis dafür genommen werden, in welchem Maß der Bildungsgehalt des Unterrichts beliebigen Deutungen ausgesetzt war. Die durch die irrationalen Ansprüche an die Schule verstärkte Unsicherheit, welche Erwartungen die Schule erfüllen konnte, hat im Schulpublikum zu kontroversen Einstellungen geführt. Eine Vielzahl von Äußerungen und Beobachtungen läßt sich dahingehend zusammenfassen, daß die früher bildungsabstinenten Schichten mehr Zutrauen zu einer weiterführenden Bildung gewannen, sofern eine Vertrauensbasis gegenüber dem politischen System bestand. Andererseits haben die traditionell an der sozialen Sicherung durch Schulbildung interessierten Schichten dazu geneigt, der mit einer gehobenen sozialen Position verbundenen politischen Verantwortung auszuweichen. Typisch dafür ist, daß Lehrer ihre eigenen Kinder nicht mehr, wie zuvor üblich, der Lehrerausbildung zuführten; der Erfolg der Werbung für die LBA ist eher der HJ zuzuschreiben (vgl. Scholtz, 1983, S. 703). In den AHS wurde 1943 geklagt: »die Intelligenz, überhaupt die höheren Schichten, verweigern der Schule noch immer ihre Söhne« (Scholtz, 1973, S. 377). Aufgrund von Untersuchungen der Wahl von Studienfächern wird diese These von der Flucht aus politischer Verantwortung noch in späterem Zusammenhang zu erhärten sein.

Der größere Andrang auf die höheren Schulen, obwohl schon die »Kriegsstundentafel« von 1941 ein vermindertes Unterrichtsangebot brachte, ist sicherlich zu einem Teil auf die Ungewißheit über das Schicksal der Mittelschule zurückzuführen, seit die Einführung der Hauptschule in Aussicht stand. Von größerem Gewicht für den sozialen Wandel in den Bildungsaspirationen als die Erhöhung des Anteils der Schüler um 12 %, die die Volksschule nach dem 4./5. Schuljahr 1942 im Vergleich zur Vorkriegszeit verließen, war die Nachfrage nach weiterführender Bildung im Anschluß an die Volksschule. Sie kann einerseits mit den Erfahrungen in Zusammenhang gebracht werden, die die Erwachsenen mit der von der »Deutschen Arbeitsfront« organisierten beruflichen Weiterbildung gemacht hatten (Teilnehmerzahl zwischen 1937 und 40 jährlich fast 3 Millionen, vgl. Fischer, 1981, S. 221), andererseits mit der Weckung von Qualifizierungsbedürfnissen bei Mädchen, die über das ebenfalls verstärkte Angebot an hauswirtschaftlicher und frauenberuflicher Ausbildung hinausführten. Daß diese Tendenz seit Kriegsbeginn auch offiziell gefördert wurde, geht im übrigen aus dem Erlaß vom 23. 8. 1939 hervor, der die Zulassung zum Hochschulstudium mit einem Reifezeugnis der »Oberschule für Mädchen, hauswirtschaftliche Form«, also mit nur einer Fremdsprache, gestattete.

Wenn in bayerischen Lehrerinnenbildungsanstalten der untersuchenden Lehrerin fast ein Drittel der Mädchen (31,7 %) anvertraute, daß sie den Lehrberuf als Lebensberuf gar nicht anstrebten, so kann daraus geschlossen werden, daß es ihnen weniger um das Lehrangebot ging als darum, Distanz von ihrer Herkunft zu gewinnen (Kramer, 1943, S. 79). Der größte Teil stammte aus Dörfern, aus überdurchschnittlich kinderreichen Familien von kleinen Gewerbetreibenden, Angestellten, Hilfsarbeitern und Besitzern von Nebenerwerbsstellen (S. 15). Die Verfasserin meint, es sei aussichtslos, die Großstadtjugend für den Beruf der Landlehrerin gewinnen zu wollen. Bei diesen Mädchen aber konnte die »Erziehung zu Selbstlosigkeit und Leistung« anknüpfen an die vorausgegangene Sozialisation unter harten Lebensbedingungen. Die Kompetenz zu dieser Erziehung wird hier mehr dem BDM, der »Selbstführung«, als den Lehrerinnen zugeschrieben. Doch es wird auch vermerkt, daß die traditionsgebundene Bevölkerung die gleichaltrige Führerin ungern anerkenne (S. 42). Nicht so sehr soziale Mobilität als eine Befreiung aus beengten Verhältnissen und traditionellen Bindungen durch die Gleichaltrigengruppe ließ diese Mädchen das Angebot der Internatsschule wahrnehmen und Selbstbewußtsein entwickeln, auch wenn die Form der Selbstführung autoritär war. Seilers verlogenes Pathos der »Freiheit der Person« konnte an solche subjektiven Erfahrungswerte anknüpfen.

Der Erfolg einer Erziehung zur Dienstleistung konnte sich in der Zurückstellung der Wünsche zur persönlichen Entfaltung zeigen. Den Absolventen der LBA wurde zwar das Reifezeugnis und die Berufsbefähigung als Lehrer zugesprochen, die Zulassung zum Hochschulstudium aber von der Nachwuchslage im Lehrberuf abhängig gemacht, die Wahl der Laufbahn eines Berufsoffiziers als »unerwünscht« bezeichnet (Erlaß v. 28. 3. 1942, StA Münster PSK 7372). Planung und Lenkung der Arbeitskräfte hatten Priorität gegenüber ›wohlerworbenen Ansprüchen‹. Mit dem Verzicht auf die Perspektive für eine Karriere wurde den Jugendlichen eine Einstellung zugemutet, die eher aus gesicherten sozialen Verhältnissen erwachsen konnte. Die Sozialpsychologie hat inzwischen herausgefunden, daß ein solcher Verzicht frühkindliche Erfahrungen in einem materiell gesicherten Milieu voraussetzt (Nunner-Winkler, S. 118). Wenn also die Internatsschulen aufstiegsorientierte Schichten ansprachen und Selbstbewußtsein in ihnen erzeugten, dann war es fraglich, ob der Nachwuchs für den sozial wenig angesehenen Lehrer auf dem Land wirklich gesichert werden konnte. Eine Reihe von offiziellen Äußerungen deutet darauf hin, daß Einvernehmen darüber herrschte, die Bindung dieser Einrichtung an das erklärte Ziel der »Lehrerbildung« nicht ernst zu nehmen, sondern sie auch als Kräftereservoir für Parteikarrieren zu nutzen.

Noch offener war die Definition des Schulzieles in den KLV-Lagern. Eine »Einheit der Erziehung« ließ sich auch hier nicht erreichen: den meist nicht mehr kriegsdienstfähigen Lehrern – auch viele Pensionäre stellten sich zur Verfügung – standen in der Regel 16–17jährige »Lagermannschaftsführer« für jeweils einige Monate zur Seite. Die Mädchen konnten auf diese Weise ihr »Pflichtjahr« ableisten, das für sie nach dem Abgang von der Mittelschule oder nach der vorzeitigen Beendigung der höheren Schule mit 16 oder 17 Jahren begann. Während für den Unterricht vier Stunden und oft noch zwei Stunden für Hausaufgaben reserviert waren, sah der Rahmenplan für die »Selbstführung« täglich sieben Stunden vor (Dabel, S. 127). Lehrer und Jungen- oder Mädelführer waren also auf ein direktes Zusammenwirken angewiesen. Das war insofern neu, als in den Heimschulen die Schüler die »Selbstführung« übernommen hatten. Werkarbeit, Sport und musische Arbeit führten dort Lehrkräfte durch. Hier aber mußten schulfremde Jugendliche, oft nicht einmal durch zweiwöchige Lehrgänge in diese Aufgaben eingewiesen, in diesen Bereichen selbst als Jugendleiter tätig werden. Daß sie in dieser Überforderung oft zu kommissigem Drill ihre Zuflucht nahmen, dessen Rituale sie noch am besten beherrschten, kann nicht verwundern. Die Lehrer – sie wurden bei der Übernahme der Funktion des Lagerleiters alle mit einer Uniform versehen – mußten zu einer Formationserziehung Stellung beziehen, die konträr zu ihrer gewohnten pädagogischen Praxis entwickelt worden war:

»Das System der indirekten Erziehung durch Unterricht wurde durch das System der direkten Erfassung durch Persönlichkeiten verdrängt. Eine Umwertung aller Werte zugunsten der Werte des Charakters und der personalen Bindungen ist die notwendige Folge einer solchen Revolution.«

So hatte Baeumler 1936 (S. 117) formuliert. Die Lehrer hatten nicht gelernt, auf diese Herausforderung im Stil der Parteischulung zu antworten, sondern höchstens mit einem einfallsreichen Unterricht, aber auch durch Aktionen, die sie von der Unterrichtsvorbereitung entlasteten. So verstand sich die Beantwortung der Frage von selbst, die einer der HJ-Verantwortlichen in seiner »historischen« Darstellung der KLV als anstehende »Grundsatzentscheidung« ausgegeben hat:

»Sollten diese KLV-Lager ... nun gezielt über das bereits bestehende Maß hinaus NS-ideologisiert werden, oder sollten die Lager ihr oberstes Ziel in der Schaffung eines Ersatzes für das ferne Zuhause sehen?« (Dabel, S. 121).

Obwohl Erlebnisberichte selten reflektieren, was in diesen Lagern gelernt wurde, ist aus ihnen doch herauszulesen, daß den Schülern vielfältige Lernanreize zur Selbstbeschäftigung, aber auch durch Erlebnis-, Arbeits-, Gesamt- und Freiluftunterricht geboten wurden, wobei die Dienstleistungen, auch zur Eigenversorgung, nicht zu kurz kamen, wenn den »Lagern« nicht durch eine feindliche Umwelt eine geschlossene, isolierende Erziehung aufgezwungen war. Die ausgegebenen »Leistungsbescheinigungen«, die an die Stelle der Schulzeugnisse traten, lassen erkennen, daß eine »Revolution der Erziehung« nicht vorgesehen war: Sie benoteten »Führung und Haltung in der Lagergemeinschaft«, »Bemühen im Unterricht«, »Leistungen im Unterricht« und

den Gesundheitszustand (Dabel, S. 200) und »befürworteten« die Versetzung; eine Beteiligung der Jugendführer an dieser Beurteilung war nicht vorgesehen.
Gemessen an v. Schirachs Parole von der »Selbstverantwortung der Jugend auch in der Schule« war das Ergebnis der von ihm in Regie genommenen Aktion bescheiden, der Realität angepaßt. Sie gebot, die »Heimatfront« stabil zu halten, die Kinder gut zu versorgen und zu verwahren, wozu große Anstrengungen unternommen wurden. Doch die hier erzeugte Lagermentalität entsprach nicht den Anforderungen, die man zur Sicherung von Verhaltensgewohnheiten an die Erziehung in den NS-Lagern stellte. Dafür spricht, daß auf die anschließende Einberufung zum RAD selbst in der Endphase des Krieges nicht verzichtet wurde.

7.2 Abgrenzungen der Jugendphase und die Übertragung/Übernahme politischer Verantwortung

Die Uniformierung der jungen Generation begann im 10. Lebensjahr. Versuche der NS-Frauenschaft, »Kinderscharen« unter dem Zeichen der »Wolfsangel« zu organisieren, fanden keine offizielle Unterstützung. Nachdem der NS-Studentenbund aus der RJF ausgeschieden war, begrenzte die Altersgliederung der HJ vom 1. 7. 1933 die Jugendphase für die Jungen auf das 18., für die Mädchen auf das 21. Lebensjahr (Klaus, S. 88). Die zehnjährigen »Pimpfe« und »Jungmädel« galten nicht mehr als Kinder (Schirach, Die HJ, S. 87). Mit 14 Jahren wurden sie, ohne daß ihre Entscheidung gefragt war, in die »Hitler-Jugend« oder den »Bund Deutscher Mädel« »übergeführt«. Ebenso vollzog sich der Übergang der 17–21jährigen Mädchen in das 1938 gegründete »BDM-Werk Glaube und Schönheit«. An die Zugehörigkeit zur HJ schloß sich für die Jungen bis in die Endphase des Krieges hinein eine halbjährige Dienstleistung im »Reichsarbeitsdienst« an, dann der zweijährige Wehrdienst, währenddessen jede politische Mitgliedschaft ruhte.
Für die Mädchen wurde der RAD erst mit Kriegsbeginn zur Pflicht, aber auch nur für diejenigen, die nicht voll beruflich integriert waren. Er blieb daher weniger bedeutend als die Einrichtung des »Pflichtjahrs« in Land- und Hauswirtschaft am 15. 2. 1938, das vor der ersten Anstellung als Arbeiterin oder Angestellte zu absolvieren war (Miller, 1980, S.

178). Ab 1941 konnten die »Arbeitsmaiden« des weiblichen RAD noch zu einem anschließenden »Kriegshilfsdienst« verpflichtet werden. Erst die Aufnahme in die NSDAP oder eine ihrer »Gliederungen« setzte eine eigene Willensentscheidung voraus. 1936 mit 90 % aus dem Jahrgang 1926 beginnend (Brandenburg, S. 178), wurde so für Jungen wie für Mädchen eine lückenlose und zeitaufwendige Sozialisation in Jugendverbänden über achteinhalb bis neun Jahre vorgesehen, die mit zehn Jahren begann und nur um den Preis der sozialen Isolierung vorzeitig abgebrochen werden konnte. Die Phase der Adoleszenz im Arbeits- und Wehrdienst wurde strikt von der Jugendphase getrennt.
Mit zehn Jahren konnte man auch von den Volksschulen in mittlere oder höhere Schulen überwechseln, mit 14 Jahren war die Volksschulpflicht gemäß dem Reichsschulpflichtgesetz abgeschlossen; danach folgte eine drei-, für die landwirtschaftlichen Berufe eine zweijährige Berufsschulpflicht. Der Besuch einer höheren Schule konnte ab 1937 bereits mit 18 Jahren abgeschlossen werden. Schon im RAD galt der Adoleszent als »Arbeitsmann«, für die Mädchen wurde die Bezeichnung »Arbeitsmaid« geprägt. Durch die Einberufung der sechzehnjährigen Schüler zum Einsatz als Luftwaffenhelfer und die Vorverlegung des Kriegshilfsdienstes für die Schülerinnen höherer Schulen hat das Regime seine Tendenz, das Jugendalter in eine frühe Phase zurückzuverlegen und der Adoleszenz keine besondere Beachtung zu schenken, weiterverfolgt. Daraus resultierte eine Aufwertung der späten Kindheit und eine weitgehende soziale Egalisierung der Jugendphase zuungunsten der Schonphase zur Entwicklung theoretischer Fähigkeiten, des sogenannten Moratoriums (Erikson).
Solange die Jugendphase politisch und auch kulturell, durch Betonung der Erziehung durch die Gleichaltrigen, aufgewertet wurde, konnte sich daraus ein Vertrauensverhältnis der Jugendlichen zum Regime ergeben, weil es, im Unterschied zum faschistischen Italien, dem Jugendlichen die Übernahme politischer Verantwortung durch die »Selbstführung« zugestand. Dieses schon im frühen Kindesalter durch den Führer-Kult begründete Vertrauensverhältnis erfuhr im Stadium des Jugendalters eine weitere Bekräftigung. Unter fünf Aspekten lassen sich die vom NS-Regime erteilten Antworten auf die Unsicherheit in der Übergangsphase der Jugend zusammenfassen, die wesentlich zu einem systemkonformen Verhalten beitrugen.
1. Soziale Integration innerhalb der Jugendphase. Eine »Gleichschaltung« hatte es auch im Berufsverbands- und Vereinsleben der Erwach-

senen gegeben. Durch die Einbeziehung der Kinder, aus der sich wiederum attraktive Führungsaufgaben für die Jugendlichen ergaben, und durch die Betonung der Gleichwertigkeit der Mädchenorganisationen war hier eine Basis für Massenorganisationen gegeben, aus der heraus der Wille bestimmend wurde, herkunftsbedingte Unterschiede zu negieren. Symbol dafür war die Abschaffung der Schülermützen an den weiterführenden Schulen. Die Privilegien der Jugendphase, freie Zeit in der Gleichaltrigengruppe ausgestalten zu können, sollten auch die schon beruflich Tätigen genießen können, wenn sie sich dabei der Formationserziehung unterwarfen. Das sogenannte Jugendschutzgesetz vom 30.4.1938 bestätigte nur eine Entwicklung, für die sich die HJ eingesetzt hatte.

2. Gesellschaftliche Aufwertung des Jungseins. Die Propagierung des Leitbildes vom »politischen Soldaten« führte auch in der älteren Generation zu einer neuen Wertschätzung von Vitalität und körperlicher Disziplinierung. Einer »Selbstführung« der Jugend, die auf Formationserziehung abgestellt war, wurde deshalb Verständnis entgegengebracht, wenn dadurch die Ausbildung der Jugendlichen nicht gefährdet wurde und eine Differenzierung in den Geschlechtsrollen gewährleistet war. Die Aufwertung des Jungseins unter dem Vorzeichen körperlicher Disziplinierung blendete das Problem der sexuellen Erziehung aus (Schirach, HJ, S. 62 und 98). In diesem Bereich bestanden weiterhin die unterschiedlichen sozialen Traditionen fort.

3. Förderung jugendspezifischer Leistungsdispositionen. Lernen durch persönlichen Einsatz, Prämierung einer vielseitigen Leistungsbereitschaft durch »Leistungsabzeichen« (mit nicht sehr hochgesteckten Anforderungen an politisch relevante Kenntnisse), nach Geschlechtern differenzierte Berücksichtigung des Interesses an technischen Neuerungen und organisatorischen Tätigkeiten im Dienstleistungsbereich: all das füllte die Vorstellung der Öffentlichkeit von der Jugendkultur mit anderen Inhalten im Vergleich zu den eher von jugendbewegter Romantik oder literarisch-musikalischen Aktivitäten der Schulen geprägten Erfahrungen mit jugendspezifischen kulturellen Dispositionen der vorangegangenen Jahrzehnte. Die Attraktivität des neuen Mediums Tonfilm und die Perfektionierung der dynamisch-sportlichen Selbstdarstellung förderten die differenzierte visuelle Wahrnehmung und die vom Regime inszenierte Ästhetisierung des Politischen. Wenn es auch eine propagandistische Sprachlenkung gab, sollte das Mißtrauen gegenüber Sprache und die Bevorzugung eigener Erlebnisse für die persönliche Orientie-

rung nicht vergessen werden. Von einem bereits zitierten englischen Beobachter wurde beides auf den einprägsamen Nenner gebracht: »We distrust words and phrases. We prefer action.«

4. Wahrnehmung neuer Möglichkeiten zu sozialer Mobilität. Weniger der Prestigegewinn durch politische Karrieren förderte in bis dahin unbekannter Weise die Erwartungen an einen sozialen Aufstieg, als vielmehr die Kombination einer ideologisch begründeten Steigerung des Selbstwertgefühls, der deutschen Nation anzugehören, mit der Organisation von Gelegenheiten, Dienstbereitschaft und Leistungswillen außerhalb der Leistungszwänge zu beweisen. Die aufwendigsten Formen, solche Gelegenheiten zu organisieren, waren der Reichsberufswettkampf und die Reichsparteitage, an denen geradezu selbstverständlich auch die HJ (noch dazu mit Märschen nach Nürnberg) beteiligt war. Die Betonung angeborener Begabungen minderte die Bedeutung der Schulbildung als Schlüssel zur gesellschaftlichen Mobilität. Das traditionelle Prestige des Gebildeten sollte auf den charismatischen Führer umgelenkt werden. Selbsterziehung und Selbstsuggestion boten die Möglichkeit zum Distanzgewinn von erzieherischer Autorität, wie die freiwillige Teilnahme an Schulungslagern eine rasche Qualifikation für weitere »Beförderungen« versprach.

5. Entbindung von Gewissensentscheidungen. Kinder und Eltern wurden von der Entscheidung über den Eintritt in die NS-Jugendorganisationen zunehmend »entlastet«. Die Kirchen konnten zwar über »die geheime widerchristliche Propaganda« Klage führen und vom Staat »Klarheit« verlangen (1936 nach Bloth, S. 254), doch nicht einmal die Inhalte des Religionsunterrichts konnten sie bestimmen, weil er in staatlicher Verantwortung erteilt wurde. Der Staat hütete sich, einen Lehrplan ohne Zustimmung der Kirchen zu erlassen, denn bis 1940 waren nur 7,7 % der Volksschullehrer aus der Kirche ausgetreten (DSE II, S. 259). Stattdessen wurde der Religionsunterricht immer mehr abgebaut.

Als Ersatz kam eine atheistische Lehre nicht in Betracht, eher noch eine nicht-konfessionelle »Religionskunde«; nur in Württemberg wurde als »Versuch« (Helmreich, S. 246) ein »Weltanschauungsunterricht« eingeführt, den die Protestanten als »widerchristlich« bezeichneten. Nicht die Auseinandersetzung mit, sondern die Verachtung von »überlebten« Wertvorstellungen sollten die Jugendlichen lernen. Überlebt hatten sich auch die »Völkischen«: weder die »Deutsche Glaubensbewegung« noch das »Thing-Theater«, die einen Ersatz für die Kirche bieten wollten, hatten auf längere Sicht eine Chance. Die Sozialisation in kirchlichen Traditionen war für die Stilisierung des öffentlichen Lebens weitaus funktionaler als die »nationale Liturgik« (Mosse, 1976) aus dem Vereinsleben des 19. Jahrhunderts. Nicht Schaustellungen sollten inszeniert oder neue Götter angebetet, sondern Handlungs- und Opferbereitschaft durch Appell, Bekenntnis und Symbolverehrung erzeugt und auf die kollektive Machtsteigerung hin orientiert werden. Alternativen dazu sollten sich öffentlich nicht mehr darstellen können. Das Angebot zur Identifikation mit den großen politischen Organisationen versprach Verhaltenssicherheit (Schelsky, S. 69).

Diese Beschreibung der Ausgestaltung der Jugendphase betont die politisch in Gang gesetzten Veränderungen. Sie stellt keine Bilanz hinsichtlich der tatsächlich erreichten Veränderungen in der Herauslösung der Jugend aus den Lebensbedingungen der Erwachsenengesellschaft in den sechs Jahren bis zum Kriegsbeginn dar. Die Ausgestaltung der Jugendphase durch die HJ dürfte die Lebensverhältnisse der Arbeiter- und Landjugend wenig verändert haben. Aber die Einstellungen zur Jugendphase änderten sich auch hier; bei der Arbeiterjugend rascher, dafür weniger dauerhaft (SOPADE-Berichte; Zimmermann in: Niethammer, 1983), bei der Landjugend eher umgekehrt, denn noch nie zuvor war das Land in diesem Maße in die politischen und kulturellen Veränderungen einbezogen worden. Behauptet wird also eine stimulierende Wirkung der Politik auf die soziokulturelle Aktivität der Jugendlichen (vgl. Schelsky, S. 71). Dies gilt jedoch nur bis zu dem Zeitpunkt, in dem der Krieg zur obersten Erziehungsautorität wurde. Zwar konnten sich die in Gang gesetzten Tendenzen noch weiterhin auswirken, aber das bei den Jugendlichen angesprochene Geltungsstreben wurde jetzt nur noch ausgebeutet; die Zeit der Selbstdarstellung der Jugend als politischer Avantgarde war vorbei.

Auf der Erfahrungsebene der Jugendlichen wurde dieser Wandel wahrgenommen durch die Einführung der Jugenddienstpflicht mit ihren Folgeerscheinungen: »Pflicht-HJ«, Polizei- und verschärfte Jugenddienst- und Strafverordnungen. Der »Dienst« büßte durch die Einberufung der älteren Führer, besonders für die Jungen, an Attraktivität ein. Die Mammutveranstaltungen, die wesentlich zur Selbstrepräsentation der Jugend beigetragen hatten, Reichsberufswettkampf und Reichsparteitag, fielen weg; deren Funktion konnten die in bescheidenem Umfang organisierte zentrale Förderung der Berufsnachwuchslenkung, das Reichssportfest oder die zentralen Veranstaltungen zur Präsentation der

Kulturarbeit der HJ nicht erfüllen. Stattdessen wurde das Netz der Dienstleistungen Jugendlicher immer weiter gespannt und enger geknüpft. Die Tendenz zur Ausbreitung der Lager-Schule signalisierte zudem, daß die »Selbstführung« nur auf die Entlastung der Erwachsenen von Organisations- und Kontrollfunktionen hinauslief, die »Jugendbewegung« im Apparat unterging. Die während des Krieges in die HJ-Sozialisation eingetretenen Jahrgänge, also vom Jahrgang 1930 ab, sollten als vom Krieg erzogene Altersgruppe von der vorangegangenen HJ-Generation unterschieden werden.

An einigen sozialgeschichtlich relevanten Beispielen ist zu zeigen, wie die HJ-Generation die gegebene Möglichkeit nutzte, sich als politische Bewegung jenseits derjenigen Sozialbeziehungen zu formieren, die die herkömmlichen gesellschaftlichen Funktionen erfüllten. Sie wirkte damit auf eine Weise auf die bestehenden Autoritäts- und Machtverhältnisse ein, die dem Machtzuwachs des politischen Systems nicht immer förderlich war. Als ein Beispiel für positive Veränderungen im Sinne des Systems kann das Bild genommen werden, das Reichswehrminister v. Blomberg 1935 von den jungen, noch im 1. Weltkrieg geborenen Männern zeichnete, die sich zur neu entstehenden Wehrmacht meldeten. Ob dieses Bild auch nur annähernd die Realität beschreibt oder programmatische Züge trägt, ist nicht so wichtig wie die Tatsache, daß hier jener Jugendgeneration, die ab 1930 mit der totalitären Bewegung Kontakt bekommen hatte, die Rolle eines Motors für die Erneuerung der bisherigen »Reichswehr« zugeschrieben wurde. Gegenüber dieser jungen Generation hatten sich die Älteren zu bewähren.

»Es kommt im Durchschnitt eine junge Mannschaft in die Wehrmacht, voll des besten Willens, aufnahme- und einsatzbereit, begeistert, aber auch eine politisch vielfach durchgebildete, ehrfühlende, sehr wache und zur Kritik befähigte Jugend. Sie bringt eigene Maßstäbe für Menschen und Dinge mit, die manchem Führer oder Unterführer fremd sein mögen, die aber durch ungeprüfte Ablehnung nicht aus der Welt geschafft werden. Diese Jugend hat vielfach die wichtige Frage der Beziehungen zwischen Führer und Gefolgschaft praktisch kennengelernt und macht sich eigene Gedanken darüber. Die deutsche Jugend bringt im allgemeinen der Wehrmacht unbegrenztes Vertrauen entgegen, sie erblickt in ihr eine vorbildliche Schule und erwartet von dieser die letzte Reife der Erziehung im Dienste der neuen Volksgemeinschaft. Sie erwartet Härte, aber auch Menschlichkeit, Drill, aber auch Erziehung, Befehle und Kommandos, denen blindlings zu folgen ist, aber auch ein offenes Herz, Rat und lebendige Kameradschaft. Nur eines erwartet diese Jugend nicht: Abkapselung der Führer und Unterführer. Abstand halten und ein falsch verstandenes und falsch angewandtes, an Äußerlichkeiten und überlebten Vorstellungen haftendes Herrentum, Tressen und Achselstücke sind nicht so sehr Kennzeichen besonderer Vorrechte als vielmehr Merkmale überlegenen Persönlichkeitswertes, gesteigerter Verantwortungsfreude, größeren Wissens und Könnens und nicht zuletzt von erzieherischen Eigenschaften ...« (Messerschmidt/Gersdorf, S. 260).

Das »unbegrenzte Vertrauen«, auf das die Wehrmacht bei der jungen Generation setzen konnte, wurde von der jungen Intelligenz nicht in einem nur annähernd vergleichbaren Maß auch der Partei entgegengebracht. Das geht sowohl aus dem Wandel in der Studienfachwahl wie aus Befragungen über die Berufswünsche von (männlichen) Abiturienten hervor, die unveröffentlicht blieben (BA NS 19/neu 1531 – Denkschrift von Dr. Adam für den Reichsführer SS, identisch mit den aus dem Reichserziehungsministerium mitgeteilten Ergebnissen in Söhngen, S. 43). Die allgemeine Statistik veröffentlichte nur Angaben über die Studierwilligkeit und für die Jahre 1936 und 1939 auch über die Wahl des Offiziersberufs (Jahrbuch 55, S. 539, Jahrbuch 56, S. 576). Aus dem extrem geringen Anteil der Studierwilligen unter den Abiturienten könnte man auf eine Übereinstimmung mit der politisch vertretenen Tendenz schließen, das hohe Sozialprestige des »Gebildeten« jetzt auf die »Führer« zu übertragen oder darin eine ideologisch neutrale Reaktion auf die »Überfüllung« akademischer Berufe sehen. Doch die Folgerung, daß die geringe Bereitschaft zum Studium (sie stieg bei den Männern vom Schuljahr 1934/35 von 47,4 % auf 56,3 % im Schuljahr 1938/39 leicht an) der Ausübung politischer Funktionen zugute kam, widersprechen die Angaben späterer Jahre über den Wunsch, Führer in einer NS-Organisation zu werden. 1940 wurden 464 Berufswünsche dieser Art verzeichnet (1,1 %), 1942 nur 114. Interesse am Offiziersberuf zeigten 1936 18,4 %, 1939 15,4 % und 1942/43 27,9 %. Die Wahl der Studienfächer verstärkt den Eindruck einer zunehmenden Tendenz zur Flucht aus den politisch jeweils als exponiert geltenden Wissenschaften. Der Rückgang der Studenten in den Kulturwissenschaften auf 9,2 % der Universitätsstudenten im Jahr 1933 läßt sich noch mit den geringen Chancen in der Studienratslaufbahn begründen, doch ging dieser Anteil bis zum Sommer 1939 auf 4 % zurück (Lorenz, 1943, S. 54). Gleichzeitig hat das Jurastudium eine große Einbuße erlebt. Die Stärke der Fachschaften änderte sich zwischen 1933 und 1938 folgendermaßen:

Fach	Rang 1933	Rang 1938
Medizin	1	1
Jura	2	5
Technik	3	2
Naturwissenschaft	4	4
Theologien	5	3
Kulturwissenschaft	6	7
Wirtschaftswissenschaft	7	6
Landwirtschaft	8	8

Von den 1942 befragten Abiturienten wollten nur noch 4,8 % »Philologen« werden (= 1952), für den Beruf des Volksschullehrers meldeten sich 163 Abiturienten, aber nur 26 begannen tatsächlich die einjährige Ausbildung, dafür nahmen 1071 Abiturientinnen diese Möglichkeit zu einer kurzen Berufsausbildung wahr. In diesen Zahlen spiegelt sich das sinkende Ansehen des Lehrerberufs. Die Theologien hatten dagegen stärkeren Zulauf, der Anteil ihrer Studenten stabilisierte sich in der Vorkriegszeit auf etwa 10 %, erst während des Krieges sank das Interesse, und zwar viel stärker an der evangelischen als an der katholischen Theologie: 1940 votierten im Vergleich zu 1942 für die katholische Theologie 1033 und 325, für die evangelische 232 und 75.[18]

Die These, daß sich bei der »Leistungsschicht«, die durch die höheren Schulen der NS-Zeit gegangen ist, eine Tendenz zur Flucht aus politischer Verantwortung abzeichnete, impliziert, daß eine solche Verantwortung im Offiziersberuf nicht gesehen wurde. Als sich die Kontroverse des Regimes mit den Kirchen immer mehr zuspitzte, dachte der Nachwuchs nicht daran, eine Institution zu stärken, die noch Alternativen zum totalitären Denken einen gewissen Rückhalt bot. Das Interesse am juristischen Studium ging zwar zurück, stabilisierte sich aber. Von einer kritischen Distanzierung der jungen Intelligenz gegenüber dem Imperialismus des Regimes kann nicht die Rede sein, eher von einem Rückzug auf das persönliche Interesse, nicht an der politischen Machtausübung durch die Partei und an der Ideologieproduktion beteiligt zu sein.[19] Der Nachwuchs des Bildungsbürgertums reagierte damit auf die Egalisierung in der Jugendphase, die eine theoretische Qualifizierung nicht mehr gesellschaftlich honorierte, sondern zur Privatsache werden ließ. Für viele Abiturienten leitete die politische Sozialisation nicht ein

verstärktes politisches Engagement im Erwachsenenalter ein, vielmehr war für sie die Selbstbestimmung über den einzuschlagenden Beruf gleichbedeutend mit dem Ende ihrer politischen Dienstbereitschaft. So mußte der NS-Studentenbund, der vor 1933 als politische Avantgarde aufgetreten war, erleben, daß 1937/38 nur 42,3 % der Erstimmatrikulierten, die jetzt im Durchschnitt 21 Jahre alt waren, an den Universitäten seinen »Kameradschaften« beitraten; 1943 gehörten an der Universität Hamburg nur 24 % der reichsdeutschen Studenten einer solchen Kameradschaft des NS-StB an (Kleinberger, S. 23f.).
Die Bereitschaft vieler Jugendlicher, sich am »Reichsberufswettkampf« zu beteiligen, ist als Anzeichen für ihre soziale Emanzipation zu werten, auch wenn der Mammutapparat (1938 wurden mehr als eine halbe Million Mitarbeiter benötigt) auf eine groß angelegte Propagandaaktion zur Gewinnung der berufstätigen Jugendlichen schließen läßt. Noch 1937 waren 13,6 % der männlichen und 18,3 % der weiblichen Teilnehmer nicht politisch organisiert. Neben 100 erreichbaren Punkten in Berufspraxis und -theorie konnten 20 weitere für weltanschauliche Fragen vergeben werden (Beispiele in: Deutschlandberichte 1936, S. 1328). Offen wurde dokumentiert, daß 1936 die »weltanschaulichen Leistungen« bei der weiblichen Jugend in allen nord- und ostdeutschen Gebieten« stark unterdurchschnittlich« bewertet wurden (Axmann, S. 201). Nur die Gaue »München-Oberbayern« und »Württemberg-Hohenzollern« konnten gute Leistungen aufweisen. Die im Zusammenhang der Untersuchung über bayerische Lehrerinnenbildungsanstalten geäußerte Vermutung, daß in den katholischen Gebieten eine von der gesellschaftlichen Entwicklung besonders benachteiligte soziale Gruppe in der vom NS-Regime gebotenen ideologischen Orientierung eine Hilfe für ihre gesellschaftliche Emanzipation gesehen haben dürfte, gewinnt dadurch an Plausibilität. Frauen konnten bei geringeren beruflichen Leistungen für die Lösung hauswirtschaftlicher Aufgaben bis zu 30 Punkte erhalten. Im Sport wurden Mindestanforderungen ohne weitere Beurteilung gestellt. Daraus wird ersichtlich, daß es sich eher um eine Integrations- als um eine Umerziehungsmaßnahme handelte (vgl. Lingelbach, S. 125f.). Eine zusätzliche Motivation zur Teilnahme haben die mit dem Wettkampf durchgeführten Erhebungen über die Urlaubsregelung und die betrieblichen und beruflichen Verhältnisse geboten (Wolsing, S. 499). Ein Ergebnis war, daß den Jugendlichen in den gewerblichen Berufen durchschnittlich nur 9 Urlaubstage gewährt wurden. Die HJ setzte daraufhin eine reichsgesetzliche Urlaubsregelung durch, die allen

Jugendlichen über das 16. Lebensjahr hinaus 18 Urlaubstage zusagte – sofern sie an Lagern der HJ teilnahmen. Damit knüpfte die HJ an Forderungen des »Reichsausschusses der deutschen Jugendverbände« an, die von 1925 an vergeblich erhoben worden waren (Giesecke, 159f.); »Grundrechte der jungen Generation« zu formulieren, blieb dagegen dem 1. Parlament der »Freien Deutschen Jugend« im Juni 1946 vorbehalten.

Als der Krieg die soziale Mobilität erhöhte und die Freizeitangebote einschränkte, suchten die Jugendlichen verstärkt über die Schulausbildung ihre persönliche Entfaltung abzusichern. Die Absolventen der Volksschule nahmen die schulischen Angebote zur vorberuflichen Qualifizierung wahr, die neu eingerichtet worden waren und für die Eltern finanziell keine Belastung darstellten (LBA, Unteroffiziersvorschulen). Die Vorstudienanstalten des »Langemarckstudiums« erhielten neuen Auftrieb durch die gezielte Nachfrage nach Bewerbern in den Betrieben (Scholtz, 1973, S. 283). Das Interesse des Staates, Ersatz für den eingezogenen Nachwuchs zu schaffen, hat sich für wenige Jahre mit dem Interesse von Teilen der unterprivilegierten Jugend gedeckt, die Jugendphase auszuweiten. Dabei spielte das Bedürfnis, vom Herkunftsmileu Distanz zu gewinnen, ebenso eine Rolle wie Aussichten auf eine berufliche Karriere (Niethammer, 1983, S. 15). Die im NS-Staat sozialisierte Generation nahm nicht mehr wahr, in welchem Maß auch dieser Ausbildung Elemente der Umerziehung eingelagert waren. Der Aussicht auf eine Verlängerung der Jugendphase ist 1943 durch die generelle Verkürzung der Ausbildung auf die Zeit bis zur Einberufung als Wehrmachtshelfer mit 16 Jahren faktisch sehr rasch ein Ende bereitet worden.

Zusammenfassend kann die Definition der Jugendphase durch das NS-Regime als allein vom Machtpragmatismus bestimmt ausgewiesen werden. In der Zeit des Aufstiegs der Massenbewegung hatte die Adoleszenzphase im Mittelpunkt gestanden. Mit der Machtergreifung wurde die Bedeutung der begeisterungsfähigen Jugendlichen für die Gewinnung der noch distanzierten Erwachsenen erkannt. Ihnen wurde deshalb jenseits der schon institutionalisierten Erziehung die Möglichkeit zur Übernahme von Verantwortung in Organisationsformen eingeräumt, die über die Kompetenzen in traditionellen Jugendverbänden hinausgingen. Dabei wurde die Jugendphase in das Kindesalter hinein verlegt und gegenüber der Adoleszenzphase scharf abgegrenzt. Der

Krieg und die in ihm erreichten Erfolge banden die Erwachsenen stärker an das Regime; die Jugend war nicht mehr als Avantgarde, sondern als Nachwuchs gefragt. Bei der unter dem Regime aufgewachsenen Jugend konnte jetzt eher das Vertrauen in eine Förderung durch das Regime vorausgesetzt werden, das sich auch auf entsprechende Veränderungen der bestehenden sozioökonomischen Verhältnisse bezog. Die Eigenaktivität der Jugendorganisation kreiste jetzt nur noch um die Selbstkontrolle; die Dienstleistungen wurden in zunehmendem Maß als fremdbestimmt empfunden. Gleichzeitig nahm die Bedeutung schulischer Einrichtungen zur Nachwuchsförderung zu. Die neuen Ansätze zur Integration der schulischen und politischen Sozialisation und zur Einbeziehung neuer sozialer Schichten konnten das bis dahin unbeachtete Problem des Übergangs in die Adoleszenzphase aber nicht lösen. Vielmehr wurde die Jugendphase durch die Heranziehung zu Kriegshilfsdiensten schon mit 16 Jahren beendet. Beim Kommiß sah sich der Adoleszent zu einem Rollenwechsel gezwungen, in dem die ihm früh anerzogene »Verantwortungsfreude« kaum mehr gefragt war.

Das Verhältnis zu Autoritäten und zur Umwelt als angeeignetem Erfahrungsraum mußte sich bei der HJ-Generation und bei den im Krieg Heranwachsenden in unterschiedlicher Weise ändern. Gemeinsam war ihnen, daß sie beim Überwechseln vom Status des Kindes in den eines Jugendlichen mit Anforderungen konfrontiert wurden, die nicht aus ihrem vom Generationsverhältnis geprägten sozialen Milieu erwuchsen, sondern aus einem politischen Auftrag, der die Tatsache ihres Heranwachsens ignorierte. Von der HJ wurde der Familie und auch der Schule demonstriert, daß die Bedürfnisse gesellschaftlicher Reproduktion zurückzustehen hatten, wenn »der Führer rief« (Eggert, S. 63f.). In der mit »Einsätzen« meist verbundenen Erweiterung des sozialen Erfahrungsraumes blieben die Jugendlichen auf sich gestellt und nahmen daher Zuflucht zu den ihnen von der Schulung angebotenen schematischen Deutungen. Doch die Gleichaltrigen verloren als Bezugsgruppe in dem Maß an Autorität, wie ihre organisierte Gemeinschaft nicht mehr den Fortschritt, das Modell einer werdenden Volksgemeinschaft, zu verkörpern schien. Aus solchen Erfahrungen resultierte dann schon innerhalb der HJ-Generation die Suche nach neuen Bezugsgruppen unter den Erwachsenen, die jetzt als in ihrer Macht, das soziale Schicksal zu bestimmen, eingeschränkt erlebt wurden. Eine zunehmende Sensibilität für Nuancen in Meinungsäußerungen ist vor allem von höheren Schulen vielfach bezeugt worden.

Die Einsicht, daß moralischen Appellen zu folgen und Dienstbereitschaft zu beweisen, keine besondere moralische Wertschätzung beanspruchen kann, wenn man sich damit für Konformismus und ein Vertrauensverhältnis zu den Mächtigsten entscheidet, dürfte vom Grad intellektueller Reife abhängig sein. Solidarisierungen von »Überzeugten« unterschiedlicher weltanschaulicher Lager sprechen dafür, daß die zur »Bewährung« Erzogenen nicht immer blind dafür waren, wenn andere durch Nonkonformismus diese Bewährung praktizierten. Der Rassenfanatismus hielt im übrigen auch für die im Krieg Heranwachsenden noch eine Bewährungsprobe für ihren Konformismus bereit: der Deportation der Juden schloß sich der Erlaß vom 2. Juli 1942 an, der Schülern mit einem jüdischen Elternteil den Besuch weiterführender Schulen verbot. Die Auswirkungen dieser erneuten »Aussonderung« sind in den allgemeinen Veränderungen, die 1943 der Bombenkrieg den Schulen brachte, wohl kaum noch wahrgenommen worden.[20]

Bei der vom Krieg bewirkten Veränderung der Lebensverhältnisse entfiel für die in ihm Heranwachsenden das Motiv, durch soziale Gesinnung zur Veränderung der eigenen Umwelt beizutragen. Dieser Altersgruppe ist als Kompensation für die hohen Anforderungen an die Dienst- und die geringen Anforderungen an die Lernbereitschaft verstärkt musische Betätigung und Unterhaltung angeboten worden, freilich unter Ächtung von »westlichem« Swing oder Jazz. In diese Förderung einer realitätsfremden Bewußtseinsbildung fügten sich dann auch die erwähnten Versuche zur verstärkten Propagierung von sozialdarwinistischen und rassistischen Vorstellungen ein. Doch nicht diese Propaganda, sondern die Ausdehnung des Krieges auf die Zivilbevölkerung hat die Opferbereitschaft noch verstärkt (Steinbach, S. 93). War schon den Kindern die Mahnung mitgegeben worden, daß die Toten des Weltkrieges nicht »umsonst« gestorben sein sollten, so wurde um so mehr das Gefühl abgewehrt, im 2. Weltkrieg für eine ungerechte Sache eingetreten zu sein. Der im Nazifizierungsprozeß eingeübten Trotzhaltung gegen eine Welt, die mit den propagierten Wunschvorstellungen nicht übereinstimmte, bot sich nur noch die Zuflucht zum Selbstopfer an, zu dem die japanischen »Kamikaze«-Flieger das Vorbild abgaben. Im eigenen Opfer sollte die Welt wieder eindeutig werden. Doch die Fixierung auf den »Endsieg«, an der die Propaganda bis zuletzt festhielt, konnte den Schock nicht überwinden, den das Überwechseln vom Sensationskonsum der Kriegsberichterstattung zur Realerfahrung des Krieges, insbesondere der hilf- und planlosen Reaktionen der Erwachsenen auslöste. Aber viele der Jüngsten, die gelernt hatten, die Menschen nach ihrer »Haltung« zu beurteilen unabhängig von den Verhältnissen, suchten der Realität zu trotzen. Von den meisten wurde das Kriegsende als Zusammenbruch erlebt, als Ende des Schreckens, ohne Perspektive für den Frieden. Aus dieser existentiellen Verunsicherung heraus fehlte der Jugend die Kraft, »den restaurativen Neigungen der Nachkriegsgesellschaft entscheidend entgegenzutreten« (Baumert, S. 57).

Anmerkungen

1 Vermutlich berücksichtigt diese Angabe nicht den seit 1929 bestehenden NS-Schülerbund. Bezugnehmend auf die Studie von Daniel Horn über diesen Bund gibt Stachura nämlich in einem späteren Buch (1981, S. 205) an, daß von den 14000 Mitgliedern des Schülerbundes nur etwa 30 % Mitte 1932 in die HJ übergingen.

2 Die Forderungen lauteten:

»20. Um jedem fähigen und fleißigen Deutschen das Erreichen höherer Bildung und damit das Einrücken in führende Stellungen zu ermöglichen, hat der Staat für einen gründlichen Ausbau unseres gesamten Volksbildungswesens Sorge zu tragen. Die Lehrpläne aller Bildungsanstalten sind den Erfordernissen des praktischen Lebens anzupassen. Das Erfassen des Staatsgedankens muß bereits mit dem Beginn des Verständnisses durch die Schule (Staatsbürgerkunde) erzielt werden. Wir fordern die Ausbildung geistig besonders veranlagter Kinder armer Eltern ohne Rücksicht auf deren Stand oder Beruf auf Staatskosten.

21. Der Staat hat für die Hebung der Volksgesundheit zu sorgen durch den Schutz der Mutter und des Kindes, durch Verbot der Jugendarbeit, durch Herbeiführung der körperlichen Ertüchtigung mittels gesetzlicher Festlegung einer Turn- und Sportpflicht, durch größte Unterstützung aller sich mit körperlicher Jugend-Ausbildung beschäftigenden Vereine.

24. Wir fordern die Freiheit aller religiösen Bekenntnisse im Staat, soweit sie nicht dessen Bestand gefährden oder gegen das Sittlichkeits- und Moralgefühl der germanischen Rasse verstoßen. Die Partei als solche vertritt den Standpunkt eines positiven Christentums, ohne sich konfessionell an ein bestimmtes Bekenntnis zu binden ...« (Hofer, 1957, S. 30).

Das Vorgehen von Franzen gegen Riekel wurde auf der Vertreterversammlung des Deutschen Lehrervereins im Mai 1931 dadurch bestätigt, daß er als Mitglied der »Erziehungswissenschaftlichen Hauptstelle« des Vereins abgelöst wurde (Bölling, 1978, S. 210). Zu Paulsens Schulreformplan für Braunschweig mit sechsstufiger Grundschule und einer differenzierten »Volksschulmittelstufe« neben der höheren Schule s. Wittwer, 1980, S. 65. Einen Überblick über die Maßnahmen in Thüringen und Braunschweig gibt Feidel-Mertz, S. 67–78.

3 Von den in ihrem Beruf tätigen Lehrern gehörten etwa ein Viertel der Partei an (Breyvogel, 1979, S. 200). In Westfalen waren es 1940 28,14 % (Staatsarchiv Münster II H 2311).

4 Die Darstellung von Ottweiler (1979) erweckt den Eindruck einer autoritären Schulpolitik des Reiches, obwohl die von ihm zitierten Quellen dagegen sprechen (zur »Freiheit der Lehrer« vgl. S. 26, 147, 170). Zum Teil beruht dieser

Eindruck auf unpräzisen Zitaten. S. 11 wird nicht erwähnt, daß der »Lehrstoffplan für die Hamburger Volksschulen« nur für eine Woche galt (wie die Anmerkung S. 269 ausweist). Auf S. 13 wird aus dem Erlaß von Richtlinien für Geschichtsbücher einer für den Geschichtsunterricht »in allen Reichsländern« usw.

5 An den öffentlichen höheren Schulen waren in der HJ organisiert
1935: 68,1 % (Mädchen 54,7 %)
1936: 89 %
1937: 91,7 % und an Mittelschulen 93,5 %
1938: 93,2 %
Quelle: Wegweiser durch das höhere Schulwesen.

In Privatschulen lag der Anteil der organisierten Schüler weit unter dem Durchschnitt (Eilers, S. 94).

6 Max Klüver, ehemals Schulführer einer AHS und Leiter der »Erzieherakademie«, gibt in seinem Buch »Die Adolf-Hitler-Schulen, eine Richtigstellung« einen authentischen Einblick in die Art, wie die Verantwortlichen ihre Wunschvorstellungen mit der Realität verwechselten. Auf meine Darstellung der AHS bezogen sagt er (S. 96), ich stünde mit meiner Behauptung, daß es sich dort nicht um die »Herausbildung einer Elite« gehandelt habe, »allein da«. Auf S. 117 heißt es dann: »Man könnte Scholtz zustimmen, daß es sich soziologisch nicht um eine Elite gehandelt hatte, wenn es bei den Planungen geblieben wäre.« Dann folgen Optative: »Es hätte überlegt werden müssen ... Es hätten organisatorische Wege gefunden werden müssen ... Nur so wäre es zur Bildung einer echten Elite gekommen« (Klüver, 1979, S. 119).

7 Die ausdrücklich den Lehrplänen gewidmete Untersuchung von Flessau (1977) gibt keinen verläßlichen Überblick.

8 Aus einer regionalen Quelle wird berichtet, daß nur 6 % der betroffenen Lehrer entschieden gegen die Niederlegung waren (Kanz, S. 251).

9 Vgl. Blättner, 1960, S. 293; Reble, 1975, S. 156, und die Verstärkung des naturwissenschaftlichen Unterrichts nach DEWV 1940, S. 212.

10 Die Darstellung berücksichtigt indessen nicht die Verstärkung des naturwissenschaftlichen Unterrichts und hält sich bei der Stundenplandarstellung für die NPEA an die Wunschvorstellungen eines Potsdamer Erziehers (Nyssen, 1979, S. 97f.; vgl. dazu Scholtz, 1973, S. 44).

11 Die Staatsjugendorganisation »Freie Deutsche Jugend« hatte dagegen 1956, als ihr noch nicht die Hälfte der 14–25jährigen (1,7 Mio.) in der DDR angehörten, 69552 hauptamtliche Funktionäre (Freiburg/Mahrad, 1982, S. 91, 120).

12 Diese Stellungnahme vom 13. 9. 1944 bekräftigte ein Verbot des Ministeriums (Holfelder) vom 21. 10. 1943, die Anrede eines Lehrers mit Du nicht von der HJ auf den Schulunterricht zu übertragen (Münster, PSK 7329). An den AHS war diese Anrede dagegen die Regel. Die Verbote sind symptomatisch für die Verwirrung, die das NS-System auf der Ebene der Interaktionsformen und Autoritätsbeziehungen angerichtet hat.

13 Da die Monographie über den NSLB (Feiten, 1981) den Protest des NSLB gegen die Einführung der LBA nicht berücksichtigt hat, sei hervorgehoben, daß Bormann am 7. 2. 1941 dem Lehrerbund »gewerkschaftliches Verhalten« vor-

warf (Eilers, S. 132). Politische Differenzen, weniger die Unordnung in den Finanzen, die Feiten breit dargestellt hat, dürften den Hauptgrund für die »Stillegung« des NSLB geliefert haben.

14 Die Zahlenangaben schwanken zwischen 850000 (Ehrentreich, 1980, S. 117) und 5 Millionen, so im Untertitel des Buches von C. Larass: Der Zug der Kinder, 1983. G. Dabels Angabe von 2,5 Mio. wird jetzt von Ehrentreich übernommen (in: Jahrbuch des Archivs der deutschen Jugendbewegung 14, 1982/83, S. 388). Die höhere Angabe bei Larass, für die jedoch keine Begründung gegeben wird (S. 258), läßt sich rechtfertigen, wenn man die evakuierten Kinder unter 10 Jahren einbezieht (Dabel, S. 24, gibt die Zahl von 3,1 Mio. Kinder an, die in diesem Alter von der Evakuierung betroffen waren). Etwa jedes dritte Schulkind im HJ-Alter dürfte mit einem KLV-Lager Bekanntschaft gemacht haben.

15 Zur Kritik der polemisch und assoziativ angelegten Darstellung der Richtlinien für die Schularten durch Flessau liegen ausführlichere Rezensionen vor: Scholtz in: Zeitschrift für Pädagogik 24, 1978, S. 965–73; Bernd Weber in: Neue Sammlung 19, 1979, S. 234–44; Illa Kovarik in: Politische Didaktik 1981, S. 108f.

16 Ein aus Akten belegbares Beispiel dafür bietet der vergebliche Versuch eines Studienrats, der Verlegung von Schülern der NPEA in ein slowenisches Priesterseminar einen pädagogischen Sinn abzugewinnen (Scholtz, 1973, S. 348–357).

17 Leys Plan vom Sommer 1936: »Die Gemeinschaftshäuser der Partei und die Erziehung des Führernachwuchses« hatte bereits zur Zeit seiner Veröffentlichung in dem Buch »Wir alle helfen dem Führer« (1937) kaum noch Realisierungschancen. Gleichwohl forderte die ihm unterstellte Zeitschrift »Der Hoheitsträger« im September 1938 noch einmal: »Jedem Kreis seine Kreisschule« (S. 24). Große propagandistische Wirkung hatte dagegen Leys Artikel über die Ordensburgen im Völkischen Beobachter (24. 11. 1937). Doch die repräsentativen Darstellungen der Partei und ihrer Erziehungseinrichtungen begnügten sich mit knappen Hinweisen auf Leys Gründungen: Mehringer, 1938, S. 100; Benze/Gräfer, 1940, S. 234.

18 W. Setzler hat in seiner Studie zur Tübinger Studentenfrequenz im Dritten Reich (in Adam, 1977, S. 217f.) leider nicht die detaillierte Statistik von Charlotte Lorenz (1943) zum Vergleich herangezogen. Sein Interesse galt vor allem dem Anteil der weiblichen Studierenden.

19 Immerhin verzeichnet die Statistik der Abschlußprüfungen zwischen 1933 und 1939 38 Promotionen in der neuen Disziplin »Anthropologie und Vererbungswissenschaft«, in der Pädagogik 123 Promotionen (Lorenz Teil 2, Abschlußprüfungen, 1943, S. 124).

20 Von den ausgewerteten Darstellungen zur Geschichte einzelner Schulen geht nur eine auf diese Maßnahme ein: Eggert, S. 53f.

Verzeichnis der benutzten Quellen und der Literatur

Quellen

Arp, Wilhelm: Das Bildungsideal der Ehre. München 1939

Axmann, Artur: Der Reichsberufswettkampf. Berlin 1938

Baeumler, Alfred: Die Grenzen der formalen Bildung. In: Internationale Zeitschrift für Erziehung 5, 1936, Heft 1 und 2

Ders.: Bildung und Gemeinschaft. Berlin 1942

Ders.: Männerbund und Wissenschaft. Berlin 1934, Ausgabe von 1943

Benze, Rudolf: Erziehung im Großdeutschen Reich. Frankfurt 1939/3. Aufl. Frankfurt/M. 1943

Benze, R./Gräfer, G.: Erziehungsmächte und Erziehungshoheit im Großdeutschen Reich. Leipzig 1940

Blättner, Fritz: Die Methoden der Jugendführung durch Unterricht. Langensalza 1937

Board of Education: Physical education in Germany. Educational pamphlets 109, London 1937

Brausse, Hans-Bernhard: Die Führungsordnung des deutschen Volkes. Hamburg 1940

Bundesarchiv Koblenz (BA)

Busse-Wilson, Elisabeth: Stufen der Jugendbewegung. Jena 1925

Copalle, S./Ahrens, H.: Chronik der freien deutschen Jugendbewegung I. Bad Godesberg 1954

Das junge Deutschland. Amtliches Organ der Reichsjugendführung. Berlin

Deutsche Schulerziehung (DSE). Jahrbuch des deutschen Zentralinstituts für Erziehung und Unterricht 1940 (I), 1941/42 (II). Berlin 1940, 1943

Deutsche Wissenschaft, Erziehung und Volksbildung (DWEV), Amtsblatt des Reichsministeriums. Berlin 1935–1943

Deutschlandberichte der Sozialdemokratischen Partei Deutschlands (SOPADE), 7 Jge. 1934–1940. Hrsg.: Klaus Behnken, Salzhausen 1980

Deyerler, G.: Soziale Schichtung und schulische Leistung der Münchner Volksschuljugend. In: Bayerische Lehrerzeitung 70, 1936, S. 761–768

Dietrich, Albert: Vom Geist der Lagererziehung. In: Die Volksschule 30, 1934

Erzieher, Der deutsche. Reichszeitung des NSLB, Heft 6, Bayreuth 1939

Erziehung und Unterricht in der Höheren Schule. Berlin 1938

Freiheitskampf, Der großdeutsche. Reden Adolf Hitlers. Bd. I/II. München 1942

Gehlen, Arnold: Formen und Schicksal der Ratio [1943]. In: Studien zur Anthropologie und Soziologie. Neuwied 1963

Gentz, Erwin: Das Landjahr. Eberswalde 1936

Geschichte der deutschen Arbeiterjugendbewegung 1904–1945. Dortmund 1973
Giese, Gerhardt: Staat und Erziehung. Grundzüge einer politischen Pädagogik und Schulpolitik. Hamburg 1933
Ders.: Quellen zur Schulgeschichte seit 1800. Göttingen 1961
Hansen, Henrich: Die Presse des NSLB. Frankfurt/M. 1937
Hargrave, John: Stammeserziehung [London 1918]. Berlin 1922
Hehlmann, Wilhelm: Pädagogisches Wörterbuch. Stuttgart 1942
Hellwig, Albert: Der Schutz der Jugend vor erziehungswidrigen Einflüssen. Langensalza 1919
Higelke, Kurt: Neubau der Volksschularbeit. Leipzig 1941
Hitler, Adolf: Mein Kampf. Ausgabe von 1939
Ders.: Monologe im Führerhauptquartier 1941–44. Aufgezeichnet von Heinrich Heim, hrsg. von Werner Jochmann. Hamburg 1980
Hitler-Jugend 1933–43. In: Das junge Deutschland 1943, S. 2–64
Hofer, Walter: Der Nationalsozialismus, Dokumente 1933–1945. Frankfurt/M. 1957
Holfelder, Albert: Das Ende der normativen Pädagogik. In: Internat. Zt. f. Erziehung 4, 1935
Ders.: Leistung und Muße. In: Weltanschauung u. Schule 5, 1941
Horkenbach, C.: Das Deutsche Reich von 1918 bis heute. Berlin 1935
Jahrbuch, Statistisches, für das deutsche Reich 55 (1935) und 56 (1936)
Johanny, Carl/Redelberger, Oskar: Volk, Partei, Reich. Berlin 1943
Klemperer, Victor: LTI [1946] Ausgabe Leipzig 1978
Kramer, Kreszenz: Die Einstellungen künftiger Volksschullehrerinnen zu ihrem Beruf. Diss. phil. München 1943
Krebs, Albert: Tendenzen und Gestalten der NSDAP. Erinnerungen an die Frühzeit der Partei. Stuttgart 1959
Krieck, Ernst: Nationalpolitische Erziehung. Leipzig 1932
Lerche, Friedrich: Der gemeindliche Anteil an den Kosten des Bildungswesens in Preußen und seine Entwicklung seit 1925. In: Deutsche Schulverwaltungsarchiv 37, 1940
Ley, Robert: Wir alle helfen dem Führer. Deutschland braucht jeden Deutschen. München 1937
Lorenz, Charlotte: 10-Jahres-Statistik des Hochschulbesuchs und der Abschlußprüfungen. Berlin 1943
Maschmann, Melita: Fazit. Kein Rechtfertigungsversuch. Stuttgart 1963
Mehringer, Helmut: Die NSDAP als politische Ausleseorganisation. München 1938
Messarius, G.: Die Lebensstufen in der Berufserziehung. Hamburg 1939
Monatschrift für höhere Schulen 30, 1931; 33, 1934
Müller, Albert: Sozialpolitische Erziehung. Berlin 1943
Münster Staatsarchiv: Archivbestände des Provinzial-Schulkollegiums (PSK)
Mushardt/Tietjen: Staatsjugendtag. Idee und Gestaltung. Leipzig 1934
Nationalsozialistische Monatshefte: Ab 1. Jahrgang 1930
Neue Volkserzieher, Der: Ernst Bargheer (Hrsg.) ab 1934
Neugebauer, Paul: Schichtung und Umschichtung der Berliner Schülerschaft. NS-Erziehung, 18. 2. 1939, vgl. auch ders. in: Der deutsche Erzieher 7/41, S. 198–200

Oestreich, Paul: Entschiedene Schulreform. Berlin [Ost] 1978
Panter, Ulrich (Hrsg.): Staat und Jugend. Weinheim 1965
Pax, E./Zehler, F./Keil, Th./Raffauf, J. (Hrsg.): Die Deutsche Hauptschule. Sammlung der Bestimmungen. Heft 1, Halle 1942
Picker, Henry: Hitlers Tischgespräche im Führerhauptquartier 1941–42, neu hrsg. von P. E. Schramm. Stuttgart 1965
Preiss, Otto: Der Staatsjugendtag in der Schule. 3. Aufl. Langensalza 1936
Proletarische Kind, Das: Zur Schulpolitik und Pädagogik der KPD in der Weimarer Republik. Berlin [Ost] 1959, Berlin [West] 1974
Reble, Albert: Zur Geschichte der Höheren Schule II. Bad Heilbrunn 1975
Reichwein, Adolf: Schaffendes Schulvolk. [Stuttgart 1937] Braunschweig 1955
Schirach, Baldur v. Die Hitler-Jugend. Idee u. Gestalt. Leipzig o. J. [1938]
Ders.: Revolution der Erziehung. München 1938
Ders.: Ich glaubte an Hitler. Hamburg 1967
Seiler, Karl: Sozialpsychologische Grundlegung einer Schulreform in Stadt und Land. Internat. Z. f. Erz. 12, 1943, Heft 4 und 5
Speer, Albert: Erinnerungen. Berlin 1969
Sperlings Zeitschriften – und Zeitungsadressbuch: Leipzig, ab 1932
Statistik des Deutschen Reiches: Die Volksschule im Deutschen Reich, Bde. 438, 506, 583, 594, 601
Stellrecht, Helmut: Neue Erziehung. Berlin 1942
Stiefel, Erwin: Das Recht der Jugendhilfe. Stuttgart 1942
Stock, Hermann: Die faschistische Staatsjugend. München 1943
Ulbricht, Walter: Zur Geschichte der deutschen Arbeiterbewegung, Bd. II Berlin [Ost] 1953
Usadel, Georg: Plan einer deutschen Nationalerziehung. In: NS-Monatshefte 1, 1930
Wegmann, Rudolf: Versagt die deutsche Schule? Eine kritische Betrachtung. In: NS Bildungswesen 5, 1940, S. 225–36, 265–273
Wegweiser durch das höhere Schulwesen, Berlin, 1936–42
Wehner, Gerhart: Die rechtliche Stellung der HJ. Diss. Leipzig 1939
Wenke, Hans: Die pädagogische Lage in Deutschland. In: Die Erziehung, 9.–17. Jg., 1933–1941/42
Ders.: Entwicklung und Wandlung der deutschen Schule in Idee und Gestalt seit der Jahrhundertwende. Habil. Frankfurt/M. o. J.
Wilhelm, Theodor: Neubau der europäischen Erziehung. In: Auswärtige Politik 9, August 1942
Winfrid [*Haupt, Joachim*]: Sinnwandel der formalen Bildung. Leipzig 1935
Zehler, F.: Die verwaltungsmäßige Gestaltung der Hauptschule. In: Deutsches Schulverwaltungsarchiv 39, 1942
Zentralblatt für die gesamte Unterrichts-Verwaltung in Preußen 75 (1933), 76 (1934)

Literatur

Adam, Uwe D.: Hochschule und Nationalsozialismus. Die Universität Tübingen im 3. Reich. Tübingen 1977
Adler-Rudel, S.: Jüdische Selbsthilfe unter dem Naziregime 1933–1939. Tübingen 1974
Allen, William Sheridan: Das haben wir nicht gewollt. Die nationalsozialistische Machtergreifung in einer Kleinstadt 1930–1935. Gütersloh 1966
Andrich, Matthias/Martin, G.: Schule im 3. Reich. Die Musterschule. Ein Frankfurter Gymnasium 1933–39, Frankfurt/M. 1983
Arbeitsgruppe Pädagogisches Museum: Heil Hitler, Herr Lehrer. Volksschule 1933–45. Das Beispiel Berlin. Reinbek 1983
Assel, Hans-Günther: Die Perversion der politischen Pädagogik im Nationalsozialismus. München 1969
Basler, Franz: Die Deutsch-Russische Schule in Berlin, 1931–45. Berlin 1983
Baumert, Gerhard: Jugend der Nachkriegszeit. Lebensverhältnisse und Reaktionsweisen. Darmstadt 1952
Behr, Klaus: Gymnasialer Deutschunterricht in der Weimarer Republik und im Dritten Reich. Weinheim 1980
Bernett, Hajo: Untersuchungen zur Zeitgeschichte des Sports. Schorndorf 1973
Ders.: Die »totale Mobilmachung« der deutschen Jugend. Pläne zur vormilitärischen Ertüchtigung von 1933–36. In: Sportwissenschaft 12, 1982, Heft 4
Blankertz, Herwig: Die Geschichte der Pädagogik. Wetzlar 1982
Blättner, Fritz: Das Gymnasium. Heidelberg 1960
Bloth, Peter: Religion in den Schulen Preußens. Heidelberg 1968
Boberach, Heinz: Jugend unter Hitler. Fotografierte Zeitgeschichte. Düsseldorf 1982
Bölling, Rainer: Volksschullehrer und Politik. Der deutsche Lehrerverein 1918–1933. Göttingen 1978
Ders.: Sozialgeschichte der deutschen Lehrer. Göttingen 1983
Bracher, Karl D.: Die Auflösung der Weimarer Republik. 5. Aufl. Villingen 1971
Ders.: Die deutsche Diktatur. Köln 1969
Brandau, Heinrich-W.: Die mittlere Bildung in Deutschland. Weinheim 1959
Brandenburg, Hans-Christian: Die Geschichte der HJ. Köln 1968
Breyvogel, Wilfried: Volksschullehrer und Faschismus. In: Heinemann M. (Hrsg): Der Lehrer und seine Organisation. Stuttgart 1977.
Ders.: Die soziale Lage und das politische Bewußtsein der Volksschullehrer 1927–33. Königstein 1979
Broszat, Martin: Der Staat Hitlers. München 1969
Ders.: Soziale Motivation und Führer-Bindung des Nationalsozialismus. In: Vierteljahrshefte für Zeitgeschichte 18, 1970
Broszat, Martin/Fröhlich, E.: Bayern in der NS-Zeit. Soziale Lage und persönliches Verhalten. Bd. I, München 1977
Broszat, Martin/Möller, Horst: Das Dritte Reich. Herrschaftsstruktur und Geschichte. München 1983
Bullock, Alan: Hitler. Eine Studie über Tyrannei. Düsseldorf 1961
Burden, Hamilton: Die programmierte Nation. Die Nürnberger Reichsparteitage. Gütersloh 1967

Burkert, H. N./Matußek, K./Wippermann, W.: »Machtergreifung«. Berlin 1933. Berlin 1982
Carr, William: Adolf Hitlers Persönlichkeit und politisches Handeln. Stuttgart 1980 (engl. 1978)
Cloer, Ernst: Sozialgeschichte, Schulpolitik und Lehrerfortbildung der katholischen Lehrerverbände im Kaiserreich und in der Weimarer Republik. Ratingen 1975
Dabel, Gerhard (Hrsg.): KLV. Die erweiterte Kinder-Land-Verschickung. Freiburg 1981
Dickopp, Karl Heinz: Nationalsozialistische Pädagogik. In: J. Speck (Hrsg.): Geschichte der Pädagogik des 20. Jahrhunderts. Bd. II, Stuttgart 1978
Diehl-Thiele, Peter: Partei und Staat im Dritten Reich. München 1969
Eggert, Heinz-Ulrich (Hrsg.): Der Krieg frißt eine Schule. Die Geschichte der Oberschule für Jungen am Wasserturm in Münster 1938–45. Münster 1984
Ehrentreich, Alfred: Erfahrungen aus der Kinderlandverschickung. In: Informationen z. erziehungs- u. bildungshistorischen Forschung 14, 1980
Ehrhardt, Johannes: Erziehungsdenken und Erziehungspraxis des Nationalsozialismus. Diss. phil. FU Berlin 1968
Eilers, Rolf: Die nationalsozialistische Schulpolitik. Köln 1963
Engelbrecht, Helmut: Die Eingriffe des Dritten Reiches in das österreichische Schulwesen. In: Erziehung und Schulung 1, 1980
Erdmann, Karl-Dietrich: Nationalsozialistische Schulpolitik. In: Gebhardt, Bruno: Handbuch der deutschen Geschichte. Bd. 4.1, Stuttgart 1976
Erziehung und Schulung im Dritten Reich, Hrsg.: *Manfred Heinemann:* Bd. I: Kindergarten, Schule, Jugend, Berufserziehung/Bd. II: Hochschule, Erwachsenenbildung. Stuttgart 1980
Faschismus und Ideologie (Projekt Ideologietheorie). 2 Bde, Berlin 1980
Feidel-Mertz, H./Schnorbach, H.: Lehrer in der Emigration. Der Verband der deutschen Lehreremigranten (1933–39) im Zusammenhang der demokratischen Lehrerbewegung. Weinheim 1981
Feiten, Willi: Der nationalsozialistische Lehrerbund. Weinheim 1981
Fischer, Hans-Georg: Stellung und Funktion der Erwachsenenbildung im Nationalsozialismus. Diss. FU Berlin 1981
Flessau, Kurt-Ingo: Schule der Diktatur. München 1977
Focke, Harald/Reimer, Uwe: Alltag unterm Hakenkreuz. Reinbek 1979
Frank, Horst J.: Geschichte des Deutschunterrichts. München 1973
Frauengruppe Faschismusforschung: Mutterkreuz und Arbeitsbuch. Frankfurt/M. 1981
Freiburg, Arnold/Mahrad, Christa: FDJ. Der sozialistische Jugendverband der DDR. Opladen 1982
Froese, Leonhard/Krawietz, Werner (Hrsg.): Deutsche Schulgesetzgebung. Band 1, Weinheim 1968
Fromm, Erich: Arbeiter und Angestellte am Vorabend des Dritten Reiches. München 1983
Furck, Carl-Ludwig: Das pädagogische Problem der Leistung. Weinheim 1961
Galinski, D./Herbert, U./Lachauer, U.: Nazis und Nachbarn. Schüler erforschen den Alltag im Nationalsozialismus, Reinbek 1982
Gamm, Hans-Jochen: Führung und Verführung. München 1964

Genschel, Helmut: Politische Erziehung durch Geschichtsunterricht. Der Beitrag der Geschichtsdidaktik und des Geschichtsunterrichts zur politischen Erziehung im Nationalsozialismus. Frankfurt/M. 1980

Giesecke, Hermann: Vom Wandervogel bis zur Hitlerjugend. München 1981

Giles, Geoffrey: The Rise of the NS-Students' Association and the failure of political education in the 3. Reich. In: Stachura, P. (Hrsg.): The Shaping of the Nazi State. London 1978

Günther, Ulrich: Die Schulmusikerziehung von der Kestenberg-Reform bis zum Ende des Dritten Reiches. Neuwied 1967

Hallberg, Bo: Die Jugendweihe. Göttingen 1979

Hasenclever, Christa: Jugendhilfe und Jugendgesetzgebung seit 1900. Göttingen 1978

Hasubek, Peter: Das deutsche Lesebuch in der Zeit des Nationalsozialismus. Hannover 1972

Hellmann, Jörg: Politische Einstellungen und Verhalten von Lehrern und Lehrerverbänden von 1930–33, Diss. Hannover 1975

Helmreich, Ernst C.: Religionsunterricht in Deutschland. Hamburg 1966

Henning, Eike: Bürgerliche Gesellschaft und Faschismus in Deutschland. Frankfurt/M. 1977

Herrlitz, H. G./Hopf, W./Titze, H.: Deutsche Schulgeschichte von 1800 bis zur Gegenwart. Königstein 1981

Hirsch, Helmut: Lehrer machen Geschichte. Das Institut für Erziehungswissenschaften und das Internationale Schulbuchinstitut. Ratingen 1971

Hirschfeld, Gerhard/Kettenacker, Lothar (Hrsg.): Der »Führerstaat«. Mythos und Realität. Stuttgart 1981

Höck, Manfred: Die Hilfsschule im Dritten Reich. Berlin 1979

Hoffmann, Dietrich: Politische Bildung 1890–1933. Hannover 1970

Hoffmann, Volker: Lehrer – Arbeiter – Arbeitsdienst. In: Informationen zur erziehungs- und bildungshistorischen Forschung 14, 1980

Hopster, N./Nassen, U.: Literatur und Erziehung im Nationalsozialismus. Paderborn 1983

Horn, Daniel: The Hitler Youth and educational decline in the Third Reich. In: History of education quarterly 16, 1976

Huber, Karl-Heinz: Jugend unterm Hakenkreuz. Berlin 1982

Hurrelmann, Klaus: Erziehungssystem und Gesellschaft. Reinbek 1975

Hüttenberger, Peter: Nationalsozialistische Polykratie. In: Geschichte und Gesellschaft 2, 1976, Heft 4

Irmscher, Johannes: Altsprachlicher Unterricht im faschistischen Deutschland. In: Jahrbuch f. Erziehungs- und Schulgeschichte 5/6, Berlin [Ost] 1965/66

Jahnke, Karl-Heinz: Entscheidungen. Jugend im Widerstand 1933–45. Frankfurt/M. 1970

Jahrbuch des Archivs der deutschen Jugendbewegung. Nr. 12. Burg Ludwigstein 1980; Nr. 14 ebd. 1982/83

Jaschke, Hans-Gerd: Soziale Basis und soziale Funktion des Nationalsozialismus. Opladen 1982

Joch, Winfried: Politische Leibeserziehung und ihre Theorie im nationalsozialistischen Deutschland. Voraussetzungen – Begründungszusammenhang – Dokumentation. Frankfurt/M. 1976

Kanz, Heinrich (Hrsg.): Der Nationalsozialismus als pädagogisches Problem. Deutsche Erziehungsgeschichte 1933–45, Frankfurt/M. 1984
Kater, Michael H.: Bürgerliche Jugendbewegung und Hitlerjugend in Deutschland 1926 – 1939. In: Archiv für Sozialgeschichte 17, 1977
Ders.: Hitlerjugend und Schule im Dritten Reich. In: Historische Zeitschrift 228, 1979
Ders.: Die deutsche Elternschaft im nationalsozialistischen Erziehungssystem. In: Vierteljahrsschrift für Wirtschafts- und Sozialgeschichte 67, 1980
Keil, Theo (Hrsg.): Die deutsche Schule in den Sudetenländern. München 1967
Kelly, Reece: Die gescheiterte nationalsozialistische Personalpolitik und die mißlungene Entwicklung der nat.soz. Hochschulen. In: Erziehung und Schulung 2, 1980
Kipp, Martin: Zentrale Steuerung und planmäßige Durchführung der Berufserziehung in der Luftwaffenrüstungsindustrie des Dritten Reiches. In: Erziehung und Schulung 1, 1980
Ders.: Privilegien für »alte Kämpfer« – Zur Geschichte der SA-Berufsschulen. In: Erziehung und Schulung 1, 1980
Kipp, Martin/Miller, Gisela: Anpassung, Ausrichtung und Lenkung. Zur Theorie und Praxis der Berufserziehung im Dritten Reich. In: Reformpädagogik und Berufspädagogik (Argument Sonderband 21), Berlin 1978
Kipp-Miller, Gisela: Der Bund Deutscher Mädel in der Hitler-Jugend. Erziehung zwischen Ideologie und Herrschaftsprozeß. Pädagogische Rundschau 36, 1982, Sonderheft
Klafki, Wolfgang: Zwischen Führerglauben und Distanzierung. In: Wilfried Breyvogel/Hartmut Wenzel (Hrsg.): Subjektivität und Schule. Essen 1983
Klaus, Martin: Mädchen im Dritten Reich. Der Bund Deutscher Mädel. Köln 1983
Kleinberger, Aharon F.: Gab es eine nationalsozialistische Hochschulpolitik? In: Erziehung und Schulung 2, 1980
Klessmann, Christoph: Die Zerstörung des Schulwesens als Bestandteil deutscher Okkupationspolitik im Osten am Beispiel Polens. In: Erziehung und Schulung 1, 1980
Klönne, Arno: Jugendkriminalität und Jugendopposition im NS-Staat. Dokumentation des Lageberichts der RJF vom 1. 1. 1941. Münster 1981
Ders.: Jugendprotest und Jugendopposition. In: Broszat, Martin u. a. (Hrsg.): Bayern in der NS-Zeit. Band IV: Herrschaft und Gesellschaft im Konflikt. München 1981
Ders.: Jugend im Dritten Reich. Die Hitler-Jugend und ihre Gegner. Düsseldorf 1982
Klose, Werner: Generation im Gleichschritt. Ein Dokumentarbericht. Oldenburg 1964
Klüver, Max: Die Adolf-Hitler-Schulen. Eine Richtigstellung. Lindhorst 1979
Koch, Hannsjoachim W.: Geschichte der Hitlerjugend. Percha 1975
Kramer, David: Das Fürsorgesystem im Dritten Reich. In: Rolf Landwehr/Rüdiger Baron (Hrsg.): Geschichte der Sozialarbeit. Weinheim 1983
Kraul, Margret: Das deutsche Gymnasium 1780–1980. Frankfurt/M. 1984
Kümmel, Klaus: Zur schulischen Berufserziehung im Nationalsozialismus. Gesetze und Erlasse. In: Erziehung und Schulung 1, 1980

Kunert, Hubert: Deutsche Reformpädagogik und Faschismus. Hannover 1973
Küppers, Heinrich: Weimarer Schulpolitik in der Wirtschafts- und Staatskrise der Republik. In: Vierteljahrshefte für Zeitgeschichte 28, 1980
Kupffer, Heinrich: Der Faschismus und das Menschenbild der deutschen Pädagogik. Frankfurt/M. 1984
Kuropka, Joachim: Nationalsozialismus und Lehrerausbildung. In: Westfälische Zeitschrift 131/132, 1981/82
Lahne, Werner: Unteroffiziere. München 1965
Larass, Claus: Der Zug der Kinder. KLV. Die Evakuierung 5 Millionen deutscher Kinder im 2. Weltkrieg. München 1983
Laubach, Hans-Christoph: Die Politik des Philologenverbandes im Reich und in Preußen während der Weimarer Republik. In: M. Heinemann (Hrsg): Der Lehrer und seine Organisation, Stuttgart 1977
Lehrer im antifaschistischen Widerstandskampf der Völker. Studien und Materialien 1. Folge. Monumenta Paedagogica 15, Berlin [Ost] 1974
Leschinsky, Achim: Volksschule zwischen Ausbau und Auszehrung. In: Vierteljahrshefte für Zeitgeschichte 30, 1982
Ders.: Waldorfschulen im Nationalsozialismus. Neue Sammlung 23, 1983
Lingelbach, Karl-Christoph: Erziehung und Erziehungstheorien im nationalsozialistischen Deutschland. Weinheim 1970
Ders.: »Faschistische« Erziehung. In: Hierdeis, H.: Taschenbuch der Pädagogik. Teil 1, Baltmannsweiler 1978
Loewenberg, Peter: The Psychohistorical Origins of the Nazi Youth Cohort. In: American Historical Review 76, 1971
Löwenthal, R./v. z. Mühlen, P.: Widerstand und Verweigerung in Deutschland 1933–45. Berlin 1982
Lück, Margret: Die Frau im Männerstaat. Frankfurt/M. 1979
Lundgreen, Peter: Sozialgeschichte der deutschen Schule im Überblick, Teil II: 1918–1980. Göttingen 1981
Mager, Bärbel: Arbeitserziehung im Faschismus. In: Monumenta Paedagogica Bd. XI: Zur Geschichte der Arbeitserziehung in Deutschland, Teil 2. Berlin [Ost] 1971
Mann, Reinhardt (Hrsg.): Die Nationalsozialisten. Stuttgart 1980
Maser, Werner: Die Frühgeschichte der NSDAP. Frankfurt/M. 1965
Maskus, Rudi: Die pädagogischen Zeitschriften. In: Die deutsche Zeitschrift der Gegenwart. Hrsg.: W. Hagemann. Münster 1957
Meier, Ekkehard: Feste mit verjnijtem Sinn ... Zur Geschichte der A.-Dürer-Oberschule und des Bezirks Rixdorf/Neukölln vom Kaiserreich bis 1950. Berlin 1983
Messerschmidt, Manfred/Gersdorf, U. v.: Offiziere im Bild von Dokumenten aus drei Jahrhunderten. Stuttgart 1964
Miller, Gisela: Erziehung durch den Reichsarbeitsdienst für die weibliche Jugend. In: Erziehung und Schulung 2, 1980
Mitzenheim, Paul: Zum Kampf der demokratischen Kräfte gegen die Faschisierung des Thüringer Schulwesens vor 1933. In: Jahrbuch für Erziehungs- und Schulgeschichte 8, 1968
Moczarski, Kazimierz: Gespräche mit dem Henker. Das Leben des SS-Gruppenführers und Generalleutnants der Polizei Jürgen Stroop. Frankfurt 1982

Mommsen, Hans: Die Last der Vergangenheit. In: Nationalsozialismus im Unterricht. Einführung. Deutsches Institut für Fernstudien an der Universität Tübingen. 1983

Mosse, George L.: Die Nationalisierung der Massen. Berlin 1976

Müller, Gerhard: Ernst Krieck und die nationalsozialistische Wissenschaftsreform. Weinheim 1978

Muth, Heinrich: Jugendopposition im Dritten Reich. In: Vierteljahrshefte für Zeitgeschichte 30, 1982

Nath, Axel: Der Studienassessor im Dritten Reich. In: Zeitschrift für Pädagogik 27, 1981

Nemitz, Rolf: Die Erziehung des faschistischen Subjekts. In: Faschismus und Ideologie 1 (= Argument-Sonderband 60). Berlin 1980

Nicolaisen, Hans Dietrich: Der Einsatz der Luftwaffen- und Marinehelfer im 2. Weltkrieg. Büsum 1981

Niehuis, Edith: Das Landjahr. Nörten-Hardenberg 1984

Niethammer, Lutz (Hrsg.): »Die Jahre weiß man nicht, wo man die heute hinsetzen soll«. Faschismuserfahrungen im Ruhrgebiet. Berlin 1983

Nolte, Ernst: Die faschistischen Bewegungen. dtv-Weltgeschichte des 20. Jahrhunderts, Bd. 4. München 1966

Nunner-Winkler, Gertrud: Berufsfindung und Sinnstiftung. In: Kölner Zeitschrift für Soziologie und Sozialpsychologie 33, 1981

Nyssen, Elke: Schule im Nationalsozialismus. Heidelberg 1979

Orlow, Dietrich: Die Adolf-Hitler-Schulen. In: Vierteljahrshefte für Zeitgeschichte 13, 1965

Ottweiler, Ottwilm: Die Volksschule im Nationalsozialismus. Weinheim 1979

Peters, Elke: Nationalistisch-völkische Bildungspolitik in der Weimarer Republik. Deutschkunde und höhere Schule in Preußen. Weinheim 1972

Peukert, D./Reulecke J. (Hrsg.): Die Reihen fast geschlossen. Beiträge zur Geschichte des Alltags unterm Nationalsozialismus. Wuppertal 1981

Peukert, Detlev: Jugend unter Hitler. Alltag im Nationalsozialismus. Berlin 1982

Platner, Geert und Schüler der G. Hauptmann-Schule in Kassel: Schule im Dritten Reich – Erziehung zum Tod? Eine Dokumentation. München 1983

Popplow, Ulrich: Schulalltag im Dritten Reich. Fallstudie über ein Göttinger Gymnasium. In: Aus Politik und Zeitgeschichte B 18/1980

Posse, Ernst: Die politischen Kampfbünde Deutschlands. Berlin 1931

Preising, Renate: Willensschulung. Zur Begründung einer Theorie der Schule im Nationalsozialismus. Diss. phil. Köln 1976

Reich-Ranicki, Marcel (Hrsg.): Meine Schulzeit im Dritten Reich. Erinnerungen deutscher Schriftsteller. Köln 1982

Reichmann, Eva G.: Die Flucht in den Haß. Die Ursache der deutschen Judenkatastrophe. Frankfurt/M. o. J. [1956]

Roessler, Wilhelm: Jugend im Erziehungsfeld. Düsseldorf 1957

Roloff, Ernst August: Bürgertum und Nationalsozialismus 1930–33. Braunschweigs Weg ins 3. Reich. Hannover 1981

Sauer, Paul: Württemberg in der Zeit des Nationalsozialismus. Ulm 1975

Selmeïer, Franz: Das nationalsozialistische Geschichtsbild und der Geschichtsunterricht 1933–1945. Diss. phil. München 1969

Söhngen, Oskar: Säkularisierter Kultus. Gütersloh 1950

Schäfer, Wolfgang: NSDAP. Hannover 1957
Schelsky, Helmut: Die skeptische Generation. Düsseldorf 1963
Schiess, Gertrud: Die Diskussion über die Autonomie der Pädagogik. Weinheim 1973
Schmeer, Karlheinz: Die Regie des öffentlichen Lebens im Dritten Reich. München 1956
Schmidt-Richberg, Wiegand: Die Regierungszeit Wilhelms II. In: Deutsche Militärgeschichte V, 1968
Schnorbach, Hermann (Hrsg.): Lehrer und Schule unterm Hakenkreuz. Dokumente des Widerstands von 1930 bis 1945. Königstein 1983
Schoenbaum, David: Die braune Revolution (Hitler's social revolution. London [1967]). München 1980
Scholtz, Harald: Die NS-Ordensburgen. In: Vierteljahrshefte für Zeitgeschichte 15, 1967
Ders.: NS-Ausleseschulen. Göttingen 1973
*Ders.:*Zum Stand der erziehungsgeschichtlichen Erforschung der Schule unter der NS-Herrschaft. In: Zeitschrift für Pädagogik 24, 1978
Ders.: Die Schule als ein Faktor nationalsozialistischer Machtsicherung. In: Erziehung und Schulung I, 1980
Ders.: Die Wandervogelbewegung im Zusammenhang der wilhelminischen Erziehungspolitik. In: Zeitschrift für Pädagogik 27, 1981
Ders.: Staatsjugendorganisationen (HJ–FDJ) In: Enzyklopädie Erziehungswissenschaft. Bd. 8, Stuttgart 1983
Ders.: Politische und gesellschaftliche Funktionen der Lehrerbildungsanstalten 1941–1945. In: Zeitschrift für Pädagogik 29, 1983
Ders./Stranz, Elma: Nationalsozialistische Einflußnahme auf die Lehrerbildung. In: Erziehung und Schulung 2, 1980
Schultz, Jürgen: Die Akademie für Jugendführung der Hitlerjugend in Braunschweig. Braunschweig 1978
Schulz, Gerhard: Faschismus – Nationalsozialismus. Frankfurt/M. 1974
Stachura, Peter D.: Nazi Youth in the Weimar Republic. Oxford/Santa Barbara 1975
Ders.: The German Youth Movement 1900–1945. London 1981
Steinbach, Lothar: Ein Volk, ein Reich, ein Glaube? Ehemalige Nationalsozialisten und Zeitzeugen berichten über ihr Leben im Dritten Reich. Berlin 1983
Steinhaus, Hubert: Hitlers pädagogische Maximen. »Mein Kampf« und die Destruktion der Erziehung im Nationalsozialismus. Frankfurt 1981
Terror und Hoffnung in Deutschland 1933–1945. Leben im Faschismus. Hrsg.: Johannes Beck u. a., Reinbek 1980
Titze, Hartmut: Überfüllungskrisen in akademischen Karrieren. Eine Zyklustheorie. In: Zeitschrift für Pädagogik 27, 1981
Überhorst, Horst (Hrsg.): Elite für die Diktatur. Die nationalpolitischen Erziehungsanstalten 1933–1945. Düsseldorf 1969
Ders.: Carl Krümmel und die nationalsozialistische Leibeserziehung. Berlin 1976
Unverhau, Dagmar: Nat. soz. Machtergreifung und Gleichschaltung am Beispiel der Schleswiger Domschule. In: Zs. der Ges. f. Schlesw.-Holstein. Geschichte 108, 1983

Vondung, Klaus: Magie und Manipulation. Ideologischer Kult und politische Religion des Nationalsozialismus. Göttingen 1971

Wegner, Bernd: Hitlers Politische Soldaten. Die Waffen-SS 1933–1945. Paderborn 1982

Wilhelm, Theodor: Pädagogik der Gegenwart. Stuttgart 1959

Winkler, Dörte: Frauenarbeit versus Frauenideologie. In: Archiv für Sozialgeschichte 17, 1977

Wittwer, Wolfgang: Die sozialdemokratische Schulpolitik in der Weimarer Republik. Berlin 1980

Wolsing, Theo: Untersuchungen zur Berufsausbildung im Dritten Reich. Ratingen 1977

Wortmann, Michael: Baldur v. Schirach. Hitlers Jugendführer. Köln 1982

Zmarzlik, Hans-Günther: Politische Biologie im Dritten Reich. Die ideologische Umrüstung der Höheren Schule. In: Ders.: Wieviel Zukunft hat unsere Vergangenheit? München 1970

Zymek, Bernd: Der verdeckte Strukturwandel im höheren Knabenschulwesen Preußens zwischen 1920 und 1940. In: Zeitschrift für Pädagogik 17, 1981

Ergänzungen

Bernett, Hajo: Sportunterricht an der nationalsozialistischen Schule. Der Schulsport an den höheren Schulen Preußens 1933–1940. Sankt Augustin 1985

Boberach, Heinz (Hrsg.): Meldungen aus dem Reich. Die geheimen Lageberichte des Sicherheitsdienstes der SS 1938–1945. 17 Bde. Herrsching 1984

Hochmuth, U./de Lorent, H. P. (Hrsg.): Hamburg: Schule unterm Hakenkreuz. Hamburg 1985

Kipp, Martin: Berufliche Weiterbildung im Dritten Reich. In: Georg, W. (Hrsg.): Schule und Berufsausbildung. Bielefeld 1984

Lingelbach, Karl Christoph: Erziehung und Schule unter brauner Herrschaft. In: Pädagogische Rundschau 38, 1984

Maier, Joachim: Schulkampf in Baden 1933–1945. Die Reaktion der katholischen Kirche auf die nat.soz. Schulpolitik. Mainz 1983

Rossmeissl, Dieter: »Ganz Deutschland wird zum Führer halten«. Zur politischen Erziehung in den Schulen des Dritten Reiches. Frankfurt/M. 1985

Tenorth, Heinz-Elmar: Zur deutschen Bildungsgeschichte 1918–1945. Probleme, Analysen und politisch-pädagogische Perspektiven. Frankfurt/M. 1985

Personenregister

(ohne Literaturverweise)